주님, 감사합니다!

소명을 찾아 떠나는 한 영성지도자의 속깊은 내면탐구

지금 이 시간도
온 세계 방방곡곡에서
가난 때문에 고통받고 있는 이들과
그 가난한 이들 속에
고난의 그리스도께서 함께 하고 계심을
증언하고 있는 이들 모두를 위하여
이 책을 바칩니다.

헨리 J. M. 나우웬

주님, 감사합니다!

헨리 나우웬 지음, 신선명 옮김

치유와 돌봄이 있는 희망의 선교동산
아침영성지도연구원

¡Gracias!

A Latin American Journal

by Henri J. M. Nouwen

Published by Harper & Row

All Rights Reserved

Korean Translation Copyright ⓒ 2006

by Achim Institute for Spiritual Direction

이 책은 아침영성지도연구원이 Eric Yang Agency를 통하여
Harper & Row와 독점 계약하여 새롭게 펴낸 것으로,
저작권법에 따라 한국 안에서 보호를 받는 책이므로
무단전재와 무단복제를 금합니다.

추천의 말

　헨리 나우웬, 이 분은 내 마음의 고향입니다. 각박한 도시 한복판에서 곤하여 쓰러지려 할 때, 언제든 훌쩍 떠나 새 생명의 기운을 맛보고 돌아올 수 있는 영혼의 고향, 헨리 나우웬은 나에게 바로 이런 고향과도 같은 분입니다.

　사실, 헨리 나우웬과 극적인 만남을 갖게 된 것은 미국 유학시절에 이루어졌습니다. 치유상담을 공부하던 중, 진정한 신앙생활을 가능케 하는 결정적인 무엇인가가 늘 부족해서 영적인 허기를 느끼고 있을 때였습니다. 상담 방법이야 책을 통하여 배울 수도 있다지만, 기갈이 든 신앙은 어찌 달래볼 도리가 없었습니다.

　그러다가 어느 날 도서관에서 만난 한 위대한 영성신학자를 통하여 내 삶에 놀라운 변화가 일기 시작하였습니다. 그분이 바로 헨리 나우웬이었습니다. 도서관에서 처음 헨리 나우웬의 책을 대하였을 때, 내 가슴은 심하게 뛰었습니다. 그의 책에서는 지식이 아니라, 생명의 언어가 펄펄 살아 움직이고 있었기 때문입니다. '도대체 어떤 사람이기에 이런 책을 쓸 수 있는 걸까!'

나는 이 책의 저자를 꼭 한번 만나보고 싶었습니다. 그래서 하버드로, 예일로 부지런히 찾아다녔습니다. 노트르담 대학교에도 가보았습니다. 하지만 그의 소식을 아는 사람은 아무도 없었습니다. 만일 그 때 내가 기필코 그를 찾으려 했다 해도 만날 수가 없었을 것입니다. 그는 온 세계에서 자신을 찾아오는 방문객들을 일절 만나 주지 않았기 때문입니다. 결국 그를 만나지 못한 채, 나는 고국으로 돌아오고 말았습니다. 하지만 그는 항상 내 마음속 스승으로 남아 있었습니다.

그러던 1990년, 시카고의 맥코믹 신학대학원에 교환교수로 가 있을 때, 그가 캐나다 토론토 북쪽 '새벽'(Daybreak)이라는 곳에서 공동체 생활을 하며 살고 있다는 소식을 들었습니다. 나는 다시 그를 찾아 나섰습니다. 당장에 토론토로 날아가서 그에게 전화로 만나 줄 것을 요청하였습니다. 하지만 그는 정중히 내 요청을 거절하였습니다.

나는 간절한 목소리로 "당신은 나의 영적인 스승이며, 한국에서 당신의 사상을 강의하고 있습니다. 내 학생들에게 좀더 진지한 강의를 하기 위해서라도 당신을 꼭 만나보고 싶습니다"라고 말하였습니다.

내 정성이 통했는지, 그가 "내일 오후 5시까지 '새벽'으로 올 수 있겠느냐?"고 나에게 물었습니다. 그 때가 마침 기도하는 시간이기 때문에, 30분 정도 시간을 낼 수 있겠다는 것이었습니다.

이튿날, 나는 한달음에 '새벽'으로 달려갔습니다. 건장한 체구의 헨리 나우웬이 문앞까지 나와 반갑게 맞아 주었습니다. 어린아이같이 순진한 표정으로 맞아 주는 그를 보면서, 나는 도저히 그가 67세라고 믿어지지 않았습니다. 그만큼 그는 젊고 활기차 보였습니다.

정각 5시, 우리는 그의 서재로 들어갔습니다. 시간 가는 줄 모르고 이런저런 대화를 나누었습니다. 함께 울기도 하고 웃기도 했습니다. 둘 다 서로의 이야기에 푹 빠져 버린 것입니다. 대화는 이런 식으로 끝없이 이어졌습니다.

우리의 대화는 방문을 두드리는 직원의 노크소리가 날 때까지 계속 이어졌습니다. 내가 그의 서재를 나선 시간, '새벽'은 이미 캄캄한 어둠에 휩싸여 있었습니다. 시간을 확인하니, 무려 네 시간이나 훌쩍 지나 있었습니다. 인사를 하고 급히 나오려는데, 헨리 나우웬이 붙잡더니 16권이나 되는 자신의 저서를 나에게 억지로 안겨 주는 것이었습니다. 그런 그에게 눈물로 작별을 고하면서, 나는 마음속으로 한 가지 다짐을 했습니다. '나도 언젠가는 당신처럼 상처받은 이웃을 위하여 살겠습니다'라고.

아무쪼록 이렇게 나의 영성 순례에 소중한 안테나 역할을 했던 헨리 나우웬의 귀중한 책이 이렇게 우리나라에 소개되는 것을 매우 기쁘게 생각합니다.

그분의 책들은 대부분 짧으면서 긴 여운을 남기고 있습니다. 급한 마음에 책장을 넘기다 보면 아무것도 발견하지 못할 수도 있습니다. 지식을 채우려는 급한 마음일랑 이제 다 접어두시고, 한 자 한 자 헨리 나우웬의 영혼의 숨소리를 느끼시며 따라 읽으십시오. 그러면 어느 순간 치유와 돌봄이 있는 희망의 소리를 이 책을 지은 헨리 나우웬으로부터, 여러분의 고독한 내면으로부터, 아니 하늘로부터 듣게 될 것입니다.

부디 이 책 〈주님, 감사합니다!〉(Gracias!: A Latin American Journal)을 통해서도 사랑하는 헨리 나우웬의 영성이 여러분의 것으로 승화될 수 있기를 빕니다. 그래서 오랜 영적 갈증이 해갈되고, 내면 세계의 아픔과 상처가 치유되며, 이 민족 모든 그리스도인의 영성 생활이 더욱 더 맑고 깊어지기를 간절히 기원합니다.

정태기 박사
(한신대 목회상담학 교수, 크리스찬치유상담연구원장)

감사의 말

 라틴 아메리카에 있는 많은 친구들의 관대한 환대와 숙련된 도움이 없었더라면 이 일기를 쓸 수 없었을 것입니다. 또 볼리비아의 어학연구소 소장인 게리 맥크레인에게서 받았던 크나큰 돌봄과 관심이 없었다면 그곳에 그렇게 머무를 수도 없었을 것입니다.
 미국에 있는 친구들의 헌신적인 도움이 없었더라면 이 일기를 펴낼 수도 없었을 것입니다. 내 아무리 "감사하다"(thanks)고 해도 충분하지 못할 것입니다. 하퍼앤로우에 있는 나의 편집자 존 샵은 때마다 일마다 엄청난 후원자가 되어 주었습니다. 그는 이 일기에 대하여 개인적인 관심을 가져 주었고, 아주 세부적인 사항에 대해서도 적극적으로 토의를 해주었습니다. 그런 모습이 나에게는 정말로 큰 격려가 되었습니다.

마지막으로, 요세프 뉘네쯔에게도 감사드리고 싶습니다. 그는 이 일기에 제목을 붙여 주었습니다. 그렇게 함으로써, 이전보다 훨씬 더 명확하게 핵심 주제를 보게 되었습니다. 그가 "이 책 제목을 〈주님, 감사합니다!〉(Gracias)라고 하는 게 어때요?—그 동안 들으시거나 말씀하신 것들이 대부분 '감사'와 관련된 것 아니에요?"라고 말했을 때, 나는 알았습니다. '라틴 아메리카에서 내가 겪은 경험의 핵심이 무엇이었는지를 그가 나에게 인식시켜 주었구나.'라고.

따라서 나는 이 일기에 언급된 모든 이들에게, 이 책을 쓰고 펴내는 데 도움을 주신 모든 이들에게, 그리고 일일이 이름을 밝히지는 못하였지만 고마운 분들 모두에게 다음과 같이 말할 수 있습니다:

    하나님, 감사합니다!(Gracias a Dios)
    모두모두 감사합니다!(Gracias a ustedes)
    너무너무 감사합니다!(Muchísimas gracias)

들어가는 말
소명을 찾아서

이 일기는 내가 볼리비아와 페루에서 6개월 동안 머물며 쓴 것이다. 아주 개인적인 글이다. 날마다 내 몸과 마음을 가득 채웠던 감동과 느낌과 생각들……. 그것은 이루 다 헤아릴 수가 없다. 새로운 지역과 사람들, 새로운 통찰과 비전, 새로운 기쁨과 열망……. 그러나 이 책의 모든 페이지마다 흐르고 있으며 다양한 조각들을 이어주는 문제는 이것이다: '하나님께서는 앞으로 내가 라틴 아메리카에서 생활하고 일하도록 정말 부르고 계시는가?' 이 소명의 문제는 내가 보고 들은 것들에 대하여 논평할 문제를 선택할 수 있게 해주었다. 나의 의견을 지배하였다. 또 나의 반응에 깊은 영향을 미쳤다. 그러므로 이 글은 단순한 여행담이나 라틴 아메리카의 상황에 대한 분석, 또는 정치·종교 운동에 대한 비판적 연구가 아니다. 내가 번번이 흥미 있는 광경을 이야기하고 비참한 생활상을 적고 정치적·종교적 조류와 그 영향에 대하여 논평을 한다 해도, 그것은 새로운 소명을 찾기 위한 정직한 탐색에서 나오는 전문적 의견일 뿐이다. 이 책은 깨달음을 위한 여섯 달 동안의 여정을 쓴 것이다. 여행과 어학공부와 대화, 그리고 만남들 가운데서 하나님의 음성을 깨닫기 위하여 애썼다. 또 내면의 대답 속에서 하나님의 음성에 순종하는 길을 찾기 위하여 몸부림을 쳤다.

'하나님께서 나를 정말 라틴 아메리카로 부르고 계시는가?' 하는 물음은 내게는 새로운 것이 아니었다. 예일대학교 신학대학원에서 목회신학을 가르치기 위하여 폴란드를 떠난 날부터 나는 북아메리카와 남아메리카의 연결에 대하여 관심을 가졌었다. 사람들과 하나님의 신비로운 사업에 관하여 미국의 미래 목사들을 가르치는 일은 다음과 같은 믿음을 전제로 한다. 곧 '사람들'이라는 말이, 영어권 형제자매들과 밀접한 운명에 있는 수백 만의 스페인어와 포르투갈어권 사람들을 포함하고 있어야 한다는 것이다. 그 일이 라틴 아메리카 사람들의 목소리를 포함하고 있지 않다면, 그 속에서 하나님의 음성을 찾을 수 없다는 것을 깨달았다. 이러한 인식을 토대로 멕시코, 칠레, 파라과이를 방문하였다. 또 볼리비아에서 어학공부도 조금 하였다. 이 여행이 비록 단편적이고 한정된 것이긴 했지만, 나에게는 미 대륙이 정신적으로 하나라는 확신을 깊이 심어 주었다.

10년 후에야 비로소 나는 그토록 오랫동안 나를 사로잡았던 문제에 직접 대면할 수 있는 자유를 느꼈다. 신학교를 떠나, 잠시 트라피

스트회 수사들과 함께 뉴욕에 있는 제네시 수도원으로 이사를 하였다. 그곳에서 라틴 아메리카에서 무엇을 할 수 있겠는지 그 소명을 좀더 체계적으로 탐색하기 위한 준비를 시작하였다. 그리고 페루의 메리놀 수도회에서 나를 그곳으로 초청하였다. 그들은 먼저 약간의 어학훈련을 받으러 볼리비아로 가라고 제안하였다. 그래서 1981년 10월, 메리놀회 친구들을 만나기 위하여 페루로 갔다. 또 스페인어 3개월 과정에 들어가기 위하여 볼리비아의 코차밤바로 갔다. 그리고 1982년 1월, 3개월간의 현장 오리엔테이션을 위하여 페루로 돌아왔다. 이 기행문은 1981년 10월부터 1982년 3월까지 6개월 동안에 겪은 것을 쓴 것이다. 이 글 속에서 그 동안 겪은 수많은 체험들을 질서 있게 배열하기 위하여 애썼다. 그러나 대부분은 '하나님께서는 앞으로 내가 라틴 아메리카에서 살며 일하도록 정말 부르고 계시는가?' 하는 물음에 대한 답을 찾기 위하여 몸부림을 쳤다.

새로운 소명을 찾기 위한 이 탐색을 다른 사람들과 나눌 수 있게 되어 무척 기쁘다. 하나님을 사랑하는 모든 사람들은 끊임없이 그분의 음성을 좀더 분명하게 듣기 위하여 애쓰고 있다는 것을 깨달았다. 그러므로 내 이야기가 다른 사람들에게 자신의 이야기를 말할 수 있도록 격려하는 데 도움이 되기를 바란다.

차 례

추천의 말 • 7

감사의 말 • 11

들어가는 말 – 소명을 찾아서 • 13

1. 10월 – 기적의 주님 • 19

2. 11월 – 새로운 얼굴, 새로운 목소리 • 57

3. 12월 – 순교자의 땅 • 119

4. 1월 – 파블로와 소피아의 집에서 • 175

5. 2월 – 내적이고 외적인 투쟁 • 221

6. 3월 – 비전의 윤곽 • 265

나가는 말 – 감사합니다! • 313

1.
10월 – 기적의 주님

10월 18일, 주일 | 페루, 리마

이곳으로 인도하신 하나님께 감사드린다. 떠날 날이 가까워 옴에 따라, 라틴 아메리카로 꼭 가야 한다는 확신이 점점 더 분명해졌다. 때때로 이 갑작스런 변화를 받아들일 마음의 준비가 되어 있지 않다는 생각이 들기도 하였다. 끊임없는 갈등 속에 몸과 마음은 기진맥진했고 불안하였다. 그러나 준비된 것은 아무것도 없었다. 그렇지만 출발 날짜가 다가오자 좀더 강한 부르심을 느끼게 되었다. 이제 나한테는 하나님의 부르심이라고 느낄 만한 이 모험보다 더 크고 중요한 일은 없는 것 같다.

10월 11일 주일에 지난 10년 동안 몸담고 있었던 뉴 헤이븐의 예일대학교 신학대학원을 방문하기 위하여 한 주일 예정으로 뉴욕의 제네시 수도원을 출발하였다. 그 한 주일 동안, 나는 만남과 토론과 기도와 예배를 통하여 하나님의 부르심을 더욱더 주의 깊게 듣게 되었다. 또 과거의 일들을 잊고 완전히 새로운 성직을 기대하게 되었다. 역설처럼 들리지만, 예일대학교에 있는 학생들과 동료들의 우정과 깊이 있는 인간적인 대화는 사명감을 한층 더 북돋아 주었다. 나를 라틴 아메리카로 가게 하는 것은 단지 그 일에 대한 매력이 아니라, 나를 가장 사랑하는 사람들의 사랑과 후원과 기도였다는 것을 깨달았다. 진정으로 내가 사랑받고 있다는 것을 깊이 느낄수록 커다란 내적 자유를 얻었다. 마음의 부담도 떨쳐 버릴 수 있었다.

금요일 오후의 성만찬예식은 말로 다 표현할 수 없는 깊은 의미를 주었다. 나는 강한 공동체 의식을 느꼈다. 이 공동체는 내가 어디로 가더라고 나와 함께 할 것이라는 사실을 깨달았다. 주님은 몸소 우리를 한 데 모으셨다. 주님 안에서 우리를 하나되게 하셨다. 모든 구성원들이 그 사실을 느끼게 될 것이다. 우리 주 예수 그리스도의 몸과 피는 우리가 두려움 없이 살고 근심 없이 여행하도록 우리를 해방시켜 주실 것이다. 그것이야말로 영원한 삶을 위한 진정한 양식이다.

존 베시는 나를 공항으로 태워다 주었다. 그는 내 출발 준비를 돕고 뉴 헤이븐에서 나와 마지막 며칠을 보내기 위하여 브루클린에서 왔다. 내가 볼리비아에서 어학코스를 밟고 있던 1972년 여름에 우리는 서로를 알게 되었다. 그리고 그 후 친구로 지내 왔다. 그는 파라과이에서 7년 동안 근무하고 막 돌아왔을 때, 어학공부를 더 하러 볼리비아로 갔다가 다시 페루의 메리놀 외방선교회에 들어가겠다는 내 결정에 매우 기뻐하였다. 우리 삶 가운데서 하나님이 인도하고 계신다는 그의 강한 확신과 이 어두운 세상 가운데서도 하나님은 아름다우시다는 그의 깊은 인식은, 라틴 아메리카로 가는 것이 좋겠다는 내 생각을 그 어느 때보다도 더 분명하게 해주었다.

10월 19일, 월요일

리마로 가는 비행기 안에서 옆 자리에 탄 한 여성과 이야기를 나누었다. 그녀는 미국에서 세 가지 수술을 받은 어머니를 모시고 집으로 돌아가는 중이라고 하였다. "어머니는 이제 좋아졌나요?" 하고 묻자, 그녀는 확신에 차서 "예, 어머니는 완치되셨어요. 그래서 온 가족이 마중하려고 공항에 나와 있을 거예요."라고 대답하였다. 한동안 침묵이 흘렀다. 그러다가 그녀가 페루에는 무슨 일로 가느냐고 나한테 물었다. 내가 나는 영성지도자이며 메리놀 공동체 선교사들과 함께 일하러 간다고 하자, 그녀의 얼굴은 순식간에 변하였다. 그녀는 덥석 내 손을 잡고 간신히 속삭였다: "흑흑, 저희 어머니가 암에 걸리셨어요. 이제는 거의 희망이 없어요."

페루사람들에 대하여 알게 된 첫 번째 사실은, 그들이 영성지도자들에게 무한한 신뢰를 갖고 있다는 점이었다. 지난 수세기 동안 교회가 분명 무조건적인 존경을 받지는 못했어도, 페루사람들은 전혀 주저하지 않고 영성지도자들을 신뢰한다. 이런 인상은 주일 아침에 '기적의 주님'(el Señor de los milagros)을 따르는 행렬을 환영하기 위하여 아르마 광장에 모인 엄청난 군중을 직접 보고 확인하였다. 군중들은 내가 영성지도자라는 것을 알자 곧바로 자녀들을 군중들 위로 들어올려 달라고 부탁했고, 나에게 그들의 기쁨과 슬픔을 털어 놓았다. 페루! 이 나라에 들어오는 순간부터 나는 깊은 애정을 느꼈다. 왠지 그 이유는 모르겠다. 지난날 칠레나 볼리비아에 갔을 때는 이런 느낌이 없었다. 그러나 리마의 붐비는 거리를 보면서, 또 친절한 검은 얼굴들을 보면서, 그리고 그들의 활기찬 몸짓들을 보면서, 나는 이전에 알지 못했던 방식으로 사랑하는 사람들 품에 안겨 있다는 느낌을 받았다. 붐비는 거리를 걸으면서, 흰 끈이 달린 자주색 참회복을 입은 남녀와 어린이들도 보았다. 푸근함과 고향에 돌아온 것 같은 느낌이 들었다.

'이곳이 내가 속한 곳이야! 이곳이 내가 있어야 할 곳이야! 이곳이야말로 내가 아주 오랫동안 묶을 곳이야! 이곳이야말로 내 고향이야!'

모든 게 좋아만 보였다. 수천 명의 인파가 모였지만 서로 밀치지 않는 모습, 헤아릴 수 없이 많은 음성들이 섞여 있지만 듣기 싫거나 요란스럽지 않은 소리들, 수많은 얼굴들이지만 화나거나 좌절에 빠지지 않은 얼굴들……. 전에는 결코 해보지 못한 경험이었다. 참회의 조용한 기도 행렬, 기적의 주님을 찬양하는 사람들, 나는 오늘에야 비로소 페루를 조금이나마 알게 된 것 같다. 그러나 이 나라에 오기로 결심을 굳힌 날, 얼마나 많은 사람들한테 동정어린 위로와 위안을 받았던가!

마치 리마의 군중들이 나를 포옹하는 것처럼 느껴졌다. 지난 몇 달 동안 내가 잊고 있던 애정을 퍼붓는 것처럼 느껴졌다. 웅성대는 군중들과 기적의 주님의 성화상을 운반하는 사람들의 느린 움직임, 그리고 어린이들의 환한 웃음이 모두 나에게 "두려워하지 마세요. 하나님은 우리 모두를 사랑하십니다. 당신도 사랑하십니다."라고 말하는 것처럼 보였다.

그렇다! 나는 주님을 보았다! 리마에서의 첫날은 너무도 특별하였다. 수천 명의 군중이 중심가와 발코니에 운집해 있었다. 한 발코니에는 페르난도 벨라우데 테리 대통령이 그 앞을 지나는 그리스도 성상에 경의를 표하기 위하여 기다리고 서 있었다. 다른 한쪽에서는 리마 시장이 기적의 주님께 리마 시의 열쇠를 바치기 위하여 대기하고 있었다. 그리고 세 번째 발코니에는 교회 고위 성직자들이 십자가에 달리신 분의 성화상에 축복하기 위하여 서 있었다. 그러나 사람들은 그들이 신뢰하는 오직 한 분, 그리스도께만 갈채를 보냈다. 대통령과 시장과 성직자들에게는 관심을 보이지 않았다. 새로운 꽃다발이 천천히 군중 속을 지나가는 그리스도의 성화상 앞에 끊임없이 바쳐졌다. 내가 한 어린 소녀를 들어올려 기적의 주님을 보여 주었을 때, 주님과 어린 소녀가 모두 나에게 똑같은 이야기를 해주고 있음을 느꼈다. 대통령과 시장과 성직자들은 왔다가 가지만, 우리 하나님은 끊임없이 우리 삶 속에 함께 하신다는 것을. 어린이가 어른들의 어깨에 올라가서 주님을 알아보도록 초청하신다는 사실을.

페루에서 보낸 첫날 저녁, 나는 오랫동안 이곳에 있었던 것처럼 느꼈다. 듣고 본 모든 것이 오랜 벗처럼 느껴졌다. 모든 것이 "친구여, 고향에 온 것을 환영하네."라고 속삭이는 것 같다.

10월 20일, 화요일

현실적인 문제에 부딪치는 데는 불과 몇 시간 걸리지 않았다. 나를 그런 문제에 접하게 한 것은 알베르토 쾨닉스크네히트 몬시뇰이었다. 그는 메리놀 회원이었다. 알티플라노에 있는 율리 교구의 영성지도자이기도 하였다. 알베르토는 크리스천 공동체에 대한 공격에 대항하기 위하여 자신의 교구 안에 기도의 날을 준비하려고 이곳 리마의 메리놀 공동체 본원에 머무는 중이었다.

8월 15일에 농촌 교육을 위한 연구소가 약탈당하였다. 9월 19일에는 알베르토의 숙소 현관에서 다이너마이트가 터졌다. 살해하겠다는 협박성 쪽지도 발견되었다. 알베르토는 그 사건을 신중하게 설명하였다: "우리는 누가 그 일을 했는지, 또 왜 그랬는지는 알지 못하지만, 그 행위들은 치밀하게 계획된 것이 분명합니다."

1979년 8월 율리 교구에서 목회전략을 위한 회의가 열렸다. 이 회의는 가난한 사람들과 억압받는 사람들에게 강력하고 확고한 개입을 보여 주었다. 최종 성명서에는 이렇게 씌어 있었다: '우리는 가난한 사람들 편에 설 것을 결의한다. 억압받는 계층, 곧 노동자로 살아가지만 인간다운 생활을 할 재산을 소유하지 못한 사람들 편에 설 것을 결의한다. 그들의 권리를 부정하는 사람들 때문에 소외당하고 있기 때문이다.' 이것은 페루 정부에 대한 매우 강력한 선언이었다.

따라서 최근의 공격과 살해와 협박은 그에 대한 반작용 가운데 하나인 게 틀림없다.

알베르토는 법무차관에게 이 사실을 알렸다. 그러나 별다른 지원을 받지는 못하였다. 조사를 하겠다고 약속은 했지만 지켜지지 않았다. 이번에는 교회가 대응조치를 취할 차례다. 오는 11월 15일에 페루의 그리스도인들은 가난한 사람들과의 결속을 만방에 드러내기 위하여 율리에 모일 것이다. 야비한 공격이나 살해 협박 따위가 이미 결정된 방침을 변경시킬 수 없다는 것을 분명히 보여 줄 것이다. 알베르토는 위험이 따른다는 것도 알고 있다. 그러나 반드시 그것을 해야만 한다고 느꼈다.

해방신학의 아버지 구스타프 구티에레즈와 그 직원들이 조사를 받았다. 교회의 단결된 힘을 보여 주기 위하여 분명한 표명이 있어야 했다는 것이 확실해졌다. 이 모든 것이 길고 긴 고난 길의 시작일지도 모른다는 생각이 들었다. 엇비슷한 일들이 엘살바도르에서도 일어났다. 과테말라에서도 일어나고 있었다. 페루에서 일어나고 있는 작은 소란들은 라틴 아메리카에 있는 하나님 백성들이 그와 같은 깨달음에 이르렀다는 하나의 징표인 것 같다.

10월 21일, 수요일

페루 메리놀 공동체 뻬떼 비르네 수도원장이 나를 씨우다드 데 디오스(하나님의 도시)로 태워다 주었다. 그는 흥분해서 이렇게 말

하였다: "당신이 어학코스를 마치고 와서 생활하고 일할 교회가 바로 이곳입니다. 당신도 이곳을 좋아하게 될 거예요. 지금은 낯설고 이상해 보이지만 곧 친숙해질 거예요. 그들은 당신을 사랑할 것입니다. 또 당신도 그들을 사랑하게 될 것입니다."

뻬떼는 시장 주위에 모여 있는 군중 속을 가로질러서 차를 몰았다. 그리고는 메리놀 공동체 선교사들인 뻬떼 루게레, 톰 번즈, 래리 리치가 살고 있는 팜플로나 알타 지부로 데리고 갔다.

나는 눈에 띄는 그 사람들의 가난한 모습뿐만 아니라 그들의 당당한 위엄에 당황하였다. 그들은 자신들이 소유한 것을 돌보고 이 건조한 모래와 먼지투성이 가운데 있는 그들의 작은 정원을 돌본다. 많은 이들(약 125,000명)이 살고 있다. 집과 집 사이의 간격은 사람들 간의 친밀한 관계만큼이나 좁다. 너무나 가난하지만, 이곳에 절망의 빛은 없었다. 이곳의 가난은 표면상의 문제일 뿐이었다. 그 속에는 희망이 있었다.

오늘 늦게 수도복을 입은 나이 든 평신도가—그녀의 이름은 마리아다—씨우다드 데 디오스가 생기게 된 유래에 대하여 이야기해 주었다. 씨우다드 데 디오스는 1954년 성탄 전야에 민중들이 강제로 이 땅을 점령한 결과 생긴 도시다. 마리아는 자랑스러운 듯이 그날을 회상하였다. 그녀도 그들 틈에 끼어 있었단다. 그 성탄 전야에 수천 명의 사람들이 불법적으로 그 황무지를 점령해서 개간을 시작하였다. 정부는 결국 그들을 도와줄 수밖에 없었다. 지금 이 도시에는 많은 블록집과 큰 학교, 그리고 교회와 의료 기관들이 들어서 있다.

씨우다드 데 디오스의 강제 점령이 하나의 신호탄이 되었다. 그 후에도 일련의 강제 점령들이 비슷한 형태로 계속 이어졌다. 가난과 부족한 토지는 농촌 사람들을 하나둘씩 도시로 이동시켰다. 그 인디언 이주자들은 처음에는 사이좋게 지냈지만 점점 수가 많아지고 공간이 줄어들고 생계를 위협받게 되었다. 그러자 자기들끼리 뭉쳐서 도시 외곽의 황폐한 사막지대를 불법으로 점령하였다. 오늘 리마는 이 불법적인 토지 강점 결과 생긴 거대한 '신생도시들'로 둘러싸여 있다.

같은 교구에 속하는 팜플로나 알타는 씨우다드 데 디오스가 세워진 지 몇 년 뒤에 개발되었다. 팜플로나 알타 너머 벌거벗은 언덕 위에는 작은 판자집들이 덕지덕지 붙어 있다. 비록 규모는 작지만 강제 점령이 오늘도 여전히 계속되고 있다는 것을 분명히 알 수 있다.

뻬떼 루게레는 내년 1월에 내가 머물게 될 집을 보여 주었다. 벽돌담과 시멘트로 된 마루에 목재와 플라스틱과 짚으로 된 지붕이 있는 집이었다. "비가 오면 여기는 젖게 됩니다. 그러나 비가 오는 일은 드물지요." 하고 뻬떼가 설명해 주었다. 우리는 한 이웃집을 방문하였다. 한 부부가 열한 명의 자녀들과 방 두 개에서 살고 있었다. 그곳에는 웃음과 애정이 흐르고 있었다. 그러나 아이들의 어머니는 생활에 지친 표정이었다. 그녀는 2개월 된 아기를 안은 채, 침대에 누워 있는 한 살 반 된 딸을 보고 있었다. 아기의 얼굴에서 미소를 찾아보려고 했으나 별로 반응이 없었다. 무표정하였다. 그 여자아이는 다운증후군을 가진 것으로 진단되었다고 뻬떼가 말해 주었다.

도미니크회 간호원 모린을 방문하였다. 그 지역을 돌아본 후 병자에게 기름을 발라 주는 치유예식에 참석하였다. 메리놀 공동체 의사인 비비안 수녀와 대화를 나누었다. 이곳에서 어떻게 살 것인가를 그려 보며 하루를 보냈다.

저녁에, 구스타프 구티에레츠의 초기 저서 몇 권을 읽었다. 씨우다드 데 디오스를 방문하고 나니, 그의 글이 매우 현실적으로 받아들여졌다. 더욱이 이것은 사람들과의 연대에서 나온 신학이다. 내가 서서히 이해하게 된 그런 방식으로 사람들은 하나님과 하나님의 현존에 대하여 말한다. 많은 시간이 걸릴 것이다. 그러나 나는 그것을 기꺼이 배울 것이다.

볼리비아로 떠나기 전에, 메리놀 공동체와 라틴 아메리카에서 메리놀 공동체가 지니고 있는 역할에 대하여 몇 가지 적어본다. 1979년 총회에서 밝힌 것처럼, 메리놀 공동체의 제1목적은 '공동생활, 기도, 검소한 생활, 사도직 활동, 그리고 가난한 사람들에 대한 개입을 포함한 영성적 선교를 인지하고 가다듬는 것'이다. 나는 '인식한다'는 말을 좋아한다. 참된 영성은 만들어지거나 짜맞출 수 없다. 그것은 세상에서 하나님의 뜻을 행하기 위하여 함께 몸부림치는 사람들의 일상생활에서 인식되어야 한다.

메리놀 공동체 수도사들이 페루에 대하여 쓴 기록에서 깊은 인상을 받았다. 그들의 사회적·경제적·종교적 분석은 선교사라는 자기 이해 속에 분명하게 잘 정리되어 있었다. 기술적으로도 잘 통합되어 있었다. 기억할 만한 사실들이 몇 가지 있다. 페루의 현재 인구는 1천7백만 정도이다[메스티조(인디언과 백인 혼혈) 54%, 인디언 33%, 백인 13%]. 페루 메리놀 선교사들의 대체적인 시각은 아래와 같이 잘 요약되어 있다:

> 페루사람들은 대부분 가난한 농부나, '하층 계급' 노동자들이나, 실업자들이다. 하층 계급은 주로 인디언과 흑인과 메스티조로 구성되어 있다. 이 계층을 '상층 계급'이 지배하고 있으며, 열등하다고 간주된다. 페루사람들의 '중간 계층'은 대체로 백인이나 메스티조인 전문직 종사자들로 구성되어 있다. 비록 경제적으로나 정치적으로 영향력이 있다고는 하나, 숫적으로 미미하고 그 세력 또한 미약하다. '상층 계급'은 백인들이다. 숫자는 얼마 안 되지만, 이 나라의 부(富)를 좌지우지하고 정치적으로 막강한 힘을 행사한다.
>
> 인구 사분의 일이 이 나라 수입의 33% 이상을 차지한다. 페루의 뚜렷한 사회적 움직임은 구조적 억압과 '하층 계급'에 대한 지배에 대항하여 가난한 사람들의 저항이 점점 늘고 있다는 사실이다(〈페루 지역 훈령집〉, 1980, 3쪽).

이것이 이곳의 가난한 사람들에 대한 교회의 개입을 이해하는 데 필요한 배경이다. 페루 메리놀 공동체 사역에 직접 관계된 사람은 48명이다. 그들의 활동은 다양하다. 곧 지교회 일, 신앙 훈련과 영성 형성, 상담, 교육, 소그룹 활동, 출판, 조사 등……. 그들은 율리 교구, 아레끼빠, 와초, 리마에서 활동한다. 메리놀 공동체는 1943년 페루에 들어왔다. 그리고 여러 가지 방식으로 이곳 교회의 발전에 초점을 맞추어 왔다. "자치와 자립과 스스로 복음을 전파하는 그리스도교 공동체를 만드는 것이 메리놀 공동체 사역의 요점이었다. 그러나 그 방법과 강조점은 시간이 지남에 따라 점점 변화되었다."

해가 지나면서 메리놀 공동체의 선교 활동이 어떤 '태도와 강조점'을 지니게 되었는지 그 변화를 살펴보는 것은 매우 중요하다. 메리놀 공동체의 영성지도자인 랄프 다빌라는 저녁식사 때 이렇게 말하였다: "그것은 진주를 파는(賣) 일에서 그 진주를 캐내는 일로 바뀌었다고 할 수 있습니다." 실로, 바로 얼마 전까지만 해도 주요 과제는 무지한 이들에게 기쁜 소식의 진주를 파는 일이라고 생각되었다. 그러나 지금은 근본적으로 새로운 관점이 메리놀 공동체의 활동들을 지배한다. 그것은 가난한 사람들과 함께 그들이 서 있는 땅 속에 숨겨진 보물을 찾는 것이다. 정신적 식민주의로부터 섬김의 영성 안에서 연대하는 것으로 전환되었다. 지난 며칠 동안 나도 그 일부분이 된 생활 방식, 대화 방식, 문학 장르, 그 밖의 모든 분위기가 이러한 변화를 설명해 주고 있다.

나는 여기서 메리놀 공동체의 환영을 받고 있다고 느낀다. 단지 이 공동체에 대하여 많은 것을 배울 수 있는 손님이 아니라, 이 공동체에 어떤 식으로라도 기여를 할 사람으로. 그러나 이 순간 나는 아무것도 내놓을 수 없는 나 자신을 생각하지 않을 수 없다. 그렇지만 진정으로 받은 사람은 또한 진정으로 줄 수 있다는 가정 아래 기꺼이 생활할 것이다. 그러한 생각 때문인지, 사도적 열정과 사랑으로 이루어진 공동체의 일원이라는 느낌이 들면서 용기가 난다. 지금 나는 어학공부를 하러 볼리비아로 갈 준비를 하고 있다. 그렇지만 나는 알고 있다. 돌아오면 이곳에서 큰 환영을 받으리라는 것을.

10월 22일, 목요일 | 볼리비아, 코차밤바

오늘 비행기로 리마를 출발하였다. 그리고 라파스를 거쳐 코차밤바로 왔다. 티티카카호(湖)와 볼리비아의 원시림 위를 나는 장엄한 비행! 기내에서 듀크대학교의 외과의사인 헤리 페리와 이야기를 나누었다. 그는 샌프란시스코에서 온 젊은 여성과 함께 아차까치의 보건 시설을 개선시키려 한다고 말하였다. 그 여성은 에콰도르와 페루, 볼리비아 인디언들의 정교한 직조 기술을 연구 중이었다.

비행기에서 내리자, 무더운 여름 날씨가 기다리고 있었다. 어학연구소인 '인스티튜 데 아디오마스'(어학연구소)까지 택시를 타고 갔다. 가는 동안 차창 밖으로 얼핏 본 경치는 코차밤바가 볼리비아의 정원이라는 것을 여실히 보여 주었다. 각양각색의 만발한 꽃들을 보니, 이곳은 봄이며 12월이 되면 한여름이라는 사실이 생각났다.

연구소 소장인 제럴드 맥크레인이 나를 반갑게 맞아 주었다. 몇 명의 학생들과 함께 엘살바도르에 대한 CBS 비디오테이프를 보도록 해주었다. 라틴 아메리카의 가장 사랑스러운 도시 가운데 한 곳에 머물면서, 곳곳에서 일어나고 있는 폭력, 탄압, 박해, 고문, 그리고 표현할 수 없는 비참한 인간상을 한눈에 볼 수 있는 기회였다. 필름은 엘살바도르의 내전을 소름끼칠 정도로 상세하게 보여 주었다. 함께 그것을 시청한 볼리비아 사람들은 이곳에서도 비슷한 일들이 자행되고 있다고 말하였다.

라틴 아메리카! 편재된 부와 인간의 품위마저 떨어뜨리는 빈곤, 화려한 꽃들과 먼지로 뒤덮인 채 다 허물어져 가는 도로, 사랑스런 사람들과 잔인한 고문들, 미소짓는 어린이들과 살인하는 군인들! 이들이 공존하는 곳이다. 하나님의 보물을 찾아야 할 곳은 바로 이 곳이다.

볼리비아에 머무는 동안 스페인어보다 훨씬 더 많은 것을 알게 해주시기를 기도드린다.

10월 23일, 금요일

새로운 환경에 좀더 친숙해진 하루. 친절한 사람들, 아름다운 정원들, 부드럽게 진행되는 학교수업. 모든 것이 쉬워 보인다. 그러나 이 평온한 세상 이면에서 무슨 일이 일어나고 있는지를 생각할 때, 새로운 세상에 결코 익숙해지지 않을지도 모르겠다는 생각이 든다.

하버드대학교 신학대학원 학생인 크리스 헤지스가 볼리비아 안에서 자행되는 마약거래에 대하여 이야기해 주었다. 한 메리놀 공동체 회원이 군대가 어떻게 볼리비아를 파산상태로 몰고 있으며 전국적으로 테러를 자행하고 무작위로 투옥하고 죽이고 고문하는가를 설명해 주었다.

점심시간. 라파스의 영성지도자 만리크를 만났다. 작은 키에 검은 피부. 마치 인디언 같다. 소박하고 겸손한 사람이라는 인상을 주었다. 많은 이야기를 나눈 결과, 현 체제에 저항할 수 있는 몇 안 되는 사람 가운데 한 분이라는 것을 알았다. 그의 신앙은 국민의 탄압에 대하여 강력히 항의하도록 도덕적 힘을 부여한다. 1978년 모든 정치범들과 추방자들을 사면하라는 요구를 강력히 나타내기 위하여 1천2백 명이 세 주간 동안 단식투쟁을 하였다. 반쩌 장군의 정부는 만리크가 모든 교회 문을 닫겠다고 위협한 뒤에야 비로소 항복하였다. 만리크는 언젠가 군에 대하여 이렇게 말하였다: "당신들은 무장하지 않은 시민들 앞에서 라파즈(볼리비아의 수도)의 야수처럼 행동하면서도, 칠레사람들 앞에서는 오합지졸이 되고마는군요." 정의를 위한 일관된 요구! 그래서 볼리비아의 광부들과 노동자들은 만리크를 깊이 사랑한다. 그가 라틴 아메리카의 가장 용감한 그리스도교 지도자 가운데 한 사람이라는 것은 의심할 여지가 없다. 투옥된 영성지도자가 있냐고 물어 보았다. 그러자 그는 이렇게 대답하였다: "아니오, 유엔 인권위원회가 오늘 볼리비아에 올 예정이기 때문에 그 덕택으로 지금 이 순간은 한 명도 없답니다."

볼리비아는 전반적인 경제 혼란을 막기 위한 수단으로 미국으로부터 인정을 받으려고 필사적으로 애를 쓴다. 레이건 행정부는 승인 조건으로 마약거래를 중지하라고 요구하고 있다. 그러나 군부는 모든 광업을 합친 것보다 더 이익이 많이 남는 이 불법적인 산업에 깊이 관여되어 있다. 그래서 그 어떤 중대 조치도 기대하기가 어렵다. 지금 베니[볼리비아의 저지(低地)]에서는 산발적으로 단속이 행해지고 있다. 그러나 늘 그렇듯이 희생되는 쪽은 대규모 코카인 밀매업자가 아니라, 몇몇 죄 없는 '농부들'(campesinos)이다. 미국 정부도 이러한 제스처에 회유당한 것처럼 보인다. 언론은 레이건 행정부의 신속한 승인을 기대하고 있다.

새로운 환경에 너무 쉽게 익숙해지지 않는 게 좋을 것 같다.

10월 24일, 토요일

라틴 아메리카에 온 지 1주일밖에 되지 않았지만, 여기에 오랫동안 있었던 것처럼 여겨진다. 지난 7일간 내가 보고 들은 많은 새로운 것들이 내 정신활동을 강화시켰나 보다. 그리고 오랫동안 내가 누려 왔던 것보다 더 많은 시간을 나 자신을 위하여 썼다. 기도도 좀더 많이 했다. 독서도 좀더 많이 하였다. 사람들과 이야기도 좀더 많이 하였다. 쉼을 누리며 주변을 둘러볼 시간도 좀더 많이 가졌다.

오늘은 기도가 내 마음속에 가장 절실하게 와닿는 하루였다. 지난밤 프란체스코회 영성지도자인 유스투스 버드가 복음에 대한 자신의 생각을 말하였다. 가난한 사람들에 대한 새로운 개입과 기도에 대한 새로운 강조는 우리 시대에 성령께서 함께 하심을 보여 주는 두 가지 징표라고 하였다. 나는 기도하는 것과 가난한 사람들과 함께 일하는 것이 모두 한 가지에 속한다는 것을 깨달았다. 페루와 볼리비아에서 가난한 사람들을 탄압하고 착취하는 것을 목격한 뒤, 내 안에서 기도하고 싶은 마음이 강해졌다는 것도 깨달았다.

지난밤 나는 잠에서 몇 번을 깨어 중얼거렸다: "주님, 진정으로 기도하고 싶은 마음을 갖게 하옵소서!" 그리고 단지 하나님 전에 앉아서 조용히 듣는 것보다 기도가 훨씬 쉽다는 것을 알았다. 나는 이 체험에 감사하게 되었다. 내 안에서 새로운 어떤 것이 일어나고 있다는 것을 서서히 알게 되었다.

리마의 팜플로나 알타를 본 뒤, 한 가지 영상이 계속해서 뇌리를 떠나지 않고 있다. 그것은 가난한 사람들 가운데 은둔자로 살아가는 모습이다. 그 영상을 결코 말이나 글로 표현한 적이 없었던 것을 보면, 아마도 잠재의식 속에 희미하게 묻혀 있었음이 틀림없다. 그런데 미주리주 세인트루이스에서 온 영성지도자를 방문했을 때, 그는 나에게 이렇게 말하였다: "나는 사람들 속의 은둔자로 라파스 빈민지역에서 살고 있습니다." 나는 곧 그의 말을 이해할 수 있었다. 가난한 사람들을 위하여 그들과 함께, 그리고 그들 가운데서 기도하는 것이 진정한 선교의 소명이라고 들려 왔다. 더 이상은 아무것도 잃을 것이 없는 가난한 사람들과 연대하는 것이 진정한 방법은 아닐까?

참된 기도는 늘 가난하게 되는 것을 포함한다. 기도할 때 우리는 주님 앞에 벌거벗는다. 우리의 결점을 감추지 않는다. 있는 그대로의 모습을 보여 드린다. 단지 나 자신을 위해서가 아니다. 수많은 가난한 이웃의 이름으로 그렇게 한다. 그렇다면 진정한 의미에서 그것은 예수님께서 이 세상에 보내진 것 같이, 내가 이 세상에 보내진 사명이 아닐까? 두 손을 주님께 들어올려 그분께 먼지 자욱한 거리에서 놀고 있는 굶주린 어린이를 보여 드리는 것이 내 사명이 아닐까? 주말에 술독에 빠짐으로써 자신들의 비참함을 잊으려 애쓰는 남자들을 보여 드리는 것이 내 사명이 아닐까? 친절한 미소나 제스처로 점잖은 말만 골라 하는 십대의 실업자들과 집 없이 길거리에 웅크리고 있는 사람들을 보여 드리는 것이 내 진정한 임무가 아닐까? 만일 하나님께서 정말로 계시고 진정으로 우리를 돌보시고 양들을 홀로 내버려 두지 않으신다면, 그분께 그분의 약속을 상기시켜 드릴 사람은 누구일까? 다음과 같이 외칠 사람은 누구일까?

> **주 만군의 하나님,**
> **얼마나**
> **오랫동안**
> **주님의 백성들이 올리는 기도를**
> **노엽게 여기시렵니까?……**
>
> **우리에게 돌아오십시오.**

하늘에서 내려다보시고,
이 포도나무를 보살펴 주십시오……

우리가 구원을 받도록,
주님의 빛나는 얼굴을
나타내어 주십시오
(시편 80편)

혼돈으로 치닫고 있는 이 세상에서 하나님을 부르고 가난한 사람들 속에서 그분의 사랑을 느끼도록 해달라고 간청할 필요성이 과거 그 어느 때보다도 더 절실함을 느낀다.

13세기에는 많은 전쟁과 갈등과 빈곤과 비참한 일들이 있었다. 그러나 우리는 그 당시에 어떤 정치적 투쟁과 사회적·경제적 사건이 있었는지는 잘 기억하지 않는다. 대신 우리가 기억하는 것은, 그 시대에 살았고 그의 손발이 그리스도의 상처처럼 구멍이 날 때까지 기도하고 또 기도했던 프란체스코 성인이다. 과연 이 시대의 프란체스코 성인은 누구일까? 많은 사람들이 이에 대하여 궁금하게 여긴다. 오늘의 세상을 하나님께 들어올려 그분의 자비를 간청할 사람은 누구일까? 왜 하나님은 이 세상을 이대로 내버려 두시는가? 로널드 레이건 대통령이나 베긴 이스라엘 수상, 또는 마르코스 필리핀 대통령이나 벨라운데 페루 대통령, 또는 토렐리로 올리비아 대통령이 있기 때문일까? 그리고 러시아의 숲속에, 뉴욕시의 지붕에, 아니 브라질이나 페루나 볼리비아의 '빈민구역'(favelas)에 은둔자가 몇 명 있기 때문일까? 주님은 우리를 내려다보실 때 무엇을 보실까? 그분은 눈물의 골짜기에서 하염없이 울부짖는 사람들의 얼굴에서 아들이신 예수 그리스도를 보신다. 바로 그 예수님을 위하여 주님은 완전한 파괴로부터 이 세상을 구해 주실 것이다.

기도는 성육신하신 주 예수 그리스도께서 사랑하는 하나님께 끊임없이 부르짖는 것이다. 그것은 유한성 한가운데 있는 영원함이다. 그것은 죽음 사이에 있는 삶이다. 절망 한가운데 있는 희망이다. 거짓에 둘러싸인 진실한 약속이다. 기도는 우리 사이에 살아 있는 사랑을 가져다준다. 그러므로 쉬지 말고 기도하자.

10월 25일, 주일

영국의 영성지도자인 도널드 스토커가 지난밤에 이렇게 말하였다: "당신은 여기서 밤의 소리를 들었습니까? 잠자리에 들 때쯤이면 개구리들이 우는 소리를 듣게 될 것입니다. 새벽 2시에 깨면 개들이 짖는 소리를 들을 것입니다. 또 네 시에는 수탉들이 우는 소리를 듣게 될 것입니다. 여섯 시에는 새들이 우는 소리도 듣게 될 것입니다." 사실 볼리비아에서 조용한 밤은 없다. 그리고 낮 동안에는 아이들의 재잘거리며 노는 소리와 새소리가 들린다. 이 모든 소리들은 창조주를 향한 끊이지 않는 기도—생각과 말이 아닌 소리와 생명의 기도—가 되어 우리에게 온다. 생각하는 일이 때로는 기도를 중단시킨다는 사실은 얼마나 슬픈 일인가?

10월 26일, 월요일

크리스 헤지스 양이 "정치에서 우리 교회는 어디까지 나아갈 수 있는가?"라는 제목의 기사를 주었다. 그것은 윌 디 캠프벨과 제임스 할로웨이가 썼고, 1963년 3월 3일 〈그리스도교와 위기〉(Christianity and Crisis)에 나온 것이었다. 여기서 저자들은 정치권에 의해 그 본질이 붕괴되지 않고 교회가 얼마나 깊이 정치에 관여할 수 있는가, 곧 하나님의 모습을 잃지 않고 얼마나 깊이 카이사르의 세상에 들어갈 수 있을까 하는 문제를 모색하였다.

캠프벨과 할로웨이가 제기한 문제들은 미국의 시민권 운동에 못지않게 라틴 아메리카의 변동에 중요하다. 우리는 빛의 산 증인인가, 아니면 어둠의 왕을 섬기고 있는가? 그것이 니카라과 혁명에 참여했고 현재 산디니스타 새 내각의 일원인 네 명의 영성지도자들에게 제기되는 질문이다. 그것은 토지 개혁과 농부들을 위한 공동 개발과 보건과 주택 개선을 위한 계획을 짤 때, 그리스도인들이 어디까지 참여할 수 있는지와 관련된 질문이기도 하다.

그리스도인들은 카이사르의 세상에 소속되지 않고 이 세상을 살도록 요청된다. 그러나 우리가 단지 그 안에 있을 뿐인지, 또는 그에 속하고 있는지 어떻게 알겠는가? 자신의 소명에 대하여 진지하게 생각하는 모든 그리스도인은 어느 시점에서 이 문제에 직면해야 할 것이라고 생각한다.

그러면 어떻게 올바른 답을 찾아 낼 수 있을까? 여기서 우리는 우리 삶에서 성령의 움직임을 주의깊게 식별해야 한다. 이 식별은 우리 삶이 끝날 때까지 계속될 과제이다. 식별을 위해서는 성령 안에서 사는 생활, 끊임없는 기도와 묵상 생활, 성령과 깊이 일치하는 생활 외에는 달리 방법이 없다고 본다. 그런 생활이 육(肉)의 법칙과 영(靈)의 법칙을 구별할 수 있게 하는 내적 감수성을 우리 안에 서서히 개발시킬 것이다. 우리는 분명 끊임없이 잘못을 범하고 있을 것이다. 옳은 결정을 위하여 요구되는 순수한 마음을 갖는 일도 드물 것이다. 우리는 하나님께 속한 것을 카이사르에게 주고 있는지 전혀 알지 못할지도 모른다. 그러나 끊임없이 성령 안에서 살기 위하여 몸부림친다면, 적어도 우리의 나약함을 발견할 때마다 용서를 청할 수는 있게 될 것이다.

10월 27일, 화요일

어학코스 이틀째이다. 좌절도, 유쾌함도 경험한 날이다. 나는 9년 전에 한 것과 똑같은 실수를 저질렀다. 스페인어 공부를 예전에 여러 달 했으므로 훨씬 더 나아졌으리라고 생각했었다. 그래서인지 오늘 결과는 더 실망스러웠다. '난 결코 이 언어에 능통할 수가 없어!'라는 자괴감이 자주 들었다. 그러나 신선한 경험이기도 하였다. 나는 다시 학생이 될 수 있다. 교사들은 헌신적이고 늘 교실 안팎에서 기꺼이 도와준다. 연구소는 최상의 시설을 갖추고 있다. 모든 것이 잘 조직되어 있다. 새로운 언어를 배우는 데 이보다 더 좋은 곳이 있으랴!

60년대에, 나는 미래의 내 사명을 위해서는 스페인어가 필요하다고 생각하고 2주일간 마드리드에서 공부를 했다. 또 한 달간 쿠에르나바카에서 보냈다. 그러나 한 번도 실습을 해보지는 않았다. 그리고 1972년 여름 이곳에 와서는 다른 일에 매달렸다. 내가 배웠던 어학 지식은 잊혀졌다. 그리고 9년이 지난 지금, 다시 고전을 하면서 어학공부를 시작하고 있는 것이다.

스페인어를 배우기 위하여 공들이는 이런 단편적 노력을 돌아볼 때, 어떻게 해서든 이것을 배워야 한다는 신념을 결코 버린 적이 없었다고 말할 수 있다. 이 신념을 나 자신에게나 다른 사람에게나 결코 만족스럽게 설명할 수는 없다. 그러나 그 충동은 늘 있었다. 지금도 여전하다. 스페인어를 더 잘 알고자 하는 바람은 이전보다 더 강하다. 왜 그런지 나 자신도 잘 모르겠다. 그런 이상한 열정에는 어떤 의미가 깃들어 있는 게 틀림없다!

방금 페루 메리놀 회원들에 관한 폴 블루스타인의 기사를 읽었다. 나는 그 기사를 읽고 이미 그 일을 본 것 같은(deja vu) 강한 착각에 빠졌다. 블루스타인은 뻬뻬 루게레를 우연히 만나 그 이웃들을 방문한 이야기를 이렇게 서술한다:

> 입구 가까이 오줌에 절은 침대 위에는, 영성지도자 루게레의 말에 따르면, 영양실조에 걸렸으며 다섯 살도

못 살 게 거의 확실한 여자아이가 누워 있었다. 루게레가 아기를 어르며 팔에 안았을 때도 아기는 웃거나 울지도 않고 단지 흐릿한 갈색 눈으로 멍청하게 바라볼 뿐이었다……(〈월 스트리트 저널〉, 1981년 8월 14일자).

이 기사를 읽고 다시 한 번 죽 훑어보았을 때, 나는 그가 내 미래의 이웃들에 대하여 말하고 있음을 깨달았다. 그 기사는 내가 그 동안 읽었거나 들은 적이 있던 메리놀 공동체 사역에 대한 훌륭한 보고다. 결코 어느 한 쪽으로 치우치지 않은 묘사다.

10월 28일, 수요일

오후 세 시, 네덜란드에서 누이한테 전화가 왔다. 제수가 다운증후군에 걸린 것으로 진단된 딸을 낳았다고 한다. 나는 1주일 전에 뻬떼 루게레의 이웃집에 있는, 다운증후군에 걸린 아이를 본 것에 대해 글을 쓴 적이 있다. 또 어제는 〈월 스트리트 저널〉에서 그런 아이에 대한 기사를 읽었다. 그리고 오늘 그런 질병을 앓는 질녀를 두게 되었다. 나는 네덜란드에 있는 제수 하일트옌과 통화를 하였다. 그녀의 말에 따르면, 아기는 다섯 시간 전에 태어났고 의사가 곧바로 아기의 장애에 대하여 알려 주었다고 하였다. "로라와 함께 우리 인생은 이제부터 과거와는 아주 다르게 될 거예요." 동생 로렌트는 내가 전화했을 때 병원에 없었다. 하지만 하일트옌과 누이를 통하여 그가 얼마나 절망하고 있는지 알 수 있었다.

이 소식을 어떻게 받아들여야 할지 아직도 어리둥절하기만 하다. 이 아이가 이제부터는 내 동생과 제수의 인생에서 중심이 될 것이라는 사실밖에는 생각할 수가 없다. 결코 꿈꾸지 않았던 세상으로 그들을 이끌 것이다. 그것은 계속해서 돌보고 관심을 기울여야 하는 세상일 것이다. 아주 작은 진보, 새로운 느낌, 새로운 정서, 새로운 생각의 세상일 것이다. '정상인'들 속에서 볼 수 없는 애정의 세상일 것이다.

나는 로렌트와 하일트옌의 사랑이 시험받고 있다는 것을 알았다. 새 아이에 대한 그들의 사랑뿐만 아니라, 심지어 그들 사이의 사랑과 두 살 된 딸 사라에 대한 사랑까지도 시험을 받고 있는 것 같다. 오늘밤 나는 그들을 위하여 기도드린다. 그들이 로라 때문에 사랑 안에서 자랄 수 있기를, 그리고 로라 안에서 그들의 삶 속에 함께 하시는 하나님을 발견할 수 있기를······.

로라는 우리 가족 모두에게 중요하게 될 것이다. 우리 가족 가운데 결코 '연약한' 사람은 없었다. 우리는 모두 열심히 일했고, 야망도 있었고, 성공적인 사람들이었다. 우리는 그 누구도 좀처럼 무기력을 경험해 본 적이 없다. 이제는 로라가 들어와 우리에게 전혀 새로운 이야기, 약하고 부서지고 깨지기 쉽고 완전히 의존할 수밖에 없는 사람들의 이야기를 들려줄 것이다. 늘 아이로 있을 수밖에 없는 로라는 지금까지 아무도 할 수 없었던 그리스도의 방식을 가르쳐 줄 것이다.

로라와 함께 인생이라는 긴 여행을 하게 될 로렌트와 하일트옌에게 내가 어느 정도나마 후원을 베풀 수 있었으면 한다. 로라가 우리 모두를 더 가깝게 해주고 하나님께 더 가까이 가도록 해줄 수 있기를 기도드린다.

10월 29일, 목요일

오늘밤 도미니크회 영성지도자인 존 리슬 리가 푸에블라 문서에 대하여 이야기하였다. 이것은 1978년 멕시코 푸에슬라에서 열린 라틴 아메리카 영성지도자회의의 결정을 공포한 것이다. 그가 말한 요점은, 교회는 가난한 사람들을 위하여 분명한 선택을 했다는 것이었다. 그리하여 푸에슬라 선언문은 가난한 사람들에게는 좋은 소식이었지만, 권력을 가지고 있고 그것을 포기하고 싶지 않던 사람들에게는 반갑지 않은 소식이었다고 한다. 그러한 '우선적 선택'에 내포된 의미와 일반적으로 해방신학에 대한 여러 가지 다양한 견해들이 활발히 논의되었다.

여러 가지 관점과 견해와 생각들 가운데서 한 가지가 떠올랐다. 그것은 가난한 사람들은 그들 스스로가 가장 훌륭한 복음 전파자들이라는 생각이었다. 나는 이미 다른 누구도 할 수 없는 방식으로 하나님이 함께 하심을 보여 준 이곳의 아주 단순한 사람들을 몇 명 만났었다. 오늘 아침식사 동안 연구소에서 일하는 하녀 가운데 한 사람인 루치와 이야기를 나누었다. 우리는 하나님이나 종교에 대해서는 말하지 않았다. 그러나 그녀의 미소와 친절과 나의 서투른 스페인어를 고쳐 주는 방법, 그리고 그녀의 자녀들에 대한 이야기는 내게 영적인 질투심을 불러일으켰다. 나는 끊임없이 이런 생각을 하였다: '이 여성의 순수한 마음을 나도 가질 수 있다면 얼마나 좋을까? 내가 그녀처럼 단순하고 마음이 열려 있고 친절하다면 얼마나 좋을까?' 그러나 정작 그녀 자신은 나한테 무엇을 주고 있는지 모르고 있는 것 같았다. 그러므로 그녀가 나한테 주님을 보여 주도록 해야지. 그녀가 내게 주는 것을 인정하고 감사해야지.

진정한 해방은 자신들의 선물을 남에게 베풀지 못하는 속박으로부터 사람들을 자유롭게 하는 것이다. 이것은 개개인뿐만 아니라 민족들 간에도 해당된다. 인디언 선교가 진정으로 뜻하는 것은 무엇인가? 가장 중요한 것은 그들과 함께 그들 나름의 깊은 신앙심과 역사 속에서 하나님의 현존과 그들을 둘러싸고 있는 자연의 신비를 이해하도록 돕는 것이 아니겠는가?

내가 할 수 있는 최상의 것은 주는 것이 아니라 받는 것이라는 사실을 받아들이기가 어렵다. 진실하고 열린 마음으로 받아들임으로써, 나에게 주는 사람이 스스로 자신의 선물을 알게 될 것이다. 무엇보다 우리는 그러한 것을 감사히 받아들이는 사람들의 눈에서 우리 자신의 선물을 알게 된다. 그러므로 감사는 선교사의 중요한 덕목이 된다. 또 성만찬 생활은 감사 생활이 아니고 무엇이겠는가?

10월 30일, 금요일

연구소 소장 게리 맥크레인이 새로 온 사람들을 소개하였다. 온화한 목자와 같이 그는 우리가 새로운 문화에 잘 적응하는 데 도움을 주기 위하여 애를 썼다. 화제에 오른 한 가지 주제는 오랫동안 잊고 있던 갈등들이었다. 새롭고 낯선 환경에서 생활하는 가운데 오래되고 풀리지 않은 갈등들이 때로는 우리의 관심을 요구하기도 한다. 우리의 전통적 방어기제가 더 이상 소용이 없고 또 자신의 세계를 통제할 수 없을 때, 종종 어린 시절의 감정을 다시 경험하곤 한다. 자신을 말로 다 표현할 수 없을 뿐만 아니라 주변 사람들이 하나같이 자기보다 훨씬 더 인생을 잘 이해하는 있는 것처럼 여겨질 때, 우리는 묘한 상황에 처하게 된다. 마치 어른의 세계와 싸워야 하는 아이들 같은.

이렇게 어린 시절의 정서와 행동으로 되돌아가는 것은 정신적 · 영성적 성장을 위한 절호의 기회가 될 수 있다. 내가 받은 심리치료는 대부분 스트레스에 대처하는 서투른 방법을 극복하는 것과 관계된 것이었다. 원초적인 대처 기제를 선택하도록 했던 그 경험에 다시 부딪칠 수 있었을 때, 나도 좀더 성숙한 반응을 택할 수 있었다. 그리하여 내 고민의 원인이었던 행동을 벗어날 수 있었다. 훌륭한 심리치료사는 그러한 성숙한 선택이 이루어질 수 있는 환경을 만드는 사람이다.

다시 어린아이와 같은 자신을 발견할 수 있는 다른 문화로 가는 것은 진정한 심리치료의 기회가 될 수 있다. 모든 사람이 다 그런 위치에 있거나 그런 기회를 이용할 수 있는 것이 아니다. 나는 지금까지 외국인들이 그 나라 사람들에 대하여 가지는 자기 정당화, 우월감, 그리고 공격적 행동을 많이 보아 왔다. 페루사람이나 볼리비아 사람의 게으름과 우둔함과 무질서에 대한 지적은 대개 그 지적보다 더 많은 것을 말해 준다. 우리가 사람들을 분류하는 꼬리표는 대부분 우리 자신의 불안과 불확실을 수습하기 위한 수단이다. 갑자기 자신이 전혀 낯선 환경에 있다는 것을 발견하면, 대부분은 자신의 두려움과 허약함에 맞서 이를 극복하는 대신, 자신에게 낯선 것들에 대하여 재빨리 그런 식의 꼬리표를 붙인다.

그러나 우리도 이것을 자신을 치료하는 새로운 기회로 이용할 수 있다. 떠듬거리며 그 새로운 언어를 말하고 통제를 벗어난 바보같이 느끼면서 낯선 환경에서 걸어 다닐 때, 우리는 보통 자기 방어라는 두꺼운 벽 뒤에 숨어 있는 자신의 일부분과 만날 수 있다. 우리는 자신의 근본적인 나약함, 다른 사람의 필요성, 깊이 자리 잡은 냉담과 부적절한 감정, 그리고 근본적인 의존감을 경험할 수 있다. 이러한 두려움들로부터 더 달아나는 대신에 우리는 그것을 통하여 함께 생활하고, 인간의 진정한 가치는 우리의 능력을 훨씬 넘는 곳에 있음을 배울 수 있다.

낯선 곳에서 생활하면서 받는 보상 가운데 하나는, 우리가 무엇을 할 수 있다는 것 때문이 아니라 누구라는 사실 때문에 사랑을 받는 경험이다. 우리의 떠듬거림과 실수 같은 것들이 심지어는 거의 나아지지 않음에도 불구하고 사랑받는다는 것을 알게 되면, 우리 자신을 증명해야 한다는 위기 의식에서 벗어날 수 있다. 동료의식을 가지고 다른 사람들과 함께 살아갈 수 있다. 그것이 진정한 치유다.

문화 충격에 대한 이러한 심리학적 관점은 은혜로운 삶을 살도록 하신 하나님의 은총과 우리의 소명에 대한 이해를 새롭게 할 수 있다. 하나님의 현존하심 속에서, 우리는 완전히 벌거벗겨져 있다. 나약하고 죄 많고 의존적이다. 그리고 그분 없이는 아무것도, 전혀 아무것도 할 수 없다는 것을 깨닫게 된다. 우리의 있는 그대로를 기꺼이 고백하고자 할 때, 하나님은 깊고 친밀하며 모든 것을 새롭게 하시는 그 사랑으로 감싸 주신다. 그리스도인에게 문화 충격은 심리적 치유뿐만 아니라 회심을 위한 기회도 될 수 있다고 확신한다.

이러한 기회에 대하여 깊이 생각하는 가운데 그것이 우리를 성직이나 소명으로 이끈다는 사실에 감동하였다. 그리스도의 이름으로 생활하고 행동하는 성직의 의미에 대하여 생각을 깊이 하면 할수록 더욱더 내가 남에게 주어야 할 것은 나의 지식, 기술, 능력, 영향력, 또는 연고가 아니라, 하나님에 대한 사랑을 통해서 명백해질 수 있는 내 자신의 나약한 인간 본성이라는 사실을 깨닫는다. 레오나드 번스타인은 〈예배〉라는 책에서 "유리는 깨어질 때 더욱 빛난다······ 나는 이전에 결코 그것을 알지 못했다."라고 말한다. 그것은 나에게 성직과 소명에 관한 모든 것이다. 성직이란 무엇인가? 그것은 우리의 나약한 인성을 통하여 다른 사람들과 친교를 나누고 희망을 심어 주는 것이다. 이 희망은 문제를 해결해 줄 어떤 힘을 바탕으로 한 것이 아니다. 우리의 두려움을 떨쳐버리고 그분 앞에 우리의 나약함을 고백할 때 비로소 볼 수 있는 하나님에 대한 사랑을 바탕으로 한다.

이것은 어려운 소명이다. 자기 확신, 자기 성취, 자기 실현에 대한 우리의 욕구에 반대되는 것이다. 그것은 진정한 겸손을 요구한다. 그러므로 친숙한 환경을 떠나서 다시 아이가 된 것 같은 낯선 곳으로 온 사람에게 주님께서는 개인의 회개뿐만 아니라 진정한 성직을 위한 특별한 기회를 주신다.

10월 31일, 토요일

지난 며칠 동안 선교 사업에서 감사의 중요성에 대하여 생각해 왔다. 하늘나라의 기쁜 소식을 알리려고 하는 이들에게 감사의 중요성이 점점 커지고 있다. 오랫동안 선교사들의 지배적인 태도는, 복음을 가난하고 무지한 이들에게 전하여 그들의 암담한 처지에 빛을 전해야 한다는 것이었다. 그러한 관점에서는 감사가 별로 중요하게 다가오지 않는다.

그러나 선교사들의 태도가 바뀌고 더 많은 선교사들이 남을 돕는 일을 자신들의 임무로 보고 하나님의 기쁜 소식을 전함으로써 그분이 자신에게 부여하신 독특한 선물을 알아가면서, 이따금 불쑥 내뱉던 "하나님, 감사합니다!"라는 말이 더욱더 자주 사용되고 있다. 감사는 우리가 섬기려고 하는 이들의 숨겨진 선물을 이해하는 것이다. 이 선물을 축하의 원천으로 공동체에 드러내는 것이다.

감사보다는 시기, 경쟁, 분노, 원한이 우리 사회를 훨씬 더 많이 지배하고 있는 것은 의심할 여지가 없다. 사람들은 대부분 자신이 타인을 위하여 쓰이는 것을 두려워한다. 조종당하고 이용당할까 봐 겁을 집어먹는다. 그래서 자신을 숨길 수 있는 안전한 길을 택하여 주목받지 않고 익명으로 남는다. 그러나 그런 의심과 두려움의 환경에서는 공동체가 발전할 수 없다. 기쁜 소식도 알 수 없다.

참된 선교사들은 기쁜 소식을 알리려고 하는 이들의 가슴속에 숨겨진 하나님의 보물을 찾는 사람들이다. 그들은 함께 생활하고 함께 일하는 사람들을 통하여 빛나는 하나님의 아름다우심과 진리를 보려고 늘 기대한다.

그러므로, 목회의 위대한 역설은 우리가 무엇보다도 먼저 우리의 연약함을 가지고 섬긴다는 사실이다. 우리들이 사람들에게 다가갈 때 그들이 우리를 받아들이려고 초청하는 이유도 바로 그 연약함 때문이다. 치유와 구원에 대한 자신의 요구를 더 많이 알게 될수록, 우리는 다른 사람들이 제공하는 것을 더욱더 감사하며 받아들인다. 목회의 참된 기술은 두려움에 떨며 억압당하는 이들이 자기 자신의 은사가 무엇인지를 알고, 그것들을 감사함으로 받아들이도록 돕는 것이다. 그런 의미에서, 목회는 적극적인 의존의 기술이 된다. 곧 주어야 하는 것인데도 정작 자신이 가진 것을 깨닫지 못하는 그것에 기꺼이 의존하는 것이다. 다른 사람들을 도왔던 것을 감사하는 가운데 받아들임으로써 우리는 그들이 인간 세상과 그리스도교 공동체에 함께 하도록 할 수 있다. 자신이 남에게 줄 어떤 것을 가지고 있다고 진정으로 믿는 사람만이 자신을 영성적인 성인(成人)으로 경험할 수 있다. 자신이 단지 다른 누구로부터 관대하게 대접을 받아야 한다고 느끼는 한, 어떠한 대화나 상호관계도, 또 어떤 진정한 공동체도 존재할 수 없다.

목회자로서 우리는 다른 사람들—특히 정교한 교육과 훈련을 받은 사람들—에게 전체적인 통제 속에서 무엇을 하고 어떻게 생각할 것인지를 말해 주고 싶은 욕구를 느낀다. 그러나 그리스도를 따르고 '그분의 마음'을 갖기 원한다면, 이러한 특권의식을 가진 자신을 비우고 오히려 사람들을 섬겨야 한다. 참된 종은 자신이 섬기는 사람에게 의지한다. 종은 다른 사람이 이끄는 삶을 살아야 한다. 때로는 내키지 않는 곳에서도 일해야 한다.

다양한 방법으로, 나는 10년이 넘도록 목회를 이렇게 이해해 왔다. 그런데 환경이 다른 이곳 볼리비아에서 이런 생각들은 더 깊이 뿌리를 내리고 있다. 나는 이런 생각들이 낭만적이라거나 감상적이라고 생각하지 않는다. 감사에 대한 이런 생각들은 다른 사람에 대하여 어떤 구체적인 감정을 갖는 필요조건으로 해석될 위험이 있다. 그러나 그토록 많은 가난하고 지치고 냉담한 사람들을 보면서 어떻게 내가 감사함을 느낄 수 있을까? 내 첫 번째 반응은 '어떻게 그들에게 음식과 집과 교육과 직장을 제공할 수 있을까?'이다.

그렇다면 우리가 목회에서 얻는 것은 무엇인가? 그것은 우리가 증언하려고 하는 이들 속에 감추어진 통찰과 기술인가? 아마 그럴지도 모른다. 그러나 그것은 서서히 자신의 능력을 깨닫게 되는 것을 보는 것일 수는 없다. 누군가 서서히 자신의 능력을 깨닫게 되는 것을 보는 것이 얼마 동안은 우리를 기쁘게 할지 모른다. 그러나 그것이 감사하는 생활을 위해서는 충분치 않다. 감사하는 생활은 주님 그 자체가 은총이라는 것을 알게 되는 생활이다. 목회의 신비는 우리가 헌신하는 곳에서 주님을 보게 된다는 것이다. 그것은 바로 예수님께서 우리에게 하신 말씀이다:

"너희가 여기 내 형제자매 가운데, 지극히 보잘 것 없는 사람 하나에게 한 것이 곧 내게 한 것이다"(마태복음 25장 40절).

그러므로 다른 사람을 돌보는 것이 주님을 만나는 길이 된다. 우리가 더 많이 주고 돕고 지지해 주고 이끌어 주고 조언해 주고 방문할수록 더욱더 깊이 주님을 받아들이게 된다. 가난한 이들에게 다가가는 것이 바로 주님께 다가가는 것이다. 이 진리가 우리 생활 속에 살아 있다면 우리는 무조건, 주저하지 않고, 의심 없이, 그리고 아무런 보상도 없이 다른 사람을 도울 수 있다. 이 거룩한 인식을 통하여, 우리는 지옥 불을 피할 수 있다.

목회를 위한 교육과 수련의 목적은, 우리가 만나는 모든 사람에게서 끊임없이 주님의 음성, 주님의 얼굴, 주님의 손길을 알아보는 것이다. 우리가 살아 있는 동안 주님은 주님의 모든 것을 더욱 많이 보여주고 싶어하신다. 우리가 목회자인 한, 주님께서는 우리가 경험하지 않는 방식으로 주님을 알리실 것이다. 하나님은 우리를 위하여 몸소 사람이 되셨다. 그래서 우리는 다른 사람을 섬기는 우리 자신을 발견할 때마다 그분을 받아들일 수 있다.

그러나 문제는 우리가 무엇을 받아들이고 있느냐와 함께, 그렇게 하는 이는 과연 누구인가이다. 다른 사람들이 볼 수 없고 들을 수 없는데도, 정작 '나'만은 독특한 능력으로 볼 수 있고 들을 수 있단 말인가? 아니다! 하나님을 보거나 그분의 음성을 듣는 것은 인간의 가능성 밖에 있는 것이다. 그것은 하나님의 감수성이다. 우리에게 볼 수 있는 눈과 들을 수 있는 귀를 주시는 이는 우리 안에 계시는 하나님의 성령이시다. 우리는 그 성령을 통하여 우리가 섬기는 모든 사람 속에서 하나님을 보고 들을 수 있다. 따라서 하나님은 선물을 주시는 분일 뿐만 아니라 받으시는 분이기도 하다. 기도하는 이가 우리 자신이 아니라 우리 안에 있는 성령이듯이, 받아들이는 이도 우리가 아니라 우리 안에 있는 성령이다.

감사는 단지 심리적 소인이 아니다. 그것은 미덕이다. 감사는 하나님의 삶에 가까이 다가가는 것이다. 우리 안에 있는 성령은 세상에서 하나님을 인식한다. 다른 사람 안에 있는 하나님을 볼 수 있는 눈과 귀는 사실 우리 이웃을 하나님 자신의 사자로 받아들이게 하는 영성적인 감수성이다.

감사에 대한 이런 신학적 관점은 기도가 왜 그토록 중요한지를 설명해 준다. 기도를 통하여 우리 안에 있는 하나님의 삶을 알게 하고 우리 가운데 있는 하나님을 알아보게 하는 분이 바로 우리 안에 계시는 이 하나님이시다. 우리가 기도를 통하여 하나님을 만났다면, 농장(campo)에서도, 시장에서도, 그리고 시내 광장에서도 그분을 만날 것이다. 그러나 우리 마음속에서 그분을 만나지 못했다면, 바쁜 일상생활 속에서는 더더구나 그분을 만날 수 없다. 감사는 목회의 인간적 상호작용 안에서, 그리고 그 인간적 상호작용을 통해서 하나님을 받아들이는 것이다. 이런 관점은 왜 참된 목회자, 참된 선교사들이 늘 관상기도를 드리는지를 설명해 준다. 이 세상에서 하나님을 보고 그분을 보이게 만드는 것이 관상기도 생활의 핵심이다. 물론, 그것이야말로 목회의 핵심이기도 하다.

오늘은 종교개혁기념일이다. 북아메리카 루터교 목사들이 연구소를 방문하였다. 그들은 자신들의 선교 사업을 확대하기 위하여 라틴 아메리카를 두루 방문하고 있었다. 그들의 시각과 메리놀 공동체의 시각이 조화를 잘 이루고 있었다. 그들의 주된 물음은 '어떻게 하면 우리가 함께 일하면서 여러 나라를 복음화하는 공동 사명을 수행하고 성취할 수 있을까'였다.

나도 그 모임에 초청을 받았다. 에큐메니즘(초교파적인 교회일치운동)의 새로운 형태, 곧 로마 가톨릭과 루터교 공동체 간의 선교에서 협력의 중요성을 느꼈다. 게리 맥크레인이 우리 모두에게 아래의 글을 들려주었다. 제3세계 영성지도자가 선교사로 라틴 아메리카에 오는 사람들을 위하여 쓴 것이었다:

우리 자신의 부유함을
발견하도록 도와주십시오.
당신들이 가진 것을
우리가 가지지 않았다고 해서
가난하다고 판단하지 마십시오.

우리의 사슬을 발견하도록 도와주십시오.
당신들이 차는 수갑의 형태로
우리를 노예라고 판단하지 마십시오.

우리를 있는 그대로 받아들여 주십시오.
우리가 당신의 궤도를 따르지 않는다고 해서
낙후되었다고 판단하지 마십시오.

우리의 속도를 받아들여 주십시오.
우리가 당신들의 속도를
읽을 수 없다고 해서
게으르다고 판단하지 마십시오.

우리의 표시를 받아들여 주십시오.
우리가 당신들의 표시를
읽을 수 없다고 해서

무식하다고 판단하지 마십시오.
우리와 함께 있어서
우리와 나눌 수 있는
당신 인생의 풍부한 것들을
선언하여 주십시오.

우리와 함께 있고,
우리가 줄 수 있는 것에
마음을 열어 주십시오.

삶의 의미를 찾아,
그리고 궁극적으로는
하나님을 찾아 가는 순례길에서
앞이나 뒤가 아니라
우리와 함께 길을 가는
동반자가 되어 주십시오!

 이런 말들은 현대 선교사들의 영성을 지적한 것일 뿐만 아니라, 역시 라틴 아메리카에서 무엇이 참된 에큐메니즘인지 그 토대를 제공한다. 루터교건, 로마 가톨릭이건, 우리는 무엇보다도 먼저 우리가 다가가는 사람들에게 귀를 기울여야 한다. 바로 그들이 우리에게 그리스도교가 하나되는 길을 보여 줄 사람들이다.

2.
11월 – 새로운 얼굴, 새로운 목소리

11월 1일, 주일

오늘 아침 '모데스토 [캘리포니아] 비'(Modesto Bee)의 기자 브라이언 클라크와 레뎀프토리스트회 수도사인 시몬과 함께 산타 안나 교회의 예배에 참석하였다. 도미니크회 영성지도자인 오스카 유진이 집례하였다. 그는 확신에 찬 어조로 간단하고 명확하게 모든 성인의 날이 무엇을 뜻하는지를 설명하였다: "우리는 오늘 정신적 영웅들에게 온 관심을 쏟는 것이 아니라, 평범한 일상생활에서 서로 사랑하고 돌보고 용서했던 성인(聖人)들에게 주의를 기울입니다. 그들의 머리 위에 광배(光背)는 없지만, 우리는 복음을 통하여 형성되고 영감이 불어넣어져 다른 사람의 유익을 더욱 소중하게 여기는, 우리 가운데 있는 성인들을 축하하고 있습니다."

나는 이 간단한 주일예배에서 편안함을 느꼈다. 교회는 남녀노소의 코차밤바사람들과 외국사람들로 가득하였다. 모두가 그 설교에 귀를 기울였다. 또 많은 이들이 성만찬예식에 참여하였다. 이 예식에 나도 참여하고 있다는 느낌을 강하게 받았다. 이런 상황에서는 늘 그러하듯이, 폭넓게 호소하시는 우리 주님의 말씀에 새삼 놀랐다.

오늘 밤하늘에서는 볼리비아의 넓은 하늘을 수놓은 달과 초롱초롱한 별들을 보았다. 공기는 시원하고 상쾌하였다. 로드 아일랜드에서 온 82세의 노인, 어니가 내게 왔다. 잠시 침묵이 흐른 뒤 그가 말하였다: "이곳 기후는 참 좋지요. 정부도 이와 같다면, 모든 것이 잘 될 텐데……."

11월 2일, 월요일

라틴 아메리카 방방곡곡에서 모든 영혼의 날은 특별한 축제다. 이날은 죽은 이들에게 조의를 표하고 그들과 교제를 나누는 날이다. 고인과 지속적인 유대를 맺는 이 예식은 공동묘지에서 베풀어진다.

나에게는, 이 날이 조용하게 시작되었다. 이른 아침, 한 시간 동안, 어머니와 모든 가족들 그리고 과거에 죽은 친구들을 위하여 침묵기도를 드렸다. 가장 가까운 사람들로부터 점점 더 먼 쪽으로 마음의 눈을 돌렸다. 먼저 지금은 나와 함께 있지 않은 내 작은 세계 안의 많은 지인(知人)들을 보았다. 그 다음에는 신문, 라디오, 텔레비전을 통하여 죽음을 알게 된 많은 이들을 생각하였다. 마지막으로는 굶주림과 폭력 때문에 생명을 잃은 이름 모를 수천 명의 사람들을 보았다. 갑자기 내 자신이 기도나 위로의 말이나 작별의 입맞춤도 없이 잔인하게 생명을 빼앗긴 사람들의 무리에 둘러싸인 것을 발견하였다. 이 모든 이들과 나는 밀접하게 연결되어 있었다. 그 연결이 너무나 친밀하여 그들의 자유가 죽음의 경계를 훨씬 초월한 이 연결에 점점 더 의존되었다. 진정, 살아 있는 사람들에게 삶의 의미란 무엇일까? 그것은 부분적으로 우리보다 먼저 죽은 이들의 완전한 해방을 위하여 기도하는 것이 아닐까?

이런 생각을 하면서 바쁜 하루 일과를 시작하였다. 의사를 방문하고, 스페인어 수업을 네 시간 동안 받았다. 오후 2시 20분에는 몇몇 친구들과 함께 코차밤바 공동묘지에 갔다. 거기서 본 것은 결코 잊지 못하리라. 수천 명의 사람들이, 사랑했던 고인들과 함께 야영을 하듯이 무덤 주위에 앉아 있기도 하고 걸어 다니기도 하였다. 온갖 소리가 뒤섞였다. 큰 소리로 기도하는 소년의 음성, 트럼펫 소리, 다정한 이야기 소리, 울음소리……. 이것은 대규모의 소풍, 큰 잔치, 연합기도회, 축제, 재회, 참회, 또는 형제자매애를 끊임없이 유지하려는 어떤 의식이 아니련가? 아니, 그 이상의 의미? 그 공동묘지에서 볼 수 있었던 것은 기쁨과 슬픔, 애도와 잔치, 식사와 단식, 기도와 오락, 그리고 무엇보다 삶과 죽음 사이의 일반적인 구별이 없어 보인다는 점이었다. 그곳에 온 사람들은 일반적인 상식으로는 파악할 수 없는 것을 보여 주었다.

슬프지만 그곳에도 한 가지 예외는 있었다. 부유한 이와 가난한 이의 구별이 그것이었다. 우리는 '주님의 뜻이 이루어지이다!' (Fiat

Voluntas Tua)라고 새겨진 큰 문을 지나 묘지로 들어갔다. 사각의 벽감(壁龕)이 있는 거대한 무덤과 벽을 지나서, 벌판으로 나아갔다. 거기에는 가난한 이들의 무덤을 표시한 작은 나무십자가가 뒤덮여 있었다. 그리고 뒤쪽에 있는 작은 문을 지나 그 공동묘지를 빠져나오자, 넓게 펼쳐진 모래땅에 이르렀다. 그곳은 최소한의 땅도 살 수 없었던 수천 명의 사람들이 그곳에 친척들을 묻게 해달라고 요구했던 곳이었다. 코차밤바에서 꽤 오래 살았던 제리 캐시먼 수녀의 설명에 따르면, 가난한 이들의 시체는 다른 사람들에게 자리를 내주기 위하여 5년 후면 화장된다고 한다. 두개골과 뼈들을 볼 수 있는 큰 구덩이는 가난한 이들이 날마다 화장되고 있다는 것을 보여 주었다.

어떻든 비석과 벽감이 있는 묘지보다는 그 벌판에서 더 편안함을 느꼈다. 어디를 가든 사람들은 우리가 온 것이 감사하다는 듯 다정한 미소를 보냈다. 그들은 잔치에 참석한 것처럼 보였다. 무덤마다 그 위에는 바나나와 오렌지와 여러 형태의 우르뽀(urpo)가 놓여 있었다. 우르뽀는 이 날을 위하여 특별히 구운 빵이었다. 사람들은 저마다 이런 음식들을 보자기에 싸 가지고 왔다. 때때로 무덤 꼭대기에는 그 밑에 묻힌 사람을 나타내는 남자나 여자 모양의 케이크가 있었다. 한 곳에서는 죽은 군인을 애도하는, 제복에 총을 맨 남자 모양들로 이루어진 거대한 빵을 보았다. 제리 수녀는 사람들이 온갖 음식들을 무덤에 가지고 온다고 설명해 주었다. 때로는 고인이 제일 좋아했던 음식을 가지고 와서 그것을 먹으며 계속 교제를 나눈다고 설명해 주었다.

무엇보다도 내 눈길을 가장 끈 것은 기도하는 소년들이었다. 10세에서 12세 가량의 소년들이 둘씩 짝을 지어 커다란 흰 자루를 어깨에 메고 묘지를 돌아다녔다. 각 쌍 가운데 한 명은 작은 책을 가지고 있었다. 그들은 무덤에서 무덤으로 다니면서 기도를 해도 되겠냐고 묻곤 하였다. 된다고 하면 그들은 무덤 앞에 무릎을 꿇고 한 소년이 큰 소리로 책에 쓰인 기도를 드리면 다른 한 명은 "제단의 성례전 안에 계신 주님을 찬양합니다!"라고 10초마다 답하고 있었다. 그 소년들이 자신이 하는 기도의 의미를 안다고 보기엔 어려웠다. 하지만 그들은 두 눈을 꼭 감고 두 손을 정중히 포갠 채 기도를 드렸다. 모든 무덤에서 소년들의 목소리가 조화되어 이상하리만치 듣기 좋은 리듬으로 울려 퍼졌다. 그것은 하나의 위대한 기도가 되어 모두를 한데 묶어 주는 것 같았다. 가족들은 그 기도에 한 마디도 더 보태지 않았다. 기도는 오직 소년들이 할 일이었다. 기도를 다 드린 뒤, 그들은 무릎을 펴고 일어나서 자신들이 드려준 기도의 대가를 받기 위하여 자루를 열었다. 대가로 주어지는 것은 바나나 한 개, 과자 몇 조각, 케이크 한 조각, 또는 그들이 얻을 수 있는 것이라면 무엇이든 괜찮았다. 그리고 나서 그들은 다음 무덤으로 옮겨 갔고, 그 자리에는 또 다른 소년들이 짝을 이뤄 다가왔다. 그리고 이 일은 온종일 계속되었다. 과일과 빵이 소년들의 자루 속으로 사라지면 또 다른 신선한 음식을 가지고 와서 무덤 위에 놓았다. 때로는 그것들을 장식처럼 배열하기도 하였다.

한 곳에서, 나는 고인을 위하여 기도하게 해달라고 조르는 술 취한 늙은 남자를 보았다. 얼마간 실랑이가 오간 뒤, 그는 허락을 받았다. 그는 주기도송을 시작했으나 술이 너무 취해서 끝마치질 못하였다. 그 기도의 대가로 과자 한 개밖에 받지 못하자 분개한 목소리로 이렇게 말하였다: "이것이 전부요?" 그러자 그 집 가장이 "그렇다"고 대답하고는, 그 대신 소년들에게 기도해 달라고 눈짓을 하였다. 이 광경을 지켜본 뒤, 나는 그 가족에게 인사하며 나를 소개하였다. 내가 네덜란드에서 온 영성지도자라고 말하자, 그들은 처음에 경계하던 태도를 누그러뜨리고 모든 사실을 이야기해 주었다. "여기 누가 묻혀 있습니까?" 하고 묻자, 검은 피부의 젊은 남자가 "제 형수입니다. 다섯 달 전에 아기를 낳다가 돌아가셨어요."라고 하며 무덤가에 조용히 앉아 있는 자기 형과 세 어린이에게 내가 누구라는 것을 알려 주었다. 다른 가족들은 그냥 쳐다보기만 하였다. 나는 무덤 앞에 무릎을 꿇고 침묵 기도를 드린 뒤 산 이와 죽은 이를 축복하였다. 그러자 두 형제가 근심스러운 듯이 물었다: "무엇을 기도하셨습니까?" "주님께서 그대의 아내를 하늘나라로 데려가시고, 그대의 가족 모두에게 새로운 힘과 용기를 주시고, 그대들의 나라에 평화를 내려 달라고 기도 드렸습니다."라고 대답해 주었다. 그러자 모두가 안도의 숨을 내쉬며 고마워하였다: "정말 감사합니다. 감사합니다."

묘지를 떠날 때 많은 생각들이 교차하였다. 과연 내가 목격한 것은 무엇이었을까? 이 모든 것이 무엇을 뜻하는가? 내가 얻은 인상 가운데 가장 중심적인 것은 아주 깊고 오래 되고 근본적이며 인간적인 어떠한 것을 보았다는 느낌이었다. 무덤 주위에 모인 사람들, 보자기 위의 음식들, 사람 모양으로 된 빵, 기도하는 소년들, 선물 교환, 그리고 사방에 널리 퍼져 있는 관대함과 환대……. 모든 것이 예수님의 복음이 라틴 아메리카에 전해지기 훨씬 이전부터 이어져 내려온 것 같았다. 코차밤바 주민들은 대부분 께추아 인디언들이다. 그들의 신앙은 종교적 확신과 케추아족의 문화 전통과 함께 널리 보급되고 있다. 주기도송과 마리아의 노래가 끊임없이 암송된다고 해도, 그들은 인디언 영성의 힘을 부분적으로만 표현하는 것 같다.

나는 단순히 관찰되거나 이해될 수 없는 신비를 대단히 많이 느꼈다. 그래서 볼리비아에서 여러 해 동안 생활한 영성지도자들이 "우리는 여전히 부분적으로만 께추아족의 영혼의 깊이를 파악할 수 있을 뿐"이라고 하는 말에 훨씬 더 공감하기 시작하였다. 내 마음속에는 기도의 대가로 음식을 받는 소년들의 모습이 가장 인상적으로 남아 있다. 고인과 함께 먹을 무덤 위의 음식들이 고인들을 위하여 기도하는 소년들에게로 돌아간다. 나는 어떻게 기도가 음식이 되고 음식이 기도가 되는지를 직접 보았다. 살기 위하여 싸워야만 하는 어린아이들이 죽은 이들로부터 생명을 얻는 것을 보았다. 또 죽은 이들의 영혼 구원을 위하여 기도한 어린아이들로부터 죽은 이들이 희망을 얻는 것을 보았다. 또한 산 이와 죽은 이 사이의 심오한 교제를 보았다. 우리의 현실적이고 무신론적인 마음에서는 그 의미가 쉽게 바래져 버리는 말과 몸짓의 친교도 보았다. 늙고 눈멀고 구부정한 노인들과 마찬가지로 어린아이들도 죽은 이들과 친교를 나누도록 허락되었다. 한편 어른들은 조용히 바라보며 선물을 바쳤다. "어린아이들의 입을 통하여" 우리는 진리를 듣고, 그들을 통하여 우리에게 삶의 신비가 드러난다.

집으로 돌아왔을 때, 인디언들이 합리적이고 잘 짜이고 보존된 내 삶 속에 감추어져 있던 실체를 살짝 보게 해주었다는 것을 깨달았다. 산 이와 죽은 이가 안전한 집을 찾을 수 있도록 하는 하나님의 사랑을 드러내는 소리와 모습과 손길을 느꼈다. 저녁에 어학연구소 친구들과 예배를 드렸다. 이 지상에 있는 산 이와 죽은 이는 물론이고, 이 날과 관계 있는 모든 사람들, 곧 내가 아침 일찍 기도했던 내 가족과 친구들, 병원 의사, 학생들과 교사들, 코차밤바의 인디언들과 그들의 죽은 가족……. 이 모든 사람들이 성만찬 상 주변에 모인 것처럼 생각되었다. 주님의 몸과 피, 곧 빵과 포도주가 분배되었을 때, 묘지에서 목격했던 신비한 상호교환을 부분적으로 훨씬 더 깊이 느꼈다. 그렇다. 우리 모두는 우리를 위하여 빵과 포도주가 되신 분, 그리하여 산 이와 죽은 이의 구분을 없애신 오직 한 분, 바로 그 주님으로부터 사랑받는 존재이다.

11월 3일, 화요일

오늘밤에는 '서부전선 이상 없다'(All Quiet on the Western Front)라는 영화를 보았다. 제1차 세계대전 때 참호 속에서 한 독일 소대원들이 어떻게 정신적으로나 육체적으로 파괴되어 가는지 그 참상을 보여주는 영화였다. 왜 죽어야 하는지를 알지 못하면서 젊은 프랑스 청년을 죽이는 같은 또래 독일 군인의 광기에 전율을 느꼈다.

한편으로, 세계 강대국들은 나중에 전쟁을 이야기해 주거나, 그것을 주제로 영화를 만들 사람도 남아 있지 못할 정도로 강력하고 파괴적인 전쟁을 준비하고 있다. 중성자탄의 아버지 사무엘 코헨은 제3차 세계대전을 피할 수 없다고 믿고 있다. 라파스에서 발행되는 교계 일간지 〈로스 띠엠뽀스〉(Los Tiempos) 지는 11월 1일자 인터뷰에서 이 무기를 발명한 코헨의 자부심을 이렇게 표현하였다: "죽이기는 하지만 파괴는 하지 않습니다. 나는 내가 발명한 것을 결코 후회하지 않습니다. 이 폭탄은 지금까지 발명된 것 가운데 선택의 가능성이 가장 높은 것이라고 확신합니다. 이런 무기는 지금까지 없었습니다." "또 다른 전쟁이 발발하리라고 믿느냐?"라고 묻자 그는 이렇게 말하였다: "예……나는 싸움, 죽음, 전쟁 같은 것이 인간의 본성 가운데 하나라고 생각합니다……그리고 어떤 전쟁에서든 서로 모든 무기를 다 사용할 것입니다……따라서 핵무기가 사용될 것이 분명합니다."

'서부전선 이상 없다'(All Quiet on the Western Front)를 본 뒤 이 글을 읽으면서, 만일 코헨의 예언이 적중한다면 우리 지구 위를 감싸게 될 그 끔찍한 정적이 과연 어떨까 하고 생각해 보았다. 그때에도 죽은 이들을 애도하거나 인간 사회를 다시 건설한 사람이 남아 있을까? 위로의 말은 오직 예수님의 말씀뿐이다.

"그러니 너희는 앞으로 일어날 이 모든 일을 능히 피하고, 또 인자 앞에 설 수 있도록, 기도하면서 늘 깨어 있어라"(누가복음 21장 36절).

오 주님, 우리에게 자비를 베풀어 주옵소서.

11월 4일, 수요일

오늘밤 과테말라에서 지도자 양성에 심혈을 기울였던 메리놀 공동체 영성지도자 에드 무어와, 산티아고와 칠레에서 그와 비슷한 일을 하고 있는 메리놀 공동체 톰 헤네한이 어학연구소 학생들에게 경험담을 들려주었다. 지도자 훈련을 받은 사람들은 곧 압제자의 목표가 된다는 사실을 분명히 알게 되었다. 압제자들은 인디언들이 더 이상 수동적으로 착취당하는 의존적인 민족이 아니라 자신들의 의사를 분명히 말하도록 교육 받았다는 사실을 알기만 하면, 탄압과 고문과 살해를 가해 온다. 나는 교육이 종종 순교의 준비를 뜻한다는 사실에 당황하였다. 이것은 교육을 반대하기 위한 주장이 아니다. 자신들이 지닌 능력의 본질을 알고 체제를 변화시키기 위해서 무엇이 필요한지 알게 된 사람들은 자신이 배운 지식이 자신의 목숨을 요구한다 해도 결코 후회하지 않는다. 에드의 견해 가운데 한 가지는 정치학이 얼마나 빨리 실제 상황이 되는지를 살펴보는 데 도움을 주었다. 복음 전파자, 보건시설 개선자, 사회변화 추진자로 훈련된 많은 젊은이들이 자기 국민의 육체적·정신적·영성적 가난과 정치와의 상관 관계를 알게 된다. 이러한 인식 때문에 자주 그들은 직접 정치권으로 들어간다. 그리하여 시장이 되거나 다른 정치적 지위를 얻어 살아간다.

톰의 견해는 외국 선교사들이 왜 그렇게 자주 정치 참여로 비난받는지를 설명해 주었다. 일반적으로 그들은 가난한 사람과 집 없는 이들과 실업자들과 가장 가까이에서 일하는 사람들이다. 감히 그런 일을 할 수 있는 유일한 사람이기 때문이다. 그 지역 출신의 목회자들은 자신이 살기 위해서뿐만 아니라 자신을 후원하는 형제자매들을 위해서도 돈을 벌어야 한다. 그래서 그들은 초등학교나 고등학교나 대학교에서 가르친다든가 함으로써 수입이 있는 직업을 가질 수밖에 없다. 반면에 외국 선교사들은 고향에 있는 성도들이 후원해 준다. 따라서 가난한 이들과 자유롭게 생활하고 일할 수 있다. 이렇게 보면 많은 억압적인 정권들이 외국에서 온 영성지도자나 성직자나 평신도 선교사들을 적대시하고 용공인물로까지 단죄하는 것도 제법 이해할 만하다.

한편으로, 나는 예수님께서도 위험인물로 죽임을 당하셨다는 사실을 생각하였다. 인간이 되신 하나님은 그 시대 정치 권력자들의 기만과 압박을 감수하셨다. 그분은 지배층의 반대자라는 죄목으로 죽임을 당하셨다. 빌라도가 예수님의 머리 위에 '유대인의 왕 예수'라고 써 붙인 것이 전혀 이유가 없는 것은 아니다. 압제자들의 눈에 위험인물로 보이지 않으면서 진정한 그리스도인이 될 수 있을까?

11월 5일, 목요일

제리 맨더의 책 〈텔레비전을 제거해야 하는 네 가지 이유〉(*Four Arguments for the Elimination of Television*)에서 마음에 드는 부분을 발견하였다. 핵심 사상은 다음과 같다: "우리는 마음속에 지니고 있는 것을 영상으로 이끌어 낸다. 우리는 우리가 보는 것이 된다. 그리고 오늘 미국에서 가장 많이 보게 되는 것은 텔레비전 화면 속의 지옥이다."

어느 베트남 참전 용사가 첫 실전에서 그 전투를 전쟁 영화라고 생각하여, 자신들이 죽인 사람이 다시 일어나 걷지 않는 사실에 놀랐다고 하는 이야기를 들은 적이 있다. 빈센트 반 고호가 이 세상을 자신이 박물관에서 본 그림들의 모방으로 보았다는 글을 읽었다. 나는 어린이들이 텔레비전에 나오는 반복되는 광고에 얼마나 흥분하는지를 보아 왔다. 그러나 내 생각과 느낌과 행동에 인위적으로 박힌 영상들의 놀라운 영향에 대해서는 한 번도 깊이 생각해 보지 않았다. 마음속에 지닌 영상이 육체적·정신적·정서적 생활에 영향을 미칠 수 있다는 것이 사실이라면, 어떤 영상을 밖으로 드러내야 하며 어떤 영상을 받아들여야 할지 아주 중요한 문제가 아닐 수 없다.

그것은 깊은 영성적 의미를 내포하고 있다. 그래서 이 모든 게 나에게도 중요하다. 기도도 영상화와 많은 관계가 있다. 하나님의 현존 안으로 들어갈 때, 나는 그분을 여러 가지 모습으로 그려 본다. 곧 사랑하는 아버지, 후원해 주는 자매, 보살펴 주시는 어머니, 엄격한 교사, 정직한 판사, 동료 여행자, 친한 친구, 온유한 치유자, 도전적인 지도자, 강하게 밀어붙이는 감독자……. 이 모든 '인물들'은 내 생각뿐만 아니라 행동에 영향을 주는 마음속의 이미지를 만든다. 하나님께 기도드리는 것은 하나님과 비슷하게 만든다.

성 이냐시오가 묵상 때 우리의 모든 감각을 이용해야 한다고 제안한 것은 하나님 계시의 신비에 몰두하도록 돕는 것 이외에도 많은 것을 뜻한다. 성 이냐시오는 우리가 가능한 한 충분히 하나님의 실체를 상상하여 그 실체에 따라 서서히 신성하게 되기를 바란다. 더욱이 신성화는 모든 기도와 묵상의 목적이다. 사도 바울은 신성화에 대하여 이렇게 말하였다:

"이제 살고 있는 것은 내가 아닙니다. 그리스도께서 내 안에서 살고 계십니다"(갈라디아서 2장 20절).

우리의 주의를 좀 다른 데로 돌려 자신들의 목적을 위해서 우리를 이용하고, 좀더 소비적인 사회에 안주하게 만들려고 하는 집권자들에 의해 우리에게 제공된 이미지에 점점 더 많이 의존할수록 훨씬 더 쉽게 우리의 주체성을 잃게 된다. 이 강요된 이미지들은 결국 우리를 증오, 폭력, 쾌락, 탐욕, 기만, 억압의 세상으로 끌어들인다. 그러나 우리가 하나님의 형상으로 창조되었고 우리에게 이것을 다시 상기시키기 위하여 그리스도께서 이 세상에 오셨다는 사실을 깨닫게 된다면, 묵상과 기도를 통하여 우리는 참된 주체성을 찾게 될 것이다.

  이런 생각들은 목회가 기도나 묵상 생활과 어떤 밀접한 관계가 있는지를 보여 준다. "우리가 들은 것이요, 우리가 눈으로 본 것이요, 우리가 지켜본 것이요, 우리가 손으로 만져본"(요한일서 1장 1절) 분께 증언할 사람이 목회자 말고 누가 있겠는가? 목회는 이 세상에 그리스도께서 우리와 같은 모습으로 함께 하신다는 것을 드러내는 것이다. 자신이 누구인지를 더 많이 생각하고 우리의 참된 주체성을 볼 수 있게 되면 더욱더 우리는 살아 계신 예수 그리스도의 증인이 된다. 이것은 오래 전에 우리에게 오신 그분의 이름으로 말하고 행동하는 것보다 훨씬 더 많은 것을 뜻한다. 우리의 말과 행동 그 자체가 지금 여기에 살아 계신 그리스도의 이미지다. 우리가 날마다 보는 가난한 이들, 날마다 듣는 국외 추방과 살인에 대한 이야기들, 날마다 만나는 영양실조에 걸린 어린이들은 우리 안에 감추어진, 고난 받으시는 그리스도를 보여 준다. 우리 안에서 고난 받으시는 그리스도의 이미지가 충분히 자랄 때까지 내버려둘 때 가난한 이들과 억압받는 이들에 대한 목회는 가능하게 된다. 그때 우리 가운데는 물론 우리 안에 계신 그분을 보고 듣고 느낄 수 있기 때문이다. 그리하여 기도는 목회가 되고 목회는 기도가 된다. 우리 안에 계신 고난 받으시는 그리스도를 한 번 보게 된다면, 고통 받는 이들 가운데서도 그분을 보게 될 것이다. 우리의 가장 깊은 내면세계에서도 그분을 알아보게 될 것이다. 그리하여 우리는 네 마음을 다하고 네 목숨을 다하고 네 뜻을 다하여 하나님을 사랑하라는 첫째 계명이 "네 이웃을 네 몸과 같이 사랑하여라" 한 둘째 계명과 진정으로 비슷하다는 것을 체험하게 된다(마태복음 22장 37-40절).

11월 6일, 금요일

오늘밤에는 어학연구소 학생들과 교수진들은 페루 율리 교구에서 교회의 일치를 위한 특별예배를 드렸다. 회의에 참석하기 위하여 리마에서 온 메리놀 공동체 빌 맥카시가 집례하였다. 그리고 율리 교구에서 일하며 현재 아이마라어(알티플라노에 사는 아이마라 인디언의 언어)를 공부하고 있는 루르드 수녀가 설교를 하였다. 자신이 작곡한 스페인 노래도 불렀다. 등에 무거운 짐을 진 인디언 조각, 향이 든 그릇, 꽃, 초……. 이것들이 고난 받는 이, 기도하는 이와 율리에 있는 사람들의 희망을 상징하기 위하여 원의 한가운데에 놓여졌다. 최근에 그곳에서 일어난 폭력을 우리에게 상기시키기 위하여 깨진 유리와 돌도 있었다.

이 예배의 주된 목적은 오는 11월 15일 율리에서 열릴 기도의 날에 대한 주의를 끌기 위한 것이었다. 그날 페루 각지에서 그리스도인들이 교회에 대한 박해의 첫 징조에 기도로 대응하기 위하여 올 것이다. 루르드 수녀 자신은, 복면을 한 40명의 남자들이 교회를 공격할 때, 농촌교육을 위한 연구소에 있었다고 한다.

여러 징조들에 대한 빌의 설명과, 두려움과 희망과 신앙의 중요성에 대한 루르드 수녀의 말을 생각해 볼 때, 그것이 지금 우리가 상상할 수 있는 것보다 훨씬 큰 대결의 시작이 아닐까 하는 생각을 지울 수가 없다. 11월 15일에 있을 시위의 결과는 어떻게 될까? 가난한 이들을 지원한다고 해서 교회를 미워하는 사람들도 많다. 이 기도의 날을 탄압을 강화시키는 구실이나 개종시키기 위한 도전으로 보지는 않을까? 속단하기 어렵다. 가난한 이들에 대한 우리의 성실한 후원 때문에 항의가 있을 게 틀림없다. 그러나 사태가 더 나빠질지 나아질지는 아무도 모른다. 사태가 더 나빠질까 두렵다. 그러나 11월 15일, 교회는 언제나 가난한 이들 편에 선다는 약속을 끝까지 지킬 것이라는 사실을 분명히 보여 주는 날이 되기를 바란다.

찬송들은 즐거웠다. 성경말씀도 희망적이었다. 주님의 몸과 피를 나누는 성만찬예식은 우리가 한 공동체임을 진실하게 보여 주었다. 이 성만찬예식은 비록 우리가 아직도 눈물의 골짜기에 살고 있지만 이미 하나님 나라를 약속받고 있다는 것을 깊이 되새기게 하였다. 그리스도인들에게 부여된 가장 위대한 선물 가운데 하나는, 새롭게 찾은 자유뿐만 아니라 여전히 종속되어 있는 속박을 축하하는 것이라는 생각이 날이 갈수록 강해진다. 그리스도인에게는 기쁨과 슬픔이 결코 분리되어 있지 않다. 우리의 기쁨은 그 어떠한 것도 삶 가운데 계신 주님으로부터 우리를 떼어놓을 수 없다는 것을 깨닫는 것이다. 우리의 슬픔은 주님께서 몸소 보여주신 삶의 방식이 십자가에 달리시는 방식이라는 것을 상기하는 것이다.

11월 7일, 토요일

오늘은 온종일 편지를 썼다. 먼저 어린 딸 로라에게 안전하고 사랑이 넘치는 가정을 꾸며 주려고 애쓰는 동생 부부에게 격려와 사랑의 말을 적어 보냈다. 그리고 아저씨와 아주머니께는 몇 년 전 세상을 떠난 딸 로즈마리의 죽음에 대하여 위로의 말을 적어 보냈다. 로즈마리는 딸 막달린을 잃은 뒤 몇 년 전에 죽었다. 몇 주일 전에 양친을 모두 여읜 동료 영성지도자 헤니에게도 편지를 썼다. 또 둘째아이를 낳은 뒤 곧바로 남편을 잃은 사촌누이에게도 편지를 보냈다.

나는 지금 몹시 피곤하고 정서적으로 메말라 있다. 내 가족과 친구들의 인생에 있는 이 모든 고통을 내 가슴에 받아들이면서 어떻게 참된 위로를 해줄 수 있을지 의문이다. 어떻게 그들의 고통을 함께 나누고 그들에게 희망을 줄 수 있을까? 어떻게 그들과 진정한 연대를 꾀할 수 있을까? 갑자기 나는 한 가지 사실을 깨달았다. 내가 그들처럼 되거나 그들의 짐을 질 필요가 없다. 우리 주님은 나의 주님이시고 또 그들의 주님이시다. 그 주님께서 모든 인간의 짐을 대신 지셨다. 그 짐들을 지고 짓밟히신 공로 때문에 우리는 위로자 성령을 받아들일 수 있다. 지금 내가 해야 할 첫 번째 일은, 오늘 내가 편지를 쓴 모든 이의 마음에 위로자 성령이 오시기를 기도하는 것이다. 내 불완전하고 떠듬거리는 편지가 사랑의 하나님께서 치유하시고 위로하시는 채널이 되기를 진솔한 마음으로 기도드린다.

11월 9일, 월요일

   오늘 새로운 숙소를 발견하였다. 지난주 깨달은 것은, 내가 영어를 너무 많이 사용한다는 것이었다. 따라서 스페인어를 집중적으로 훈련할 필요가 있다.

   연구소에서 도보로 반 시간쯤 걸리는 곳에 살고 있는 끼로가 가족들이 반갑게 맞아 주었다. 나는 여기 있는 것만으로도 즐겁다. 끼로가 부부는 매우 친절하다. 내 서투른 스페인어도 잘 고쳐 준다. 12살 된 아들 로돌피또는 영어를 연습할 수 있는 사람이 자기 집에 있다는 사실에 너무 좋아한다.

   로돌포 끼로가와 그 아내 낸시는 8년 동안 마이애미에서 살았다. 그때 영어를 좀 배웠다. 그런데 그곳에는 쿠바인들이 절대적으로 많았기 때문에 영어를 연습하는 게 별 도움이 안 되었다고 한다. 그러나 로돌피또는 그곳에서 학교를 다녔기 때문에 부모들보다는 영어를 훨씬 더 잘하였다. 4년 전 그들이 다시 볼리비아로 돌아왔을 때도 로돌피또는 영어를 사용하는 초등학교에 계속 다녔다. 그 애는 지금 코차밤바에 있는 가톨릭계 고등학교에 다닌다. 자기 집에 오는 미국 손님들을 붙잡고 계속 영어를 익힌다. 로돌포는 코차밤바에서 사업을 하고 있다. 낸시는 아마추어 무선에 열중해 있다. 그녀는 날마다 온 세계 사람들, 곧 인도네시아, 타이, 폴란드, 네덜란드, 미국 등 여러 나라 사람들과 이야기를 나눈다.

   끼로가 가족과 생활하면서 가장 좋은 점 가운데 하나는 너나없이 이야기하는 것을 좋아한다는 것이다. 난 늘 스페인어 소리에 둘러싸여 있다. 이 소리들이 나와 한층더 친숙해졌으면 한다.

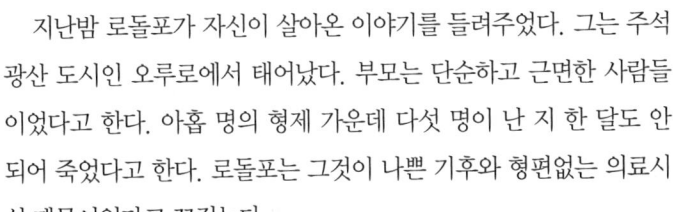

11월 10일, 화요일

지난밤 로돌포가 자신이 살아온 이야기를 들려주었다. 그는 주석 광산 도시인 오루로에서 태어났다. 부모는 단순하고 근면한 사람들이었다고 한다. 아홉 명의 형제 가운데 다섯 명이 난 지 한 달도 안 되어 죽었다고 한다. 로돌포는 그것이 나쁜 기후와 형편없는 의료시설 때문이었다고 꼬집는다.

로돌포가 여덟 살이었을 때 집주인의 아들은 17살 소년이었다. 그 애의 병적인 취미는 동물들에게 상처를 주는 것이었다고 한다. 어느 날 그 애가 집안에 총을 가지고 와서 열 살 된 로돌포의 형을 죽였다. 로돌포의 부모는 슬픔으로 제정신이 아니었다. 여러 날 동안 아버지는 밤중에 일어나서 총을 들고 집 주위를 돌아다니며 복수를 다짐하였다. 그러나 아직도 자신을 필요로 하고 있는 아내와 세 아들을 돌봐야 한다는 것을 깨닫고는 서서히 딴 사람이 되었다. 전에 그는 열렬한 무신론자였다. 교회가 그와 그 가족과 아무런 관계가 없다는 조건 아래 결혼도 하였다. 그러나 그는 비통한 슬픔 가운데 갑자기 하나님께로 돌아섰다. 기도와 자비와 가족의 영성적 전인 건강을 위하여 일생을 바친 사람이 되었다. 그와 그 아내는 날마다 교회를 다니기 시작하였다. 그 뒤 곧 세 아들도 세례를 받았다. 첫번째 성만찬예식도 받아들였다. 이 단순한 가정은 믿음과 희망의 자리가 되었다.

아들들 가운데 하나인, 알렉스는 몇 년 동안 예수회에서 철학을 공부하였다. 정식으로 예수회에도 들어갈 예정이었다. 그러나 건강 때문에 그곳을 떠나야만 되었다. 그는 현재 메사추세스 대학의 스페인문학 교수다. 코차밤바에 '행복한 결혼만들기 운동'(Marriage Encounter Movement)을 소개한 아주 활동적인 그리스도인이기도 하다. 둘째아들 맥스는 회계사다. 병든 아내를 좀더 좋은 기후에서 살도록 하기 위하여 여러 해 전에 라파스에서 코차밤바로 옮겨 왔다. 내가 묵고 있는 집 주인 로돌포는 몇 년 동안 수도회에 있었다. 그러나 어머니가 병이 나자 가족들을 돌보기 위하여 그곳을 떠나야만 하였다. 집으로 돌아온 뒤에는 곧 낸시와 결혼하였다. 그런데 첫 두 아이가 죽었다. 로돌피토가 태어난 지 얼마 지나지 않아 한 소년을 양자로 들였다. 하지만 그 아이도 석 달만에 죽었다. 이제 열두 살 된 로돌피토가 자신들의 삶에서 중심이 되었다고 한다.

나는 이 이야기를 듣고 로돌포의 솔직함과 사랑에 감동하였다. 그에게 그것은 자신의 이야기인 동시에 하나님의 이야기였다. 그것은 괴로움에 대한 이야기지만, 그 가운데 하나님이 함께 하시고 그 사랑을 보여 주셨던 괴로움이었다. 로돌포가 자신이 살아온 이야기를 꺼내놓을 때, 그는 자신의 고투보다는 하나님의 사랑에 대하여 말하는 것 같았다. 그의 목소리는 감사와 찬송으로 떨렸다. 분노나 원한, 복수의 감정 같은 것은 없었다. 그는 하나님께서 삶을 이끌어 주셨다고 고백하였다. 앞으로도 어떤 일이 생기든 끊임없이 이끌어 주실 것이라고 확신하였다.

11월 11일, 수요일

어젯밤 로돌포의 쉰두 번째 생일잔치를 베풀었다. 그것은 내게는 전통적인 네덜란드식 생일잔치처럼 보였다. 저녁 내내 가족과 친구들이 로돌포와 그 아내를 축하하러 왔다. 밤이 점점 깊어감에 따라 사람들이 점점 많이 모여들었다. 대화가 더욱 활발해지면서 목소리들도 커졌다. 모두가 행복했다. 서로들 즐거워하였다. 텔레비전이나 라디오, 음악, 영화는 없었다. 실제건, 만들어 낸 것이건, 가정과 도시와 가족에 대한 이야기들이 활발히 교환되었다. 음식과 술에 이어서 미국식 생일축하 노래(Happy birthday to you!)를 불렀다. 전통적인 생일케이크도 나왔다.

그날 저녁은 페터와 긴 대화를 할 수 있어서 내게는 특히 의미가 깊었다. 페터는 최근에 안수를 받은 폴란드 영성지도자다. 그는 어학연구소에서 나와 같이 공부를 하고 있다. 그도 끼로가 가족의 친구가 되었다. 페터의 이야기는 나를 감동시켰다. 내 안에 오랫동안 감춰져 있던 어떤 정서들을 일깨워 주었다.

지금까지 그는 폴란드에서만 살았다. 십대 시절에는 신앙이 없었다. 그러나 훌륭한 청소년 지도자였다. 도미니크회 영성지도자가 그의 내면에 있는 목회에 대한 열망을 일깨워 주었다. 처음에 그는 도미니크회에 들어가려고 했다. 그런데 도미니크회 수련수사로 들어

가기 전 디바인 월드회(Divine World Society)의 영성지도자를 잠깐 만난 적이 있다. 그 때 그 영성지도자가 그 디바인 월드회의 사명에 대하여 말해 주었다. 페터는 이것이 하나님께서 예정하신 만남이라고 느꼈다. 언젠가 자신도 일본, 한국, 또는 대만에서 선교 사업을 할 수 있으리라는 희망을 품고 디바인 월드회에 들어가기로 마음먹었다. 여섯 달 전, 페터는 안수를 받았다. 그러나 그가 원했던 나라에 파견되지는 않았다. 수도원장은 3년간의 파라과이 선교를 위하여 스페인어를 배우도록 볼리비아로 보냈다.

어학연구소에서 그를 처음 보았을 때 매우 인상적이었다. 아주 상냥한 소년처럼 보였다. 젊고 잘생긴 용모였다. 짧은 기간 공부한 것에 비해, 스페인어 실력은 놀라울 정도로 훌륭하였다. 이 연구소에 다른 폴란드 영성지도자도 한 명 있고 수녀도 한 명 있지만, 그는 그들을 피한다. 크리스마스 전까지는 폴란드 말을 한 마디도 하지 않기로 결심했기 때문이다. 그 결과, 그는 내가 알고 있는 어떤 사람보다도 스페인어를 빨리 배웠다.

페터가 나에게 들려준 이야기는 아주 슬픈 것이었다. 폴란드에 있는 어머니들에게는 새로 태어날 아기들에게 필요한 음식이 없다고 한다. 우유와 버터와 다른 중요한 영양 식품이 부족하기 때문에, 그리스도교 국가인 폴란드에서도 낙태가 늘어나고 있다고 한다. 페터는 말하였다: "끔찍한 일입니다. 우리나라의 큰 죄악이지요. 영성지도자가 된 뒤 얼마 안 돼서 자녀를 부양할 수 없는 자신들의 무능에 분개하는 많은 남녀의 고백을 들었어요. 그러나 낙태는 해결책이 될 수 없지요."

그리고 서서히 그는 자신의 깊은 신앙을 드러냈다. 그 신앙은 자기 국민에 대한 자신의 사랑과 깊이 연관되어 있다: "우리 폴란드인들은 단지 두 가지 자유만 원하지요. 죄로부터의 자유와 외국의 지배로부터의 자유. 부모들은 자녀들에게 음식과 집, 또는 물질적 성공보다 더 중요한 것은 자유라고 말해 줍니다. 우리에게 폴란드인이 되는 것과 그리스도교 신자가 되는 것은 같은 일입니다. 우리는 정치, 전쟁, 힘에 대해서는 흥미를 갖지 않습니다. 우리는 결코 전쟁을 일으킨 적이 없어요. 우리가 바라는 것은 하나님께 가까이 다가가는 삶을 사는 것입니다. 공산당원요? 그들은 모든 것을 결정하고 나라를 다스리지요. 그러나 삼천만 폴란드인들의 마음은 그들과 함께 있지 않습니다. 사람들은 기도하고 예배에 참석하고 성경공부를 위하여 모임을 갖습니다. 이것이 폴란드인들의 영혼을 이해할 수 있는 길이지요."

페터가 요한 바오로 2세에 대하여 말할 때 그의 안에서 감정이 격동하는 것을 느낄 수 있었다. 요한 바오로 2세는 폴란드 국민들에게 자유를 위한 새로운 희망을 심어 주었다. 나는 페터의 눈 속에서 보았다. 요한 바오로 2세는 수십 년 간 부르짖은 폴란드인들의 열렬한 기도에 대하여 하나님께서 보여주신 신비스러운 응답이었다는 확신을. 요한 바오로 2세가 교황이 된 이래, 수백 명의 젊은이들이 신앙을 갖고 신학교에 들어가기도 하였다. 지금은 서른 개의 큰 신학교가 있다. 그 신학교마다 적어도 백 명씩은 수용하고 있다. 요한 바오로 2세에 대하여 이야기하면서 페터는 이렇게 말하였다: "그분이 총격을 당했을 때 온 세계 사람들이 대부분 그 사건을 알려고 신문을 읽거나 텔레비전을 보았지요. 그러나 그 사이, 폴란드인들은 모두 교회로 가서 기도했어요." 더욱이 페터는 요한 바오로 2세가 없이는 아마 어떤 연대 운동도 있을 수 없었을 것이라고 확신하였다: "폴란드인들은 요한 바오로 2세가 폴란드를 방문하는 동안 했던 말을 하나도 빠짐없이 경청했지요. 그분은 늘 우리가 받아들이고 있고 우리가 누리고 있는 자유의 진정한 밑바탕이신 성령에 대하여 말씀하셨습니다. 그분의 말씀은 우리에게 권리를 주장할 힘과 자신감과 용기를 주었어요. 요한 바오로 2세는 자유노조의 설립에 직간접적으로 많이 관련되어 있었다고 생각합니다."

페터의 목소리에서 승리감의 흔적은 찾아볼 수 없었다. 비록 몇 가지 중요한 것들(과거와 현재 폴란드 유대인들의 괴로움 같은 것들)을 간과하고 있기는 하지만, 억압과 추방과 굶주림을 겪은 한 사람으로서 이야기하고 있음은 분명하다. 하나님과 예수님과 동정녀 마리아와 교회, 그리고 교황에 대하여 내가 질투를 느낄 정도로 친밀함과 친숙함을 가지고 이야기하였다. 그만큼 단순하고 확고한 믿음을 보여 주었다.

그는 자신이 고국을 떠나올 때의 이야기를 하였다. 그의 부모님은 "이제 너는 네가 어디 있든지 늘 기도하고 날마다 묵상기도를 드려야 한다. 명심하여라."라고 말하였다. 이 말을 하는 동안, 페터의 눈에는 눈물이 가득 고였다. "제가 부모님의 믿음을 조금이라도 따라갈 수 있다면 얼마나 좋을까요! 그분들은 단순하고 가난하고 믿음이 깊으셔요. 그분들은 정말로 무엇이 중요한지를 압니다. 그분들은 제가 높은 자리에 오르고 성공하는 것을 바라지 않습니다. 그분들이 바라는 것은 오직 다른 사람들을 좀더 하나님께 가까이 이끄는 사람이 되는 거지요. 기도하는 사람말입니다. 그분들은 볼리비아나 파라과이에 대해서는 아무것도 모르셔요. 그런데도 저와 이곳 국민들을 위하여 기도하십니다."

페터는 나의 내면을 열어 주었다. 그는 하나님과 하나님의 교회에 대한 일치를 보여 주었다. 나는 드물게 깊은 신앙을 가진 사람 앞에 서 있는 나 자신을 발견하였다. 오랫동안 만나 보지 못했던……. 그리고 페터는 주목할 만한—그리고 때로는 혼란을 가져다 주는—거룩한 사람, 요한 바오로 2세에 대한 새로운 시각도 제공해 주었다.

11월 12일, 목요일

깜짝 놀랐다. 미국이 전쟁을 원하다니! 이런 글을 쓰는 것은 끔찍한 일이다. 하지만 레이건 행정부가 전쟁을 일으킬 준비뿐만 아니라 직접 전쟁을 향하여 나아가고 있다는 느낌이 지난주 내내 뇌리를 떠나지 않고 있다. 일찍이 역사상 듣도 보도 못한 전쟁이 생명과 문화의 파괴를 향하여 다가오고 있다는 생각이 며칠 동안 나를 안절부절 못하게 만들었다. 이 가난하고 보잘것없고 완전히 의존할 수밖에 없는 나라가 미국 정부의 움직임을 보는 시각은 미국 내 시각과는 상당히 다르다. 미국에 살고 있는 사람은 이집트에서 일어나고 있는 무기경쟁, 공동전선, 사우디아라비아에 대한 공중조기경보통제시스템(AWACS) 탑재 공중조기경보기 판매, 특히 멕시코의 칸쿤회의 등이 평화를 지키려는 움직임이라고 착각하게 된다. 그러나 점점 늘어만 가는 가난과 인간의 비참한 모습들로 둘러싸인 이곳 볼리비아에서는 미국의 얼굴이 날이 갈수록 더 흉측하게 보인다.

나를 가장 놀라게 한 것은 전쟁에 대한 대중적인 기대다. 아리안 족의 우월성을 지껄이던 히틀러 같은 이는 없다. 그리고 국제분쟁에 개입해서 어떤 나라도 눈에 보이는 이득을 취할 수 있는 가능성도 없다. 그렇지만 대부분의 미국사람들은 가까운 미래에 있을 세계대전을 기대하고 있다. 핵무기를 동원한 전면적인 살상을 피할 수 있다고 믿는 사람은 이제 별로 없다.

지난 몇 주 동안 외국의 유력한 신문들이나 미국의 주간지들은 대부분 임박한 전쟁에 대한 추측들로 도배질을 하였다. 나를 놀라게 한 것은 세계 여러 곳에서 일어나는 주요 문제들에 대한 미국 군대의 발빠른 반응이다. 뉴스위크(Newsweek, 1981년 11월 9일자)는 이렇게 썼다: "레이건은 주로 군대의 힘에 의존해 왔다. 백악관은 엘살바도르, 베네수엘라, 파키스탄과 무기 흥정에 매달려 왔다. 이집트와 수단에는 무기 수출을 늘리겠다고 약속하였다. 중국은 미국의 무기 시장으로 끌어들였다."

이런 힘의 과시 뒤에는 지금도 미국이 세계를 장악하고 있다는 생각을 국민들에게 갖게 하려는 의도가 다분히 깔려 있다. 모스크바와 워싱턴 사이에는 성실한 외교가 사라져 가고 있다, 폴란드에서는 긴장이 더욱 쌓이고 있다, 중동에서도 미묘한 상황이 전개되고 있다, 남아프리카에 대해서도 미국의 후원이 증가하고 있다, 중미 지역에서는 이른바 쿠바의 전체주의 세력을 저지하기 위한 것이라는 명목 아래 남반구의 '독재주의' 우익군부를 뻔뻔스레 돕고 있다……. 이 모든 것이 미국 역사 가운데 가장 평화로운 시대에 펼쳐 가고 있는 병력 증강의 내용들이다. 이런 것들을 생각할수록 평화를 강화하기 위한 진지한 시도가 왜 없는지 더욱 의아스럽다. 제3세계뿐만 아니라 미국과 유럽에서도 가중되고 있는 경제 문제들을 핑계로 미 국방부가 그렇게 애지중지하고 있는 무기들 가운데 몇 가지를 시험한다고 나서지는 않을까 두렵다. 심지어 우리는 베트남 전쟁을 치른 뒤에도 무기가 평화를 지켜 줄 수 있다고 믿는 것 같다. 무기들 때문에 전쟁이 발발할 수 있다는 것은 분명 사실이다. 현대전은 전체적인 파멸을 가져 올 뿐이다.

한편, 극단적으로 위험한 말들도 있다. 우리는 지금 핵무기 경고 공격, 쿠바 점령, 또는 니카라과 침략에 대한 말들을 듣고 있다. 비록 나중에 부인하기는 했지만 유력한 위치에 있는 사람들의 그러한 발언은 불안한 분위기를 조성하고 있다. 결국 예측할 수 없는 결과를 낳을지도 모른다.

이것이 그리스도인들이 평화를 위하여 선택해야 하는 국제 상황이다. 때로는 나도 정치에 휘말려 들어가서, 과연 세계 분쟁을 피할 수 있을까라고 의심하기도 한다. 나에게 주요 문제는 다음과 같다:

나는 "앞으로 일어날 이 모든 일을 능히 피하고, 또 인자 앞에 설 수 있을까?"(누가복음 21장 36절). 또는 이 세상을 위협하는 것에 당면한 것 같은 공포로 우리를 몰아넣는 모든 전쟁과 전쟁에 관한 소문 때문에 나 자신과 다른 이들이 위축되도록 놔둘 것인가? 나는 주님께서 "큰 권능과 영광을 띠고 구름을 타고"(누가복음 21장 27절) 오실 때 그분을 뵐 준비가 정말 되어 있는가?

우리 지구의 정치 경제 사회 상황을 이해하고 분석하고 토론하며 평가하는 데 우리는 얼마나 많은 시간과 힘을 기울이고 있는가? 그리고 "덫과 같이"(누가복음 21장 34절) 어느 날 갑자기 닥쳐올 주님의 날을 맞이하기 위하여 우리 몸과 마음을 얼마나 준비하고 있는가? 기도, 묵상, 금식, 공동체 생활, 아픈 이와 죽어 가는 이와 굶주린 이와 두려워하는 이들을 돌보는 일이 그리스도교 사람들로서 진정 삶의 중심이 되고 있는가? 세상은 아마 우리 자신의 행위 때문에 종말로 치닫고 있는지 모른다. 이번 주, 이번 세대, 이번 세기, 또는 앞으로 몇 백만 년 안에 종말이 올지도 모른다. 그러나 우리는 종말의 확신을 통하여 생명의 주님을 받아들이는 사람은 해를 입지 않고 영생을 누릴 것이라고 감히 겁없이 알릴 수 있는 힘을 얻을 것이다. 그러나 주님의 날에 "방탕과 술취함과 세상살이의 걱정으로 마음이 짓눌린다면"(누가복음 21장 34절) 이 얼마나 슬픈 일인가?

나는 이 모든 것들 때문에 세상의 종말을 아주 진지하게 생각할 영성이 절실히 필요하다는 사실을 깨닫게 되었다. 그 영성은 세상의 힘들에 움츠러드는 영성도 아니고 맹목적으로 추종하는 영성도 아니다. 그것은 이 세상에 속하지는 않으면서도 이 세상에 살게 하는 영성이다. 곧 우리가 권력과 지배층의 죄악과 죽음과 파괴에 둘러싸였을 때도 하나님을 따르는 삶의 기쁨과 평화를 맛보도록 하는 영성이다. 해방의 영성이 추방이나 감금의 영성으로써 심화될 필요는 과연 없는 것일까? 빈곤을 줄이는 데 초점을 둔 영성이, 줄곧 빈곤이 심해져 갈 때도 그대로 참고 살아가도록 하는 영성으로 심화되면 안 될까? 화해를 촉구하는 영성이, 우리가 보는 것이라곤 죽어 가는 아이들, 불타고 있는 집들, 그리고 문화의 대대적인 파괴뿐인데도 충실하게 남아 있도록 하는 영성으로 심화되면 안 될까? 하나님은 이러한 참사가 일어나지 못하도록 막으실 지도 모른다. 아니, 우리가 이것을 막을 수 있을지도 모른다. 뿐만 아니라 "땅에는 큰 재난이 닥치고 이 백성에게는 무서운 진노가 내리며……해와 달과 별들에서 징조들이 나타나고……민족들이 바다와 파도의 성난 소리 때문에 어쩔 줄을 몰라서 괴로워할"(누가복음 21장 23-25절) 때도 우리는 결코 믿음을 버리지 않을 것이다. 우리가 자신의 호기심이나 돌연한 공포에 휘둘리지 않고 우리에게 오시는 분께 끝까지 남아 있기를 나는 기도한다. 그분은 우리에게 오셔서 이렇게 말씀하실 것이다:

"내 아버지께 복을 받은 사람들아, 와서, 창세 때로부터 너희를 위하여 준비한 이 나라를 차지하여라"(마태복음 25장 34절).

11월 13일, 금요일

라틴 아메리카에 있는 교회의 곤경에 대하여 쓴 기사 가운데 내 관심을 끈 것은 1981년 사순절에 〈내셔널 가톨릭 리포터〉(National Catholic Reporter) 지에 실린 내용이었다. 그것은 볼리비아에서 일하고 있는 익명의 미국 영성지도자가 쓴 것이었다. 자신과 또 함께 일하는 사람들에게 보복이 돌아오지 않도록 이름을 밝히지는 않았다. 그는 미국에 있는 동료 그리스도인들에게 자신들의 말에 귀기울여 주고 자신들을 이해해 주고 또 자신들을 위하여 행동해 달라고 절규한다:

> 지금 우리는 이렇게 알고 있습니다. 메델린과 푸에블라에서 열렸던 라틴 아메리카 영성지도자회의에서 나온 문서들은……무신론적 공산주의와 국가안보 이데올로기라는 미명 아래 '자유 자본주의'를 비난합니다. 미국의 영성지도자들은 거의 예외 없이 이 문서 속에 들어 있는 뜻을 미국 신자들의 종교 교육에서 가르치지 않습니다. 이것은 엄청난 결과를 가져오는 중대한 직무유기라고 생각합니다.
>
> 이러한 결과들을 우리는 날마다 봅니다. 암살, 육체적·정신적 고문, 강탈은 이 나라에서 일상적인 수사 방법입니다. 이런 지능적인 기술은 공산주의자들이 우리 경제권에 침투하는 것을 막기 위하여 게릴라

작전과 테러에 대항하는 전술로 35년 동안 8만 명 이상의 라틴 아메리카 군대와 경찰에 가르쳐 왔습니다. 증거를 원하십니까? 국제인권위원회는 물론 칠레, 브라질, 아르헨티나, 볼리비아, 엘살바도르 등의 영성지도자들로부터 그 주소와 이름을 알 수 있습니다.

라틴 아메리카는 러시아나 미국이나 어떤 강대국들의 위성국가가 되는 것도 원치 않습니다. 라틴 아메리카는 정치적·경제적 식민주의에서 벗어나기를 원합니다. 그러므로 현재 그들에게는 그것이 용납되지 않고 있습니다. 정치적·사회적 변화를 위한 정상적인 길은 무력과 폭력으로 막혀 있습니다. 아니면 폭력이 건강한 인간 사회로 가는 유일한 '정상적인' 길입니까?……

왜곡된 역사에 처음으로 엘살바도르사람들과 과테말라사람들, 페루사람들, 브라질사람들 등 여러 국민들은 자신들의 권리를 원하고 있습니다. 그들은 성숙으로 가는 와중에서, 주체성과 책임감을 지닌 국민으로서 그들 자신이 시행착오를 저지를 수 있는 자유를 원합니다. 누구도 이 역사의 진행을 중단시킬 순 없습니다……

서기 2000년에 라틴 아메리카는 5억 인구를 지닌 대륙이 될 것입니다. 그 가운데 절반이 창조적 힘과 희망에 찬 포부를 가진 21세 미만의 청소년들일 것입니다. 어린이를 안락하고 편리한 생활을 막는 적으로 여기며 생명에 반한 문화를 가진 미국은 그때가 되면 미래가 없는 늙은이와 낡은 사상과 소비와 불모의 황폐한 나라가 될 것입니다……

우리가 탐욕스러운 정책을 계속 펴 간다면 젊은 대륙의 후손들은 미국을 증오하게 될 것입니다. 그들이 교육을 통하여 개화된다면, 미국사람들에게 좀더 편안한 생활을 제공하기 위하여 이 대집단을 과연 얼마나 오래 통제할 수 있겠습니까?

이렇게 말한 뒤 이 익명의 저자는 교인들, 영성지도자들, 신학자들과 지성인들, 남녀 종교인들, 조합원들과 노동자들, 그리고 마지막으로 젊은이들에게 이렇게 당부하였다:

이른바 '서구문명'이라고 불리는 골동품 가게를 유지하기 위하여 여러분의 신앙이나 자유를 팔지 마십시오. 그것이 18, 19세기에는 적합했을지 모르지만 20세기에는 적당치 않습니다. 더욱이 지금 젊은이들의 시대인 21세기에 그것은 아무런 희망도 주지 못합니다. 우리가 35년 동안 보아왔던 정치 경제 체제, 이론과 실제들은 케케묵은 향수밖에는 아무것도 주지 못합니다. 그런 것들에서는 죽음의 냄새가 납니다……

여러분의 선교 대표자들인 우리는 여러분들이 비생산적인 죄의식에 빠지도록 요구하지 않습니다. 우리는 여러분들이 우월감을 없애기 바랍니다. 그리고 미국의 우월감도 변화시키기를 원합니다. 그러면 여러분들은 자유로워질 것입니다. 그리고 지금 여러분의 훌륭한 생활 토대가 되고 있는 수백만 명이 자신들의 노예 상태와 빈곤으로부터 자유로워질 것입니다. 자신들의 편안함이 다른 사람들의 희생을 요구한다는 것을 깨닫고 양심적인 사람들과 신앙적인 사람들이 자기 자신이나 사회와 화해할 수 있는 방법은 무엇이겠습니까?

그리고 그는 다음과 같은 강력한 말로 결론을 낸다:

우리 자신들로 말하면, 우리는 지금 현재 있는 나라나 늘 은막 뒤에서 활약하고 있는 미국 정부의 식민지 추구 세력으로부터 아무런 보호나 안전을 약속받지 못하고 있다는 것을 압니다. 우리는 믿음의 갑옷과 투구와 희망의 방패를 제외하고는 아무 무기도 지니고 있지 않습니다. 우리는 엘살바도르의 수녀들이 그러했듯이, 예수님의 삶을 증언하기 전에는 결코 자유롭지 않습니다. 우리는 저주 받으면서도 축복해 줍니다. 우리가 돈과 권력에 대한 우상숭배를 폭로할 때마다 우리는 '위험인물,' '선동자,' '공산주의자,' '외국인'이라고 비난을 받습니다. 우리는 복음에 따라 살기 위하여 투옥되고 고문당하며 추방되거나 죽음을 당합니다. 지금 우리의 선교 과제는 미국사람들이 회개하고 '이 나라를 내버려 두고' 라틴 아메리카와 이 세상의 가난한 사람들과 함께 정의롭고 형제와 같은 삶을 살도록 촉구하는 것입니다. 그렇지 않으면 어리석음과 이기주의와 헛되고 끝없는 탐욕과 폭력에 미국이 파멸되고 미국 젊은이들과 미국 미래가 파멸되는 것을 보게 될 것입니다. 회개와 구습의 타파 없이는 해방도 부활도 결코 없습니다("라틴 아메리카를 위한 절규," 〈내셔널 가톨릭 리포터〉, 1981년 4월 17일자).

시장으로 무거운 짐을 나르는 여인들의 지친 얼굴, 영양실조에 걸린 어린이들, 초라한 과일 행상들, 거지들······. 이곳 볼리비아에 살면서 이곳 상황이 날로 더 악화돼 가는 것을 보기 때문에, 라틴 아메리카에서 나온 라틴 아메리카를 위한 절규는 결코 어떠한 감상주의나 인기를 끌기 위한 주장이라든지 거짓된 과장이 아니라는 것을 잘 안다.

11월 14일, 토요일

시간이 지나고 어학연구소 학생들을 좀더 잘 알게 되었다. 그럴수록 우리들 가운데 얼마나 많은 이들이 불안과 두려움과 외로움을 느끼는지도 알게 되었다. 우리는 '고향'에서 오는 편지를 기다릴 뿐만 아니라 우리 주변의 압력에 따라 계속 침체되고 있다. 고향에서는 적어도 우리를 훌륭하고 필요한 존재로 느끼게 하는 우리 자신만의 작은 활동 영역이 있었다. 여기서는 그런 것이 전혀 없다. 여기는 어떤 세계인가? 우리는 전혀 초대 받지 않았다. 우리 자신의 의견을 거의 나타낼 수도 없다. 끊임없이 우리의 무능함을 상기시킨다. 그래도 우리는 이곳으로 파견되었다. 하나님은 우리가 여기에 있기를 바라신다. 우리의 해방을 위하여 일해야 할 곳은 바로 이곳이라는 것도 알고 있다.

이처럼 강력하고 때론 갈등을 일으키는 느낌들이 더 많이 들수록 우리가 서로에게 얼마나 필요한지를 깨닫는다. 선교 사업은 개인을 위한 일이 아니다. 주님께서는 제자들을 한 사람의 영웅이나 개척자로서가 아니라 작은 그룹으로 이 세상에 보내셨다. 우리는 함께 보냄을 받았다. 따라서 함께—한 분이신 주님에 따라 모여—그분을 이 세상에 드러낼 수 있다.

우리 가운데 많은 이들이 가능한 한 빨리 세상에 나가서 일하고 싶어 한다. 그것은 분명 열성과 선의와 관대함과 일에 대한 열정의 표시다. 그러나 우리는 무엇보다도 먼저 서로를 보고 서로의 괴로움을 알고 기도해야 할 것이다. 우리의 기쁨과 희망과 두려움과 고통을 나누는 살아 있는 지체로서 함께 모여야 할 것이다. 주님에 대한 공통된 사랑과 과제에 대한 공통된 인식을 통하여 서로가 서로에게 속해 있다는 체험은, 성령이 강림하고 혼자라는 느낌 없이 그곳에서 여러 방향으로 나갈 수 있는 공간을 만들 수 있다. 무엇보다 가장 중요한 증거는 "그들이 서로 얼마나 사랑하는지 보아라"라고 말할 수 있게 하는 데 있다.

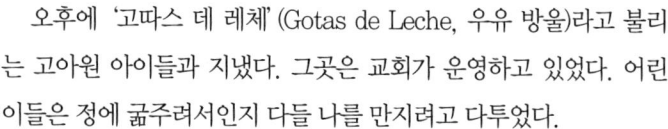

11월 17일, 화요일

오후에 '고따스 데 레체'(Gotas de Leche, 우유 방울)라고 불리는 고아원 아이들과 지냈다. 그곳은 교회가 운영하고 있었다. 어린이들은 정에 굶주려서인지 다들 나를 만지려고 다투었다.

신체 접촉의 힘에 대하여 우리는 정말 얼마나 무지했던가! 이 소년 소녀들은 단지 한 가지, 곧 만져 주고 껴안아 주고 어루만져 주고 얼러 주기만 바랐다. 어른들도 으레 이런 욕구를 가지고 있다. 그것을 표현할 줄을 모르거나 수줍어서 표현하지 않을 뿐. 때때로 인류는 사랑과 애정과 다정다감함과 관심과 관대함과 친절에 굶주린 사람들로 이루어진 바다같다. 모두가 "저를 사랑해 주세요!"라고 외치는 것 같다. 그 외침은 점점 커지고 있다. 반면, 그에 대한 반응은 거의 들을 수 없을 정도로 작기만 하다. 사람들은 서로 죽이고 절망의 구렁텅이에 빠진다. 어린 고아들은 그들이 아는 것보다도 더 많은 것을 나한테 말해 준다. 만일 우리가 서로 사랑하지 않는다면, 우리는 서로를 죽이게 될 것이다. 여기서 중용이란 없다!

11월 18일, 수요일

끼로가 가정으로 옮겨온 뒤론 기도 생활을 하기가 어렵다. 연구소를 오고가는 데 시간을 너무 많이 허비하고 있다. 날마다 네 시간의 수업을 따라가기가 힘들다. 전보다 더 피로를 느낀다. 지난 두 주일 동안 기도에 많은 시간들을 할애할 수가 없었다. 일과 기도와 성만찬예식에 참석하는 것도 줄여야 했다. 기도가 없는 생활은 내 영혼을 약하게 한다. 새로운 생활리듬을 찾아야겠다. 적어도 충분히 기도할 시간이 있는 날과 바쁘고 쉴 틈이 없는 날을 구분해야겠다. 기도가 나를 달라지게 한다는 사실은 누가 일깨워 줄 필요도 없다. 기도가 없이는 신경과민이 되고 마음이 무거워진다. 내 자신의 욕구 대신에 다른 사람의 욕구에 주의를 기울이도록 지시하시는 성령을 잃게 된다. 기도가 없이는 내 자신의 일에만 주의를 기울이게 된다. 그래서 변덕스럽고 심술궂게 되며 자주 화를 내게 된다.

기도 생활을 등한시할 정도로 어학공부를 중요하게 여기다니……. 나는 내 자신에 놀랐다. 해야 할 절박한 일이 없는데도 나 스스로 그렇게 만드는 것 같다. 마감 시간이 없는데도 내 자신이 그렇게 준비하는 것 같다. 이것은 분명 자기 기만이다. 하나님과 함께 있는 것을 방해하는 힘은 아주 유혹적이다. 어학코스처럼 단순한 것이 마귀를 따르게 할 수 있다니! 모든 것은 이제 명백해졌다. 이 분명한 결론을 얻기 위하여 나는 싸워야만 한다. 이 싸움은 우리 주님께서 함께 하시는 싸움이다.

11월 19일, 목요일

시험을 당할 때는 하나님과 악마가 서로 가까이 있는 것처럼 보인다. 오늘은 이것을 다른 날보다 더욱 강하게 느꼈다. 수업이 끝난 뒤, 로돌포가 빌려 준 자전거를 가지러 시내 중심가로 갔다. 자전거를 타고 거리를 지날 때, 젊은이들이 무리를 지어, 길 모퉁이 주위로 배회하며, 다음 영화가 시작되기를 기다리는 것을 보았다. 또 폭력과 섹스와 가십에 대한 잡지들이 빽빽이 들어찬 서점가를 지나면서, 그리고 대부분 독일과 미국에서 수입된 불필요한 상품들에 대한 끝없는 광고들을 보면서, 나는 내 자신보다 훨씬 더 강한 힘에 둘러싸여 있다는 기분이 들었다. 내 주변에서 죄악의 매혹적인 힘을 느꼈다. 세상을 괴롭히는 모든 무시무시한 악은—기아, 핵무기 경쟁, 고문, 추방, 어린이 학대, 그리고 온갖 형태의 탄압—인간의 마음속에서 작고 때로는 보이지 않게 시작되었을 거라는 생각이 들었다.

잠시 정처없이 돌아다녔다. 그리고 나서 내가 묵고 있는 집에서 가까운 야베니다 아메리카에 있는 작은 갈멜회 수녀원에 갔다. 작은 예배당에서 어떤 친절한 수녀가 기도하거나 예배에 참석하러 오면 언제든지 환영받을 것이라고 말해 주었다. 그녀에게서 기쁨과 평안을 느꼈다. 그녀는 어둠 속에서 빛나는 빛에 대하여 말하였다. 주위를 둘러보았을 때 아빌라의 성녀 테레사와 리지외의 성녀 테레사의 동상이 보였다. 갑자기 이 두 여인이 나에게 말하고 있는 것처럼 보였다. 그들은 다른 세상에 대하여 이야기하였다. 작고 단순한 예배당에 무릎을 꿇었다. 이곳이 하나님으로 가득 차 있음을 알았다. 그리고 밤낮으로 기도가 끊임없이 이어짐을 느꼈다.

갈멜 수녀원에서 돌아온 뒤, 여행 때 가지고 다니던 책 〈열 명의 그리스도인〉(Ten Christians)에서 지리외의 성녀 테레사의 전기를 읽었다. 그리스도에 대한 테레사의 무조건적 사랑이 나한테 새롭게 다가왔다. 그녀는 자신의 삶을 선교에 바쳤다. 자신을 내면의 수도회에 있는 선교사로 간주하였다. 진정한 선교는 그리스도께서 하나님의 뜻에 완전히 순종하여 이 세상에 보내졌던 것처럼 이 세상에 보내지는 것임을 상기시켜 주었다.

갈멜 수녀원 방문은 악마가 있는 곳은 하나님으로부터 멀지 않으며, 하나님께서 함께 계시는 곳은 반드시 악마도 함께 있다는 사실을 또한번 깨닫게 해주었다. 삶과 죽음의 힘 사이에서는 늘 선택이 뒤따른다. 나는 스스로 그 선택을 해야 한다. 아무도, 심지어 하나님조차도 나를 위하여 그 선택을 하시지 않을 것이다.

11월 20일, 금요일

　오늘 아침 8시 30분에 게리 맥크레인과 루르드가 어학연구소에서 학생들에게 페루여행 결과를 이야기해 주었다. 그들은 그곳 교회에 대한 최근의 공격에 항의하기 위하여 11월 15일 '기도의 날'(the day of prayer)에 동참하였다. 이야기는 감동적이었다. 게리와 루르드는 5천 명의 가난한 농부들이, 첫번째로 공격된 집에서부터 교회까지 어떻게 행진하였는지 털어놓았다. 그들은 교회가 어떻게 진정한 국민들의 교회가 되었는지를 보여 주었다. 국민들은 여러 해 동안 교회가 현상유지를 꾀하는 영리기관과는 다른 그 무엇이 되었다는 것을 점점 알게 되었다. 이 변화는 눈으로 볼 수 있을 만큼 분명하지는 않았다. 그래서 기도의 날을 준비하는 사람들 가운데서도 많은 이들이 그 반응이 어떨지 궁금해 하였다. 사람들이 과연 행진에 참여할까? 이미 파괴와 살해 위협을 통하여 적대감을 보여준 사람들 측으로부터 폭력은 없을까? 군중 속에서 사람들이 다치지는 않을까? 침묵으로 지키고 싶어하고, 그런 행동을 도발적인 것으로 바라보는 영성지도자들의 반응은 어떨까? 이런 여러 가지 생각들이 율리의 고위 성직자 알베르토 쾨니히스크네 히트와 그와 함께 일하는 사람들의 마음속에 가득 찼다. 가장 큰 의문은 '우리가 지금 시작된 박해에 대항하여 페루 국민들을 종교적 대중 시위에 끌어들임으로써 그들에게 해를 입히는 것은 아닐까?' 하는 거였다.

　그러나 11월 15일 주일은 가난한 이들에 대한 결속과 진실한 기도와 상호 격려와 율리의 교회 활동에 대하여 재신임을 한 하루였다.

여러 해 동안 율리에서 목회자로 일했던 게리는 이 보고를 하면서 매우 기뻐하였다:

> "저는 여러 해 동안 어렵게 목회 활동을 해왔습니다. 그런데 지금 그들이 스스로가 교회라는 사실을 알고 이것을 믿으며 이를 보여 주기 위하여 기꺼이 하루를 바치는 것을 보았습니다. 정말 '감사' 한 일이었습니다."

그리고 루르드는 흥분해서, 수백 명의 농부들이 이 날을 준비하기 위하여 어떻게 일했는지를 이야기해 주었다. 이 특별한 순례 행진의 의미를 적은 소책자는 '기도의 날' 전 주일에 다른 교회에서 만들어졌다. 그 내용은 적대 행위에 대한 고발보다는 오히려 율리지역 신자들 안에 살아 계신 그리스도에 대한 증언이었다. 교회 앞 광장에서 베풀어진 성만찬예식은 진정한 의미에서 아이마라족의 축제였다. 많은 아이마라족 상징들이 이 의식 속에 포함되어 있었다. 이것은 가난한 인디언들에게 강요된 라틴의 예전이 아니라, 아이마라사람들의 영성을 진솔하게 드러낸 것이었다.

나는 이런 믿음과 희망의 이야기를 듣게 되어 기뻤다. 얼마 전까지는 나도 그곳에 가려고 생각했었다. 그렇지만 볼리비아에 머무는 짧은 기간 동안 내가 해야 할 가장 우선적인 일은 어학공부라는 것을 알았다. 앞으로도 율리지역에서 믿음과 희망의 이야기들이 계속 나오기를 바란다. 하나님의 사랑을 아주 잘 볼 수 있는 곳에서는 악마의 세력도 가만히 숨어 있지를 않는다. 율리에서 그 '기도의 날'이 박해가 끝나는 날일까, 아니면 많은 신자들이 앞으로 받을 고난이 시작되는 날일까? 그곳에서 일하고 있고 앞으로 일하게 될 모든 사람들이 튼실한 신앙과 용기를 갖게 되기를 기도드린다.

11월 21일, 토요일

하나님은 존재하신다!(God exists) 진정! 내가 이렇게 말할 수 있을 때면, 나는 성 요한이 말한 '하나님 인식'(gnosis)과 성 바실리오가 쓴 〈하나님 기억〉(Memoria Dei)을 지니고 있다. '하나님이 존재하신다'는 것을 느끼고 말하는 것은 인류가 할 수 있는 가장 큰 일이라 아니할 수 없다. 우리가 그것을 선언할 때 지성적·감정적·정서적·영성적 이해 사이에 모든 구별이 없어진다. '하나님이 존재하신다'는 오직 그 한 가지 진리만이 갈채를 받게 된다. 그리고 우리가 이것을 진심으로 선언할 때 하늘과 땅 위에 있는 모든 것이 떤다. 하나님께서 존재하실 때 모든 것은 그분으로부터 나오기 때문이다. 하나님의 존재에 대한 참된 인식에 도달했는지를 알려고 할 때, 내가 자신을 어떻게 느끼고 있는지를 알게 된다. 나와 줄곧 함께 있는 내 자신을 인식하는 것은 별로 어렵지 않다. 나는 내 몸의 여러 부분을 모두 알고 있다. 내가 다쳤는지 안 다쳤는지도 '알고 있다.' 나는 음식과 의복과 수면에 대한 내 욕구를 '알고 있다.' 나는 연민과 동정을 주려는 내 소망을 '알고 있다.' 나는 나의 지성적·육체적·예술적 재능과 그것을 사용하려는 내 충동을 '알고 있다.' 나는 내 노여움과 욕망과 복수심과 원한과 심지어는 해치고자 하는 충동도 '알고 있다.' 진실로 나한테 중심이 되는 것은 '나는 존재한다.'(I exist)는 사실이다. 내 자신의 경험이 나를 채운다. 어떤 상황에서든 나는 '내가 존재한다.'는 내 자신의 자기 인식 안에 갇혀 있는 나를 발견한다. 증오의 체험이 사랑의 체험과 다르다 해도, 권력에 대한 욕망이 섬김에 대한 욕구와 다르다 해도, 이 모두는 '내'(my) 존재가 '정말'(really) 무엇인지를 분명히 하는 한 같다.

그러나 내가 '하나님은 존재하신다.'(God exists)고 말하는 순간, 내 존재는 더 이상 중심의 자리를 차지할 수 없다. 하나님 인식의 본질은 내 존재를 완전히 그분으로부터 오는 것으로 인식하는 것이기 때문이다. 그것이 참된 회심의 체험이다. 더 이상 나는 내 존재에 대한 인식을 하나님의 존재를 추론하고 투영하고 직관하는 중심으로 하지 않는다. 갑자기 또는 서서히, 하나님 인식 안에서, 그리고 그것을 통하여 내 자신의 존재가 드러나는 것을 발견한다. 그러면 단지 하나님께서 나를 가장 사랑하셨기 때문에 내가 내 자신과 이웃을 사랑할 수 있다는 것이 사실이 된다. 회심의 체험은 살아가는 방식을 결정할 기회를 발견하는 것이 아니다. 내 존재가 중심에 있지 않다는 것을 인식하는 것이다. 한번 하나님을 알면, 곧 한번 내 모든 인간적 체험에 고정된 사랑으로 그분의 사랑을 경험하면, 오직 그 사랑 안에 있기를 바랄 수 있게 된다. 그러면 어디서건 '존재한다는 것'은 환상이며 결국은 죽을 존재라는 것을 깨닫게 된다. 볼리비아에 있는 동안 이런 생각들이 절실히 들었다.

대부분은 아니라 하더라도, 우리 에너지와 관심은 우리 자신의 존재 문제로 쏠린다는 것을 깨닫기 시작하였다. 우리는 어떻게 하고 있는지, 어떻게 느끼는지, 라틴 아메리카에서 어떻게 일할 것인지, 그리고 다음날, 다음 주일, 또는 다가올 세월들을 어떻게 계획해야 할지 잘 모른다. 우리는 적어도 옳은 방향으로 나아가고 있다는 느낌을 주는 책임적이고 도덕적인 선택을 하기 위하여 애를 쓴다. 그러나 이 모든 것, 곧 나쁜 것과 좋은 것, 무책임한 것과 책임있는 것, 봉사 행위와 쾌락 행위는, 우리가 '하나님은 영원히 우리와 함께 살아계신다.'는 것을 깨달을 때 우리를 지배하는 힘을 잃게 된다. 나는 하나님의 현존에 대한 인식 속에서, 그리고 그 인식을 통해서 나와 너, 우리 모두가 존재하는 이유를 조금이나마 알게 될 것이다. 모든 문제에 대한 해답은 오직 한 가지, 곧 하나님이라는 해답 밖에 없다. 내가 무엇에 대하여 생각하리라고 추측하는가? 하나님에 대해서다. 모든 생각은 그분 안에서 창조적인 힘을 발견하기 때문이다. 내가 무엇을 말하리라고 추측하는가? 그분의 말씀이다. 내가 하는 모든 말은 그것이 그분의 투영일 때만 효력이 있기 때문이다. 내가 무엇을 행하리라고 추측하는가? 그분의 뜻은 나 자신을 포함한 모든 것을 존재하게 하는 사랑어린 열망이기 때문이다.

볼리비아나 페루에 있는 것이 나을까, 미국이나 네덜란드에 있는 것이 나을까? 목마른 아이에게 물 한 잔 주는 게 나을까, 아니면 더 이상 물을 구걸하지 않아도 될 새로운 세계 질서를 위하여 일하는 것이 나을까? 책을 읽는 것, 거리를 돌아다니는 것, 편지를 쓰는 것, 또는 죽어 가는 이의 상처를 싸매 주는 것 가운데 어떤 것이 더 나을까? 이것이 나을까, 아니면 저것이 나을까? 이것을 말해야 하나? 이 모든 문제들이 갑자기, 하나님의 현존은 오직 나로부터 비롯된다는 병적인 망상으로 다가온다.

그러나 그 실체가 하나님으로부터 오는 것이 아니라면, 그 어느 것도 참될 수가 없다. 성 프란체스코, 성 어거스틴, 아빌라의 성녀 테레사, 성 요한 비안네와 모든 성인이 성인인 까닭은, 자신의 중심에 하나님이 위치하게 했기 때문이다. 하나님 없이는 아무것도 존재하지 않고 숨 쉬지 않으며 움직이지 않고 살지 않는다는 것을 보고 느끼고 마음으로 받아들였기 때문이다.

이것을 통하여 나는 모든 목회의 토대는 도덕적 생활에 있는 것이 아니라 신비적인 삶에 있다는 것을 깨닫게 되었다. 문제는 살아가는 것이 아니다. 우리 삶이 하나님의 존재 방식에서 그 근원을 찾는 삶이 되도록 하는 것이다.

하나님은 존재하신다. 내가 의존하는 모든 것의 의미는 그러한 인식에 기초를 두고 있다. 나는 끊임없이 내가 진정으로 그 진리에 따라 내 삶이 결정되도록 하고 있는지 잘 모르겠다. 이 진리를 완전히 받아들이기를 주저하는 이유 가운데 하나는, 그것이 내 삶에 대한 모든 통제를 포기하도록 요구하기 때문이다. 하나님을 나의 하나님, 내 이웃의 하나님, 그리고 모든 창조물의 하나님으로 여기도록 촉구하기 때문이다. 그러나 내가 이렇게 '하지' 않는다면 내 인생은 환상이며, 내 에너지는 그 환상을 지속시키기 위하여 결단나리라는 것도 깨달았다.

이 모든 게 내 생각, 내 계획, 내 설계, 내 사상이 더 이상 문제되지 않는다는 것을 뜻하는가? 그런 결론은 슬프게도 하나님 뜻에 따른 금욕주의, 복종, 굴복, 그리고 어떤 자기부정 형태에 대한 잘못된 관점을 갖게 한다. 회개한 사람은 더 이상 문제점들을 말하지 않고 하나님 안에서 일어나는 모든 것과 사물의 참된 질서를 알게 되는 거처인 그분에 대하여 말한다. 회개한 사람은 "하나님이 계시다는 것을 알기 때문에 아무것도 문제될 것이 없다."고 말하지 않는다. 대신에 "모든 것은 지금 하나님의 빛으로 드러나고 있어서 중요하지 않은 것이란 있을 수 없다."고 말한다.

회개한 사람은 하나님의 눈으로 보고 하나님의 귀로 들으며 하나님의 가슴으로 이해한다. 회개한 사람은 하나님이 계신 곳에 있다. 그곳에서는 모든 것이 중요해진다. 헐벗은 이에게 옷을 입히는 것, 새로운 세계 질서를 위하여 일하는 것, 기도드리는 것, 어린이에게 미소짓는 것, 책 읽는 것, 그리고 평화롭게 잠자는 것 등……. 이 모든 것이 형태는 똑같이 남아 있지만 그 의미는 전혀 다르게 된다.

하여튼 이 모든 것이 내가 아주 구체적인 결정을 내려야 할 때 중요하게 될 것이다. '아무것도 아닌 것'과 '중요한 모든 것'은 이처럼 결코 분리돼선 안 된다. 그 둘을 모두 함께 있게 하는 것은 마음으로부터 '하나님이 존재하신다.'는 것을 끊임없이 외치는 것이다.

11월 22일, 주일

아침에 2시간 동안 국립고아원에 있는 어린 소년소녀들과 놀았다. 이 고아원은 교회에서 운영하는 고아원(Drops of Milk)보다 훨씬 더 형편없었다. 약 백 명의 어린아이들이 큰 담으로 둘러쳐진 돌짝밭 운동장에서 이리저리 뛰놀고 있었다. 아이들은 나를 보자 놀아달라고 한데 몰려 왔다. 나를 가장 당황하게 만든 것은 나의 생김새에 대한 그들의 숨김없는 관심이었다. 그들은 내 이마를 두드리면서 "이마가 넓기도 해라!"라고 말하였다. 그들은 내게 이빨과 혀를 보여달라고 했다. 그들의 손과 손가락을 내 것과 비교해 보려고 하였다. 큰 사람에 대한 그들의 호기심에 가슴이 찡했다. 여섯 살 된 한 어린이는 나를 보고 "어른!"이라고 말하였다. 그 아이에게 나는 제외된 세계를 상징하였다. 이 어린이들은 주로 자기 또래의 아이들만 보아 왔다. 그들에게는 그들 밖의 세상을 보도록 도와 줄 수 있는 어른들이 별로 없다. 순식간에 나는 나무로 변하였다. 아이들은 내 무릎, 가슴, 어깨, 그리고 머리끝까지 올라가려고 하였다. 열 명의 아이들이 이 큰 사람에게 올라갈 차례를 기다리며 줄을 서 있었다. 나는 또 손짓과 눈빛으로 무엇을 해주기를 설명하는 조그만 벙어리 소년에게 마음이 끌렸다. 나는 그의 장난감에 코드를 연결해 주고 노끈으로 매듭을 만들어 주고 신발 끈을 매어 주었다. 그럴 때마다 활짝 웃으며 나한테 팔을 벌렸다.

이 어린이들은 모두 집이 없다. 그들이 먹는 음식도 최소한의 것이다. 그들에 대한 관심과 교육도 형편없다. 앞으로 이들이 어떤 인물이 될까? 누가 그들에게 필요한 것을 줄까? 가난한 나라에서 가장 괴로워하는 이들은 늘 어린이들이다.

오후에 갈멜 수녀들과 함께 왕으로 오신 그리스도를 기념하였다. 내가 빵을 들고 "……이것은 너희를 위하는 내 몸이다."라고 말하고, 포도주를 들고 "……이 잔은 내 피로 세운 새 언약이다."라고 말할 때도 내 마음속에는 어린이들로 가득 차 있었다. 주님은 이 어린이들을 위하여 인간이 되셨고 피를 흘리셨다. 그러므로 어린이들은 그분을 어루만질 수 있고 안을 수 있으며 입맞출 수 있고 쓰다듬을 수 있다. 그분은 어린이들의 친구이며 형제이다. 예수님은 머리 위에 '유대의 왕'이라는 글을 붙이고 십자가 위에서 벌거벗은 채 죽으셨다.

많은 어린이들이 벗은 채로 돌아다니고 시멘트로 된 욕조 속을 들락거렸다. 나에게 안기고 입 맞추고 쓰다듬고 그 작은 몸을 꼭 껴안아 달라고 달려들었다. 십자가 위의 벌거벗은 왕과 코차밤바의 벌거벗은 아이들은 한 몸이다. 사랑이신 하나님은 사랑을 갈구하는 아이들과 하나가 되신다. 또다시 나는 알았다. 내가 나의 왕을 보았음을……. 그분이 이렇게 말씀하시는 것 같다: "돌아오렴. 나는 날마다, 주마다, 해마다, 이곳에 있을 거야. 내가 여기에 머무르는 이유? 내가 그들을 위하여 몸과 피가 되었기 때문이지. 와서 나를 만져보렴."

11월 23일, 월요일

로돌포 끼로가는 정치에 별 관심이 없다. 그는 '행복한 결혼만들기 운동'(Marriage Encounter Movement) 이외의 다른 모임에는 결코 참석하지 않는다. 여가 시간을 모조리 아내랑 아들이랑 함께 보낸다. 그는 꽃을 돌보고 집을 수리하고 아내랑 햄(아마추어 무선가) 활동을 즐긴다. 그는 내가 지금까지 만난 사람 가운데서 집에 틀어박혀 있기를 가장 좋아하는 사람이다. 주로 가족, 종교, 그리고 때때로 마지못해 하는 사업 이야기 정도…….

1년 전, 어느 날 새벽 2시, 무장한 사람들이 떼로 몰려와서 문을 두들겼다. 로돌포가 그들을 못 들어오게 하자, 그들은 앞문을 부수고 강제로 차에 태워 데려가더니만 투옥을 시켰다. 낸시와 로돌피또와 하녀 마르셀리따는 겁에 질려 어쩔 줄 모르고 있었다. 날이 밝자 아침 일찍 낸시는 영향력이 있는 친구들과 함께 경찰 수뇌부에 가서 사건 경과와 로돌포가 갇혀 있는 곳을 알아냈다. 오랫동안 사이가 좋지 않았던 이웃이 군대에 전화를 해서, 로돌포가 공산주의자인데 그의 집을 좌익 친구들과 함께 정부전복 음모를 꾸미는 장소로 사용하고 있다고 고발했다는 사실이 밝혀졌다. 그에 대한 반응은 곧바로 일어났다. 경찰 끄나풀들—대부분 아르헨티나사람들이 그 못된 임무를 위하여 훈련되고 볼리비아 정부에 고용된다—에게 로돌포를 체포하라는 명령이 내려졌다. 그들은 난폭하게 그 집에 쳐들어가서 그를 잡아 이미 초만원이 된 죄수 감방에 집어넣은 것이다.

낸시가 경찰 수뇌에게 사실을 이야기했을 때, 그의 첫번째 대답은 "당신 남편을 고발한 사람이 누구인지 아십니까?"였다고 한다. 낸시가 불화관계에 있는 이웃사람에 대하여 이야기하자, 그 관리는 그것은 이미 로돌포로부터 들었으며 로돌포가 집으로 전화를 해서 그렇게 말하도록 시켰을 것이라고 하였다. 끼로가 부부는 코차밤바에 영향력 있는 친구들이 많았기 때문에 곧바로 사과를 받고 두 시간 안에 풀려났다. 심지어 낸시에게 아침식사를 제공하기까지 하였다. 그러나 집을 부순 데 대한 보상은 아무도 해주지 않았다.

이 이야기는 실수로 저질러진 우스운 이야기로 치부할 수도 있다. 그러나 라틴 아메리카 정치의 가장 전형적인 일면을 보여 주는 것이다. 정치적 갈등과 이웃 간의 갈등 구조를 밀접하게 보여준다. 이웃 사이의 오래된 갈등이 정치 세력과 얼마나 손쉽게 뒤섞이는지를 알지 못하고서는 라틴 아메리카의 복잡한 정치 상황을 도무지 이해할 길이 없다. 객관적으로 볼 때 로돌포는 공산주의자, 정치운동가, 음모가, 또는 공적인 것과는 가장 거리가 먼 사람이다. 하지만 정치 사건에 연루되었을 거라는 허위 추정 때문에 고문을 받거나 사형을 당할 뻔하였다.

이 모든 것이 1976년 죽은 17세 청년을 생각나게 하였다. 그는 파라과이 친구인 호엘 필라르띠가 박사의 아들인데, 아버지의 정치적 저항에 대하여 말하지 않았다는 이유로 고문당하다 죽었다. 필라르띠가 박사는 오랫동안 알프레도 스트로써너 장군의 독재에 반대해 왔다. 그는 공개적으로 정부를 비판하였다. 그러나 이 소년을 전기고문할 때 지켜보던 경찰 감독자 아메리꼬 뻬냐가 필라르띠가 가문과 오랜 알력 관계에 있지 않았다면, 그 소년은 결코 살해되지 않았을 것이다.

파라과이와 볼리비아 같은 작은 나라에서는 단지 소수만이 정치적 권력을 차지한다. 이들은 정치적 견해차 같은 많은 개인적 갈등을 겪고 있다. 때로는 누가 누구를 반대하는지, 그리고 왜 반대하는지도 알기가 어렵다. '공산주의자'라는 말은 늘 적을 공격하는 가장 편리한 말로 사용된다. 이것은 다른 사람의 인생을 파멸로 이끌기도 한다.

어린 로돌피또는 혼자 집에 있는 것을 매우 두려워한다. 그 아이는 부모와 떨어져 혼자 집에서 쫓겨나게 될까봐 걱정한다. 그래서 생긴 버릇이 손톱 물어뜯기……. 집에서 강제로 끌려간 아버지의 모습이 끊임없이 그 아이를 사로잡고 있다. 한편 낸시와 로돌포는 그들의 적이 다음에는 또 어떤 연극을 꾸밀지 모른다는 걱정 때문에 며칠 밤을 설쳤다. 이제 왜 그들이 주말에 햄 방송에 그토록 많은 시간을 쏟는지, 그리고 왜 그들이 세계 여러 곳의 사람들과 친절하게 이야기를 나누는지 그 이유를 알게 되었다. 그것은 안전한 사귐이다. 기분전환을 위한 훌륭한 소일거리다.

11월 24일, 화요일

저녁에 마리아 릭켈만이 문화변용 문제에 대하여 말해 주었다. 그녀는 우리가 새로운 문화에 적응하려고 할 때 경험할 수 있는 많은 심리적 투쟁에 대하여 이야기하였다.

그녀가 인용한 것은 에리히 프롬의 말이었다. "중요한 두 가지 공포가 있는데, 그것은 자기 통제를 잃는 것과 고립되는 것이다." 나는 이러한 두려움들을 많건 적건 순간순간 경험하고 있다. 내가 그 두려움들을 잘 다루고 있는지 모르겠다. 새롭고 낯선 환경에 처할 때마다 이같은 두려움과 싸움을 되풀이하는 나 자신을 발견하곤 한다. 특히 이런 고립감은 시간이 지날수록 점점 더 심하게 엄습해 온다. 나이가 든다는 것은 단지 단순한 반복 때문에 고립감이 좀더 익숙해지는 것이지 결코 고통이 덜어지는 것은 아니다.

따라서 문제는 어떻게 잘 대처하는가가 아니다. 어떻게 내 변하지 않는 성격을 서서히 겸손하게 만들고 하나님께 굴복하도록 하는가이다. 혼자 남겨지는 데 대한 두려움과 어딘가에 소속되고픈 내 열망을 인정할 때, 나는 점점 외로움을 달래려는 시도를 버리게 된다. 진심으로 하나님은 임마누엘(Emmanuel), "우리와 함께 계신다"(God-with-us). 나는 그 어느 것보다도, 또 그 누구보다도 그분께 속해 있다. 나는 이제 이 사실을 인정할 준비가 되어 있다.

따라서 성숙이란 내 자신의 고통을 더 잘 다루게 되었다는 것이 아니다. 그보다는 더욱 기꺼이 내 자신의 고통을 하나님께 내맡기게 되었다는 것이다. 이제야 나는 이런 새로운 시각을 갖게 된 것이다. 결국, 영성적인 의미에서 성숙이란 남들이 팔을 벌리고 묶어서 내가 바라지 않는 곳으로 끌고 가도록 기꺼이 허락하는 마음이 커지는 것이다(요한복음 21장 18절).

11월 25일, 수요일

와눈니 주석광산에서 광부들이 그들의 노조를 인정받기 위하여 2주 동안 파업을 하고 있다. 곧이어 다른 광산에서도 노조가 파업을 시작해서, 이틀 전에는 마침내 체포된 노조 대표의 가족들, 약 열두 명 정도 되는 여성들이 단식투쟁에 들어갔다.

이에 대한 정부의 반응은 매우 거칠고 난폭하였다. 많은 노동자들이 밤새 잡혀가서 투옥되었다. 와눈니 시에 대한 가스와 식량 공급이 중단되었다. 그러나 언론은 이 사태를 외면하고 있다. 파업 노동자들은 방화를 저지르고 있다. 부족한 인력을 보충하기 위하여 농부들이 광산으로 보내졌다. 노동자들이 쉽게 포기하지 않을 게 분명했다. 그래서 정부는 한참동안이나 이 사태를 막지 못했다. 이 교착상태를 깨기 위하여 뭔가 새로운 일격을 가할 것처럼 보인다. 광부들은 이 사태를 중재해 달라고 교회 측에 요구하였다. 이에 만리크와 교회 지도부가 동의하였다. 결국 해결책은 체포된 광부들 전원을 석방하는 것이었다. 정부 측은 노조에 대한 승인 여부를 검토할 것이다.

오늘 볼리비아 신문들은 분쟁이 해결되었다고 보도하였다. 광부들과 정부 측 가운데서 누구도 승리하지 못한 것 같다. 파업 동안 강조점은 노조의 승인에서 노조 지도자들의 석방으로 바뀌었다. 노조 지도자들은 석방될 것이다. 그러나 노조의 승인은 아마도 오랜 시간이 걸릴 것이다. 좋은 점이 있었다면 더 많은 폭력과 탄압을 사용하지 않았다는 것이다. 지난 2주일 동안 수백 명이 혹독하게 괴로움을 겪었다. 이 괴로움은 공개되지 않고 이 나라의 알려지지 않은 고통 가운데 하나로 남으리라.

11월 26일, 목요일

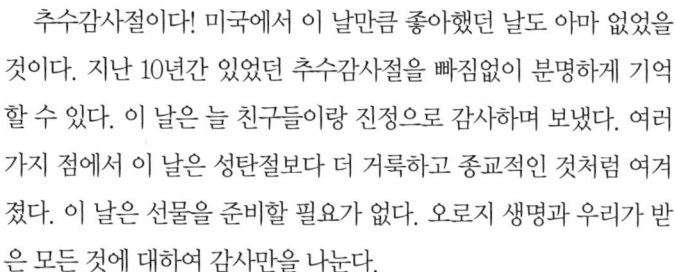

추수감사절이다! 미국에서 이 날만큼 좋아했던 날도 아마 없었을 것이다. 지난 10년간 있었던 추수감사절을 빠짐없이 분명하게 기억할 수 있다. 이 날은 늘 친구들이랑 진정으로 감사하며 보냈다. 여러 가지 점에서 이 날은 성탄절보다 더 거룩하고 종교적인 것처럼 여겨졌다. 이 날은 선물을 준비할 필요가 없다. 오로지 생명과 우리가 받은 모든 것에 대하여 감사만을 나눈다.

오늘은 나도 미국에 있을 때가 그립다. 이 어학연구소에 있는 많은 이들과 마찬가지로. 그렇게 느꼈다. 저녁식사 때와 쉬는 시간 분위기에서.

그러나 중요한 것은 오늘을 감사하고 감사의 인사를 나누는 것이다. 감사는 인간의 감정 가운데 가장 으뜸가는 것 중 하나라는 것을 더욱더 깊이 확신한다. 그것은 우리 자신을 넘어 하나님과 모든 창조물, 그리고 우리에게 생명과 사랑과 관심을 준 모든 이들에게 이르는 감정이다. 그것은 우리의 의존 상태를 선물로 깨달으며 우리의 의존 상태에 대하여 감사하는 가운데, 작지만 모든 피조물, 특히 인류의 귀중한 일부분인 자신을 깨닫는 감정이다. 오늘 우리는 이렇게 말할 수 있다: '단지' 인간이라는 것만으로도 좋다. 우리가 하나님의 사랑을 인식할 수 있는 것은 바로 공통된 인간성 안에서이다.

11월 27일, 금요일

　새로운 언어를 배우는 학생들의 경험을 다룬 교육심리학이 있을 것이다. 이번 주에, 나는 여기 온 이래 한 가지도 배운 게 없는 것처럼 느꼈다. 나는 5주 전이나 지금이나 똑같았다. 이곳에 왔을 때처럼 여전히 똑같은 실수를 하였다. 설명해 주지 않으면 무엇을 말하고 있는지도 몰랐다. 더욱 심하게 말을 더듬는 내 자신을 발견하였다. 또 몇 주 전에는 아주 분명하고 단순한 것처럼 보였던 표현과 구분이 갑자기 다시 어려워졌다. 스페인어를 사용하는 사람들에게 영어가 얼마나 어려운지를 알게 되어 조금이나마 위로가 된다. 낸시에게는 영어로 맥주(beer, una cerveza)와 새(bird, un pájaro)와 곰(bear, un oso)의 발음이 모두 똑같게 들린다는 사실도 알았다.

11월 28일, 토요일

　오늘은 교회력의 마지막 날이다. 오늘밤 우리는 어학연구소에서 대림절 시작 때까지 정의와 평화를 위한 세 시간 동안의 철야기도를 할 것이다. 학생들과 교사들이 모두 함께 기도할 기회를 갖게 되어 기쁘다. 우리가 모이는 이유는 단지 이 세상에 계시는 하나님의 현존을 좀더 잘 나타내기 위한 것이다. 그런데도 좀처럼 이것을 나타낼 기회가 없었다.

우리는 정의롭고 평화로운 세상에서 얼마나 멀리 떨어져 있는지를 안다. 아일랜드는 내란 직전에 있다. 폴란드는 러시아가 언제 침입할지 몰라 불안하다. 이란은 주마다 수백 명을 처형하고 또 이라크와 전쟁으로 많은 목숨을 잃고 있다. 과테말라는 테러가 자행되고 있다. 엘살바도르는 탄압과 내란으로 파괴되고 있다. 니카라과는 앞날이 점점 더 불안하다. 미국은 온 세계에 무기를 팔고 있다. 또 유럽은 지역 내 핵무기 배치 증가에 대하여 떠들썩하다. 중동은 전보다 더 폭발의 위험이 크다. 아시아와 아프리카와 라틴 아메리카의 많은 사람들이 영양실조와 기아로 위협받고 있다. 예언자 다니엘이 환상 속에서 말한 네 마리의 짐승들이 이 세상을 난폭하게 내달리고 있다.

이것으로 기도를 해야 할 이유는 충분하다. 더욱이 평화를 위하여 온 세계에서 모인 우리에게는 두말 할 필요도 없다. 우리는 우리 자신의 손으로 평화를 이룩할 수 없다는 것을 안다. 우리는 또 언젠가 구름을 타고 오실 평화의 왕(the King of Peace)을 섬기고 있다는 것을 안다. 그분께는 권세와 영광과 나라를 주실 것이다. 민족과 언어가 다른 뭇 백성들이 그분을 경배할 것이다. 그분은 네 마리의 짐승들을 모두 물리치실 것이다. 그 권세는 영원한 권세여서 옮겨가지 않을 것이며, 그 나라가 멸망하지 않을 것임을 알고 있다(다니엘서 7장 14절). 그러나 우리는 이 세상의 유혹, 곧 탐욕과 쾌락의 유혹, 폭력과 복수의 유혹, 증오와 파괴의 유혹에 지배당하기도 쉽다.

우리는 그 짐승들의 힘을 벗어나기가 어렵다. 그러므로 우리는 우리 마음과 정신이 곧바로 '인자'(the Son of Man)에게로 향하도록 서로 도와야 한다. 그분이 오실 때 그분을 알아보고 그분 앞에 자신있게 설 수 있도록 해야 한다(누가복음 21장 36절). 우리는 자신은 물론 다른 사람들이 그분의 말씀을 따르도록 해야 한다. "하늘과 땅은 없어질지라도, 그분의 말씀은 절대로 없어지지 않을 것"이기 때문이다(누가복음 21장 33절). 바로 저 영원하신 말씀 위에 우리의 희망이 세워진다. 육신이 되셔서 우리 가운데 사신 그 영원하신 말씀 위에.

11월 29일, 주일

다시 대림절이다. 아침에 오스카 유진은 설교에서 이렇게 말하였다:

> "방심하지 마십시오. 그러면 여러분의 남편과 아내, 부모와 자녀들, 친구들과 선생님뿐만 아니라 날마다 보는 신문에서 주님을 뵙게 될 것입니다. 주님은 오고 계시며 늘 오십니다. 그분이 오시는 것을 지나치지 마십시오. 들을 귀와 볼 수 있는 눈을 가지고 있다면, 여러분은 언제든지 보게 될 것입니다. 인생이란 대림(Advent), 곧 기다리는 것입니다. 다시 말해서, 인생이란 주님의 오심을 인지하는 것입니다."

볼리비아에서 대림절을 상징하는 것들은 내가 그 동안 친숙하게 여겨 왔던 것들과는 다르다. 과거에 대림절은 늘 해가 짧아져 겨울이 다가왔음을 뜻하였다. 점점 대지가 어둡고 차게 되는 시기를 의미하였다. 그러나 지금 나는 봄에서 여름으로 바뀌고 낮이 점점 길어지는 때에 주님의 오심을 기다리는 법을 익혀야 한다. 이제 대림절은 단비와 함께 무더운 계절이 되는 것을 의미한다. 또 학교가 방학을 하고 어린이들이 노는 시기이다. 또 나무에 꽃이 피고 열매가 열리는 때를 의미한다. 그래서 부활절을 상징하는 것들은 또 성탄절을 상징하는 것이 된다. 남반구에서 맞는 첫 대림절은 우리 가운데 육신이 되실 하나님의 신비에 대한 새로운 것들을 보여 줄 것이다. 지금까지, 자연은 하나님의 성육신에 대한 이야기를 절반만 들려주었다. 이제 그 나머지 절반도 들을 수 있다.

그러나 조용히, 주의깊게, 내면의 기대를 품고 들어야 한다. 자연은 그 이야기를, 단지 내가 들을 준비가 되어 있고 내 가슴이 잘못된 이미지와 불필요한 선입관으로 가득 차 있지 않을 때라야 들려줄 것이다.

아직도 나는 잘못을 저지르고 있다. 오늘밤 리차드와 테레사와 함께 영화제작에 관한 영화인 〈스턴트맨〉(The Stuntman)을 보러 갔다. 그 영화는 탐욕과 쾌락, 조작과 착취, 공포와 고통의 영상으로 가득 차 있었다. 그러한 것들이 대림절 정신에 따라 축복될 수 있는 빈틈을 모두 채워 버린 상태였다. 그 영화는 우리 인간의 가장 깊은 곳에 잠재해 있는 고결함을 다칠 수 있는 이미지로 수천 사람들의 눈과 귀를 채울 것들을 창조하기 위하여 사람들이 어떻게 그 많은 돈과 시간과 정력과 귀중한 지성적·정서적 재능들을 기꺼이 소모하는지를 보여주었다. 그리고 하나님과 끊임없는 접촉을 통하여 깨어 있어야 함을 보여 주었다. 내 참, 내가 왜 이런 영화를 보러 왔는지. 더군다나 리처드와 테레사를 데리고서 말이지. 리처드는 아프리카에서 여러 해 동안 협동조합 일을 하고 돌아온 친절한 영국인이다. 테레사는 음악과 수공예에 관심이 많은 오스트레일리아 여성이다. 그들은 라틴 아메리카에서 함께 일하며 이 땅과 이곳 사람들의 아름다움을 더욱 잘 알게 되기를 바라고 있다.

왜 우리는 함께 있기 위하여 이런 폭력적인 영화를 보려고 했을까? 스턴트맨의 속임수들을 보는 대신, 서로 이야기를 들으면서 많은 시간을 보낼 수도 있었을 텐데……. 왜 우리는 하나님이 오시는 가장 분명한 증거들을 놓치고, 하나님이 오신다는 것을 보여 주는 것이 아니라 우리가 무엇인가 만들어 내지 않으면 아무것도 일어나지 않으리라고 주장하는 이런 것들로 가슴이 가득 채워지도록 내버려 두었던가?

대림절이 스턴트맨의 영상이 아닌, 과거에 그분 자신이 드러내는 새 땅의 소리에 주의깊게 귀를 기울이도록 우리를 초청하시는 성령으로 가득 차기를 기도드린다.

11월 30일, 월요일

로욜라의 성 이냐시오는 성인들의 일생을 기록한 전기를 읽고 개종하였다. 나도 성인들의 전기를 읽을 때마다 나 자신이 회개하고자 하는 열망을 경험한다. 그래서 이냐시오를 아주 잘 이해할 수 있다. 그리스도인의 삶을 온전히 누리는 사람은 누구를 만나든지 깊은 영향을 줄 수 있다. 몸과 마음을 다하여 하나님을 섬기는 사람이야말로 다른 사람들에게 가장 큰 영향을 줄 수 있다. 반면에 영향을 주기 위하여 애쓰는 사람은 곧 잊혀진다는 생각이 뇌리에서 계속 떠나지 않고 있다.

로마에서 마더 테레사 수녀를 만났을 때, 곧바로 그녀의 내면적인 관심은 늘 예수님께로 향하고 있다는 것을 알았다. 그녀는 오로지 그분만을 보고, 그분을 통해서 자신이 일생을 바쳐 온 가장 가난한 사람을 알게 된 것처럼 보였다. 그녀는 제기되는 많은 사회경제적 문제들에 대한 질문에 결코 대답하지 않는다. 그녀는 논리적으로, 그리고 대부분의 우리들에게는 낯선 시각으로 대답한다. 그것은 하나님의 논리이며 하나님의 시각이다. 그것이 많은 사람들이 그녀에게서 단순하고 천진무구하며 '현실적인 것'과는 거리가 먼 것을 보게 되는 이유이다. 예수님이 그러하셨듯이, 그녀는 듣는 사람에게 하나님이 보시는 것처럼 사물을 바라보도록 만든다.

내 자신의 모든 문제와 복잡한 사건들 때문에 생기는 갈등을 그녀에게 이야기하고 조언을 구했을 때, 그녀의 대답은 이것뿐이었다:

"하루에 한 시간씩 묵상기도를 드린다면, 당신은
모든 것을 올바르게 보고 알게 될 것입니다."

이 말 외에는 그 어떤 것에 대해서도 대답하지 않았다. 이제 그 대답을 들을 수 있는 곳으로 기꺼이 움직일 수 있게 되었다.

보니페이스 헨리가 쓴 〈열 명의 그리스도인〉(Ten Christians)을 읽으면서 이런 생각들이 떠올랐다. 이 책에서 헨리는 피에르 뚜쌩, 데미안 드 부스터, 프레드릭 오자남, 막시밀리안 콜베, 캘커타의 테레사, 아씨시의 성 프란치스코, 성 요한 보스코, 로즈 호돔 래트롭, 요셉 카르디날 카르딘, 리지외의 성녀 테레사 이야기를 간단하고도 예리하게 내보인다.

이 짧은 전기들을 읽은 동안, 이 세상을 건너뛰어 그들이 이끌던 세상으로 다시 돌아가는 것 같다. 그들은 모두 나랑 아주 비슷하면서도 또 다 다르다. 그들도 모두 내가 알고 있는 고투를 알고 있다. 그렇지만 나와는 다르게 그 고투와 살아갔다. 그들은 모두 세상을 사랑하였다. 그렇지만 그것은 하나님의 눈을 통해서 보게 된 세상이었다.

그러한 성인들의 생애를 읽은 뒤, 성 이냐시오는 더 이상 이전의 생활을 계속할 수가 없었다. 그는 하나님의 사랑에 완전히 굴복하는 모험을 기꺼이 감행했을 때 비로소 자신이 어떻게 살아야 할지 내다볼 수 있었다.

3.
12월 – 순교자의 땅

12월 1일, 화요일

끼로가 가족과 살면서 볼리비아의 생존경쟁을 이해하게 되었다. 겉으로 보기에는 행복하고 성공한 것처럼 보이는 이 가정의 그림자 속에서 날마다 더 많은 고통과 눈물을 보게 되었다. 며칠 전, 낸시가, 로돌피또는 그들이 낳은 아들이 아니고 양자라고 말하였다. 그녀가 유산한 뒤 낸시와 로돌포는 양자를 한 명 들이기로 하였다. 그러나 볼리비아에서 이것은 쉽지가 않았다. 낸시는 정기적으로 무선으로 교제를 했던 햄 친구 가운데 한 사람인 라틴 아메리카의 의사에게 그녀의 희망을 이야기하였다. 어느 날 그는 낸시에게 부모가 필요한 남자 아기를 알아냈다고 말하였다. 낸시와 로돌포는 그 의사를 찾아가서 아기를 데리고 왔다.

그러나 볼리비아에서는 어린이를 입양하는 것을 이상하게 보았다. 낸시와 로돌포는 그들과 사이가 좋지 않은 사람들이 입양 사실을 가지고 그들을 해롭게 할까봐 두려웠다. 가장 큰 걱정거리는 적대 관계에 있는 사람들 때문에 로돌피토가 자신이 입양된 아들이라는 사실을 알게 되는 것이었다. 그들은 아들이 자라서 왜 입양했는지를 설명해 줄 수 있을 때까지 기다려야 하였다. 그들이 이 나라를 떠나서 마이애미에 정착하여 이 소년에게 평화롭고 조용한 유년시절을 보내게 한 이유도 바로 거기 있었다. 로돌피토가 자신이 진정으로 안전한 가정을 가지고 있으며 부모들이 사랑으로 선택한 아이라는 사실을 이해할 수 있는 나이가 되자, 그들은 고국으로 되돌아왔다.

그러나 그들이 귀국했을 때도 그들이 바라던 평화는 누릴 수가 없었다. 그들의 적은 없어지지 않았다. 그래서 곧 공격을 받았다. 내가 11월 23일자 일기에 쓴 것처럼 투옥을 당하였다. 낸시와 로돌포는 분명히 고국에서 살기를 원하지만 과연 그들이 오래 견디어낼지 의문이다. 그들의 아들은 미국에 6년 머무르는 동안 미국화되었다. 햄버거와 프렌치파이와 청량음료와 팬케이크를 다른 어떤 볼리비아 음식보다도 좋아한다. 뿐만 아니라, 어린 시절의 추억이 있는 나라에서 살고 싶어한다.

햄에 대한 몰두, 미국에서 보낸 6년, 경찰 끄나풀의 침입, 부모와 헤어지는 것에 대한 로돌피토의 두려움, 아들의 행복에 대한 낸시와 로돌포의 걱정 등, 이 모든 게 이상한 퍼즐조각으로 얼키설키 조립되어 있는 것 같다.

12월 2일, 수요일

> "이새의 줄기에서 한 싹이 나며 그 뿌리에서 한 가지가 자라서 열매를 맺는다. 주님의 영이 그에게 내려오신다. 지혜와 총명의 영, 모략과 권능의 영, 지식과 주님을 경외하게 하는 영이 그에게 내려오신다"(이사야서 11장 1-2절).

어제 저녁예배에서 봉독된 이 말씀이 하루 종일 내 머리에서 떠나질 않는다. 우리의 구원은 작고 부드럽고 부서지기 쉬운 것, 곧 알아보기 어려운 것들로부터 온다. 만물의 창조주이신 하나님은 작고 나약하고 드러나지 않는 가운데 우리에게 오신다.

이것이 희망적인 메시지라는 것을 깨달았다. 하나님의 구원의 힘에 대하여 나는 나 자신과 모든 사람에게 확신을 줄 수 있는 감동적인 사건을 기대하고 있었다. 그러나 극적이고 강력하고 큰 사건들은 이 세상의 방식이라는 생각이 든다. 우리의 시험은 그런 선입관 때문에 방해받는다. '줄기에서 한 싹이 나오는 것'을 깨닫지 못한다.

하나님의 현존에 대한 작은 징조들을 보지 못할 때, 나는 언제나 절망에 빠지기 쉬울 것이다. 아기의 미소, 걱정없이 노는 어린이들의 모습, 친구들 사이의 격려의 말과 애정의 몸짓 등…….

베들레헴의 어린아이, 나사렛의 알려지지 않은 젊은이, 거절당한 설교가, 십자가 위에서 벌거벗겨진 분은 완전한 주의를 하나님께 기울이도록 나한테 요구하신다. 우리의 구원 사업은 계속해서 요구와 약속들을 외친다. 그것으로 우리를 압도하는 세상 가운데서 일어난다. 그러나 약속은 줄기에서 나오는 싹 속에 감추어져 있다. 그 싹은 사람들 눈에 거의 띄지 않는다.

히로시마에 투하된 원폭으로 인간이 얼마나 비참해질 수 있는지를 다룬 영화를 본 기억이 난다. 공포와 절망의 장면들 가운데 조용히 붓글씨를 쓰고 있는 한 남자의 영상이 나왔다. 그의 모든 주의력은 글씨를 쓰는 데 집중되었다. 그 영상은 이 끔찍한 영화를 희망적인 영화로 만들었다. 그것이 하나님이 하시는 일이 아닐까? 암흑같은 세상 한복판에서 그분은 자신의 말씀을 쓰고 계시는 걸까?

12월 3일, 목요일

오늘밤 엘살바도르에서 고문당하고 살해된 미국사람 이타 포드, 모라 클라크, 진 도노반과 도로시 카젤의 순교 1주년을 기념하였다. 미국에서 많은 수녀들과 영성지도자들이, 그토록 폭력적이고 잔인하게 죽음을 당한 수녀들을 위하여 기도를 드리러 칼라칼라 교회에 왔다. 그것은 비극적인 상실에 대한 슬픔을 믿음과 희망으로 억제한 감동적인 의식이었다.

내가 가장 인상 깊게 느낀 것은, 라틴 아메리카의 저명한 신학자 가운데 한 사람인 존 소브리노가 낭독한 순교사였다. 그는 엘살바도르에 살면서, 그곳 교회의 투쟁에 깊이 관여하고 있다. 감정을 억누르고 그는 지난 10년 동안 라틴 아메리카에서 살해된 남녀의 이름을 읽었다. 최근으로 가까워질수록 순교자의 수는 증가하였다. 그리고 그가 한 해의 희생자 명단을 읽어 갈 때마다 교회에 있는 모든 사람들은 큰 소리로 "우리와 함께 있습니다!"라고 대답하였다. 그렇다! 정말로 가난한 이들의 해방을 위하여 목숨을 바친 그들은 그들이 섬겼던 이들의 마음속에 여전히 살아 있다. 점점 최근으로 가까워질수록 "우리와 함께 있습니다!"라는 응답소리는 점점 더 크고 분명해졌다.

이것을 들으면서 이타, 모라, 도로시, 진은 라틴 아메리카에서 고난 받으시는 그리스도의 증인으로서 죽은 많은 그리스도인들 가운데 단지 일부에 지나지 않는다는 것을 깨달았다. 중부와 라틴 아메리카의 다른 나라에서는 물론 엘살바도르, 과테말라, 니카라과, 칠레, 아르헨티나, 브라질, 볼리비아에서 수천 명의 남녀가 지난 10년간 폭력으로 죽음을 당하였다. 대부분 그들의 이름조차 모른다. 죽은 수백 수천의 라틴 아메리카인들 가운데 앵글로색슨족 이름은 별로 없다는 생각이 얼핏 들었다. 중부와 라틴 아메리카의 형제자매들과 함께 생활하고 죽음에 이른 몇 안 되는 북 아메리카인들……. 그들의 용기는 하나님의 사랑은 인간이 만든 모든 경계를 초월한다는 것을 상기시켜 주는 희망의 징표다.

12월 4일, 금요일

어젯밤 추모예배를 드린 뒤, 존 소브리노는 비공식적인 토론을 위하여 어학연구소에 왔다. 약 열다섯 명이 빙 둘러앉아서 존의 이야기를 듣고 있었다. 나는 그토록 감동적인 이야기를 들은 적이 별로 없다. 그가 말한 대부분의 사실들은 내가 여기저기서 들었던 것이다. 그가 내보인 설명들은 대부분 내가 익히 잘 알고 있는 것들이었다. 그러나 그것을 직접 목격하고 투쟁에 참가했던 사람으로부터 엘살바도르 국민들의 무시무시한 고통에 대하여 듣는 것은 신문을 읽는 것과는 비교할 수도 없는 것이었다.

존 소브리노는 처음에는 단지 사실들을 진술하였다. 그는 진실을 부정하고 단지 부분적으로만 다루거나 완곡하게 표현하는 것이 얼마나 구미가 당기는 일인지를 역설하였다. 우리는 수천의 남녀 시민과 어린이의 생명을 파괴하는 대량 살상의 진실에 직면해야 한다. 그리고 가난한 이들을 탄압하기 위한 무차별적인 살해와, 교회지도자건 정치지도자건 반대편 지도자를 무지막지 탄압하는 현실도 진정으로 알아야 한다. 지난 2년 동안 엘살바도르에서 최소한 3만 명이 살해되었다. 이것은 단지 어림잡아 계산한 것에 지나지 않는다.

엘살바도르의 교회는 이 만행에 연합하여 대항하는 것과 거리가 멀다. 존 소브리노는 오스카 로메로와 함께 일하였다. 지금은 그의 계승자인 아르투로 리베라 이 다마스와 가까이 교제를 하고 있다. 그는 이들에 대하여 애정과 동정심을 가지고 이야기하였다. 그들이 그곳에서는 예외적인 인물이라는 것을 의심치 않았다. 엘살바도르의 영성지도자들은 대부분 목숨까지도 불사하는 로메로의 예언적 행동에 별로 공감하지 않는다. 국민들은 그를 성인으로 공경할지 모르나 동료 영성지도자들은 분명 그렇지 않다. 영성지도자 가운데 한 명이 고문받은 데 대하여 항의하라고 요구하면 영성지도자들은 이렇게 대답한다: "그는 영성지도자로서 고문받은 것이 아니라 좌익으로서 고문을 받았기 때문에 나는 항의할 수 없습니다." 이 영성지도자는 군종주교(vicarius castrensis)이기도 하다. 그는 군부의 기능에 대하여 교회의 대표자로서 계속 남아 있다.

이 이야기를 들으면서 무척 슬펐다. 그것이 바로 하나로 단결해서 악의 세력에 대항하는 것을 어렵게 만드는 교회 내부의 분열이다.

나는 존 소브리노에게 그 자신에 대하여 좀더 많이 이야기해 달라고 졸랐다. 그러면서 "어떻게 당신은 아직까지 살아 있습니까?" 하고 물었다. 그는 자신의 국제적인 명성이 아마도 자신을 보호하는 최상의 안전장치였을 것이라고 고백하였다: "군부는 세계 언론이 자신들의 조치에 대하여 모조리 다 까발리는 데 분개하고 있습니다. 나는 국외에 잘 알려진 유일한 엘살바도르 신학자입니다. 내 죽음은 상상 밖으로 아주 많은 문제들을 초래할 것입니다. 1980년 네 명의 미국 여성들이 죽임을 당했을 때, 미국 안의 엄청난 분노 때문에 그들이 매우 당황한 적이 있습니다. 그들은 이런 일이 되풀이되는 걸 원치 않습니다."

존 소브리노는 나에게 엘살바도르에 있는 그의 공동체를 방문해 달라고 하였다. 그리고 이렇게 말하였다: "일을 할 영성지도자들과 수녀들이 점점 줄어들고 있기 때문에 당신을 위하여 많은 시간을 할애할 수 없습니다. 그러나 우리는 분명히 외국인들의 방문을 고맙게 여깁니다. 그것이 보호받는 한 방법이니까요."

존 소브리노로부터 나는 깊은 인상을 받았다. 그의 솔직성과 정직성, 깊은 신앙과 교회에 대한 충성심, 그리고 엘살바도르의 교회에 관심을 보이는 사람들 하나하나에 대한 개방적인 태도는 희망의 징표였다. 그러나 지난해 많은 긴장들이 그의 마음을 아프게 한 것도 사실이었다. 그는 그것을 이렇게 말하였다: "사람들은 종종 엘살바도르에서 순교자들의 아름답고 영성적인 승리를 말하지만, 그러나 그곳 교회는 구조적으로 파괴되고 있음을 잊지 마십시오. 그것이 어떻게 끝날지는 아무도 모른다는 사실도 잊지 마십시오. 우리가 가진 유일한 것은 우리의 솔직한 희망뿐입니다."

12월 5일, 토요일

볼리비아에서 여러 해를 살아온 메리놀 공동체의 프란이 아침에 나를 초대하였다. 자신이 정기적으로 섬기고 있는 시각장애우들을 위한 예배를 인도해 달라고. 여성이 열 명, 남성이 한 명 있었다. 우리는 식탁에 함께 둥글게 앉았다. 성경과 찬송은 프란이 준비한 점자판을 따라 여성들이 읽었다. 복음서가 봉독된 뒤 요한의 세례와 예수님의 세례에 대한 이야기를 하였다. 그리고는 세례와 견신례에 대하여 활발한 토론을 하였다. 아코디언 반주에 따라 복음성가도 불렀다. 영안을 지닌 사람이 하나님의 사랑에 대해서 간증하는 말을 들었다. 그들의 신앙은 나에게 힘과 위로를 주었다:

> "마음이 깨끗한 사람은 복이 있다. 그들이 하나님을 볼 것이다"(마태복음 5장 8절).

12월 7일, 월요일

어학연구소에서 공부한 지 일곱 주가 지났다. 그런데도 학생과 교사들 상호관계가 아주 피상적이라는 게 괴롭다. 나 혼자만의 느낌일까? 어학연구소에서는 사람들 사이에 전혀 하나가 되지 못하고 있는 것 같다. 분위기는 쾌활하고 친절하고 인정이 넘친다. 그러나 모든 사람이 자기 자신의 계획을 가지고 있는 게 분명하다. 연구소 너머에 있는 것들을 더 우선적으로 생각하는 것 같다. 학생들은 가능한 한 빨리 새로운 언어를 배워서 '진짜 자기가 하고싶은 것'(real thing)을 향하여 뛰쳐나가려고 아우성이다. 그런 의미에서 어학연구소는 전문적인 세계에 들어가기 위하여 억지로 공부를 참아내는 신학교 같다.

나도 신학교를 다니면서 그런 체험을 여러 해 하였다. 노트르담에서, 노던 아메리칸 칼리지에서, 예일신학대학원에서, 그리고 다른 많은 곳에서 그런 모습을 보았다. 마치 진정한 삶이 이곳에 있지 않고 딴 데 있는 것처럼, 지금이 아닌 미래에 있는 것처럼 살고 행동하고 생각하는 경향이 어디에나 있었다. 이러한 경향은 공동체 형성을 매우 어렵게 만들거나 심지어 불가능하게 만든다. 공동체는 어떤 중요한 일이 '우리가 있는 곳에서'(where we are) 일어나고 있다는 것을 경험하는 데서 발전한다. 그 공동체는 말을 배우는 것과 같은 공동의 필요 때문이 아니라, 이 세상에 하나님의 현존을 간증하라는 부르심을 받았기 때문에 함께 있다는 친밀감에서 생긴다. 오직 하나님의 부르심에 대한 이러한 인식 정도에 따라, 자신의 당면한 필요성을 초월하여 이러한 필요성보다 더 크신 분께 나아갈 수 있다.

내일, 내주, 또는 내년에 내가 살아 있을지 나는 모른다. 그러므로 오늘은 늘 내일보다 더 중요하다. 우리는 날마다 "이 날은 주님이 주신 날, 기뻐하고 즐거워하자!"라고 말할 수 있어야 한다. 만일 어학연구소를 마치는 날 우리 모두가 죽는다 해도, 아무도 "나는 시간을 헛되이 보냈다."고 말할 사람이 없어야 한다. 어학공부 그 자체는 그것을 부차적인 것으로 여기게 할 충분한 내적 정당성을 가져야 한다.

이 연구소에는 세계 각지에서 온 사람들이 있다. 그들 모두 함께 지식과 경험, 인간의 투쟁, 특히 믿음과 희망과 사랑의 보고(寶庫)를 대표한다. 이러한 정신적·영성적 선물을 드러낼 수 있다면, 우리는 모두 아름다운 공간을 지니게 될 것이다. 그 안에서 우리 삶은 계속되는 예배와 감사의 표현이 될 것이다. 진정, 그 때나 가서야 우리는 하나님 나라를 경험할 수 있다. 그래야 아파하는 사람들을 섬기러 나아갈 힘을 발견할 수 있다.

그러나 우리 자신의 두려움과 불안과 근심과 의심은 끊임없이 우리의 소명을 방해한다. 우리의 내적 긴장을 고조시키는 작은 파벌 속으로 우리를 밀어 넣는다. 우리는 재빨리 쑥덕공론과 분열시키는 말과 행동을 하고픈 유혹에 빠진다. 그리고 우리가 그것을 알기도 전에, 우리는 목회를 통하여 변화시키려고 하는 이 세상의 모든 유형들을 흉내내고 있는 것이다. 이것은 대부분의 신학 교육과 목회자 교육이 저지르고 있는 모순이요 비극이다. 그러므로 몇몇 사람들이 '바로 여기서'(right there) 찾을 수 없던 것을 '다른 곳'(out there)에서 찾으려고 하는 게 결코 놀라운 일이 아니다.

12월 8일, 화요일

동정녀 마리아의 잉태를 기념하는 예배를 드렸다. 루르드가 감동적인 묵상을 바쳤다. 그녀는 제3세계 가난한 이들의 눈을 통하여 동정녀 마리아를 보도록 도와주었다. 동정녀 마리아는 천사의 소식을 받을 때 불안하였다. 그리고 예수님을 낳을 만한 안전한 곳을 찾지 못했을 때 고통이 어떤 것인지를 알았다. 무방비 상태로 칼에 찔리는 자식을 보면서 어머니의 괴로움을 알았다. 낯선 땅으로 피신하여 살면서, 정상적인 방식에서 벗어나 가는 곳마다 소동을 일으키는 자식이 있다는 게 무엇을 의미하는지를 알았다. 마리아는 과부의 괴로움을 느꼈다. 하나밖에 없는 아들이 처형되는 것을 보면서 분노를 느꼈다. 실제로 동정녀 마리아는 우리 시대 모든 가난한 사람과 억압받는 이들과 외로운 여인들의 가까운 이웃이다. 마리아는 끊임없이 그들에게 나타나 말을 건다. 과달루페의 단순하고 늙은 멕시코 인디언 후안 디에고에게, 루르드의 가난하고 병든 소녀 베르나데타에게, 그리고 파티마의 평범한 어린이들인 루시아, 히야친따, 프란치스코에게.

동정녀 마리아에 대한 성경의 모든 말씀은, 그녀가 잊혀지고 거부당하고 무시당하고 소외당한 이들과 얼마나 친밀한 관계인지를 보여 준다. 마리아는 기쁨에 넘쳐 이렇게 선언하였다:

> "주님은 그 팔로 권능을 행하시고 마음이 교만한 사람들을 흩으셨으니, 제왕들을 왕좌에서 끌어내리시고 비천한 사람들을 높이셨습니다. 주린 사람들을 좋은 것으로 배부르게 하시고, 부한 사람들을 빈손으로 떠나보내셨습니다"(누가복음 1장 51-53절).

오늘 이 말씀은 엘살바도르 같은 나라에서 매우 설득력이 있다. 체제 전복적인 것으로 간주되어 고문이나 죽음을 가져올 수도 있다. 동정녀 마리아는 우리들의 어머니이다. 새로운 하와다. 라틴 아메리카사람들 가슴 깊은 곳에 살아 있는 여성이다. 그녀는 희망과 자유를 위한 투쟁에 용기를 북돋워 준다. 우리에게 하나님의 사랑 안에 무조건 내어맡기라고 요구한다.

12월 9일, 수요일

시편 42편은 언제나 나에게 힘을 주는 원천이다. 나는 어머니가 돌아가실 때 이 구절로 여러 번 기도드렸다. 1978년 10월 그 주간 이래로 절망에 빠질 때마다 이 구절로 기도드렸다:

> 하나님,
> 사슴이 시냇물 바닥에서
> 물을 찾아 헐떡이듯이,
> 내 영혼이 주님을 찾아 헐떡입니다……
> 내 영혼아,
> 네가 어찌하여 그렇게 낙심하며,
> 어찌하여 그렇게 괴로워하느냐?
> 너는 하나님을 기다려라.
> 이제 내가,
> 나의 구원자, 나의 하나님을,
> 또다시 찬양하련다.

지난 월요일 아침기도 시간에 이 시편 구절을 읽었을 때, 다음과 같은 기도가 특별한 힘으로 내 영혼에 들어와 지난 며칠 동안 계속 나에게 머물고 있었음을 느꼈다:

> 하늘에 계신 아버지,
> 주님의 힘이 우리를 둘러쌀 때
> 우리는 더 이상

"내 영혼아, 어찌하여 네가 그렇게 낙심하느냐?"
라고 말하지 않습니다.
지금 우리 분노의 파도는 지나갔으니,
주님의 용서로
치유하는 평안을 느끼게 하옵소서.
사슴이 시냇물 바닥에서
물을 찾아 헐떡이듯이,
늘 주님을 그리워하게 하옵소서.
주님이 하늘나라에서
바라시는 모든 것에 만족할 때까지.

나는 "주님의 용서로 치유하는 평안을 느끼게 하옵소서!"라는 말에 나 자신을 내어맡기려고 한다. 내가 원하는 것이 있다면 그것은 바로 하나님의 용서로 치유하는 평안이기 때문이다. 오래 살면 살수록 더욱더 나의 죄와 나약한 신앙심과 부족한 용기로 좁은 마음을 알게 된다. 더욱더 나의 가장 깊은 내면에서 으르렁거리고 있는 탐욕과 쾌락과 폭력과 분노의 파도를 느낀다. 나이가 들었다고 해서 하나님과 함께 생활하는 것이 쉬어진다는 것은 아니다. 오히려 그 반대다. 점점 더 하나님의 함께 하심을 체험하고 그분의 사랑을 느끼며 그분의 친절하심을 맛보고 그분의 배려하시는 손길을 매만지기가 어렵게 되었다. 아, 하나님의 사랑이 내 죄와 비겁함보다 진실되다는 것을 깨닫게 해달라고 나는 얼마나 더 기도해야 하는가? 나는 어둠 속에서 빛을 보기를 얼마나 더 바라야 하는가? 굽이치는 분노의 파도가 잠잠해지도록 그분이 명하실 그날을 나는 얼마나 더 기다려야 하는가? "믿음이 없는 이여, 왜 두려워하느냐? 내가 늘 너와 함께 있단다!"라고 말씀하시는 그분의 음성 듣기를 나는 얼마나 더 고대해야 하는가?

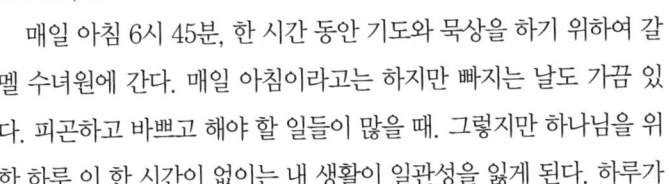

12월 11일, 금요일

매일 아침 6시 45분, 한 시간 동안 기도와 묵상을 하기 위하여 갈멜 수녀원에 간다. 매일 아침이라고는 하지만 빠지는 날도 가끔 있다. 피곤하고 바쁘고 해야 할 일들이 많을 때. 그렇지만 하나님을 위한 하루 이 한 시간이 없이는 내 생활이 일관성을 잃게 된다. 하루가 마냥 되는 대로 사건과 사고들의 연속처럼 느껴진다.

갈멜회 작은 예배당에서 갖는 시간은 내 자신을 완전히 알 수 있는 것보다 더 중요하다. 그것은 깊이 기도하거나 하나님께 특별히 가까이 가는 것을 느끼는 시간은 아니다. 그리고 하나님의 신비에 진지하게 주의를 기울이는 시간도 아니다. 오히려 그 반대다. 정신이 흐트러지고 침착하지 못하며 혼란과 지겨움으로 가득 차는 시간이다. 그러나 주님이 함께 하시는 가운데 한 시간을 보낸다는 것과 그분께 아무것도 숨기려 하지 않고 내가 느끼고 생각하고 인지하고 경험하는 모든 것을 보여 드린다는 단순한 사실! 틀림없이 그분도 기뻐받으실 것이다. 비록 내가 다른 이를 포옹하면서 느끼는 것 같은 사랑은 느끼지 못할지라도, 위로의 말을 들을 때와 같은 음성을 그분에게서 듣지는 못할지라도, 그리고 인간의 얼굴에서 볼 수 있는 미소를 볼 수는 없을지라도, 언제 어디서나 그분은 나를 사랑하신다는 걸 안다. 주님께서 나한테 말씀하시고 나를 보시고 포옹하신다 해도, 나는 여전히 그것을 알아챌 수 없다. 그분이 함께 하신다는 것을 아는 유일한 방법은, 그 조용한 교회로 돌아가서 그곳에 있고 싶은 마음에 있다. 그렇다. 돌아보건대, 이 규칙적인 '무익한'(useless) 시간과 함께 시작된 하루는 여느 날과 다르다는 것을 느낀다. 하나님은 내 감각보다 위대하시다. 내 생각보다 뛰어나시다. 내 마음보다 크시다. 심지어 나는 그분이 내 자신도 모르는 곳에서 나를 어루만지신다는 것을 믿는다. 나는 이러한 지점들을 꼭 집어 가리킬 순 없다. 그것을 통하여 물이 안전하게 흐를 수 있고 넓은 바다로 흘러갈 수 있는 강바닥처럼 무언가가 일어나고 있다는 걸 느낄 뿐……

12월 12일, 토요일

오늘 루르드랑 마르따랑 자비의 수녀회 150주년을 기념하였다. 그것은 오늘 라틴 아메리카 선교사들 사이에서 그토록 자주 언급되는 '가난한 이들을 위한 우선적 선택'이 새롭거나 독창적인 게 아니라는 사실을 생각나게 해주었다. 그래서인지 내게는 특히 중요하였다.

레온 유리스의 책 〈삼위일체〉(Trinity)를 발췌하여 낭독하였다. 캐더린 맥얼리가 자비의 수녀회를 세웠던 1831년, 아일랜드사람들의 굶주림과 질병과 비참함을 생생하게 묘사하였다. 그 당시 캐더린의 목적은 가난한 이, 병든 이, 그리고 죽어 가는 이들을 도와주고 아일랜드의 기근 희생자들에게 위로를 주려는 것이었다. 가난한 이들, 가난한 이들 가운데 가장 가난한 이들을 돕는 것은 마더 테레사 수녀가 창안해 낸 것도 아니다. 메데린이나 푸에블라 회의 이후 라틴 아메리카 교회를 통하여 전개된 새로운 사상도 아니다. 이러한 부르심은 주님이 십자가 위에서 완전히 가난한 사람으로 죽은 이래, 교회 속에 죽 이어져 왔다. 세월이 흐름에 따라 부르심은 다시 부활되어 새로운 방식으로 살아 남았다. 성 바실리오는 가난한 이들과 병든 이들을 위하여 일할 공동체를 조직할 때 이 부르심을 들었다. 성 프란치스코는 13세기에 이 부르심을 들었다. 성 빈첸시오 아 바오로는 16세기에 이 부르심을 들었다. 그리고 그 후 다른 많은 이들도 이 부르심을 들었다.

현재 영어권에서 가장 큰 수녀회를 이루고 있는 자비의 수녀회는 가난한 이들 가운데서도 가장 보잘 것 없는 이들을 도우려고 한 캐더린 맥얼리의 희망에서 그 기원을 찾을 수 있다. 그녀의 열렬한 희망은 필요한 이들에게 단순하고 직접적이고 효과적인 봉사로 하나님의 자비를 볼 수 있게 하는 것이었다.

마더 테레사의 사랑의 선교회만큼 오늘 많은 사람들에게 매력을 주는 공동체는 없다. 19세기에 캐더린 맥얼리가 있었다면, 16세기에 성 빈첸시오 아 바오로가 있었다면, 13세기에 성 프란치스코가 있었다면, 그리고 4세기에 성 바실리오가 있었다면, 20세기에는 마더 테레사가 있다. 우리가 사는 도시의 가엾은 이들에게서, 그리고 난민 수용소와 이 세상의 고립된 사막과 벌판에서 다시 십자가에 달리신 주님을 볼 때마다 우리의 신앙은 날로 새로워진다.

12월 13일, 주일

신문과 라디오 모두 폴란드 정부가 계엄령을 선포했다고 보도하고 있다. 폴란드의 새로운 노동운동인 자유노조 지도자들은 체포되었다. 교회와 영화관과 극장은 닫혔다. 국민들은 하루 대부분을 집안에서 보내야 한다. 군대가 바르샤바 시내를 통제하고 있다. 전화, 라디오, 텔레비전 송신이 끊어졌다. 나라 전체가 앞으로 사태가 어떻게 될지 초조하게 기다리며 살고 있다.

러시아가 쳐들어갈까? 중국과 미국의 반응은 어떤가? 폴란드 국민들이 이에 항거해 일어나지는 않을까? 이것이 혹시 폴란드 국민이나 많은 사람들이 겪게 될 길고 긴 고난의 시작은 아닐까? 이것이 제3차 세계대전의 시초가 되지는 않을까?

나는 잠시 동안 폴란드 영성지도자 페터를 바라보았다. 그는 긴장 속에 흥분되어 있었다. 특히 모든 문제가 자유노조와 교회에 있는 것마냥 비난일색인 공산당에 대하여 격분하였다. 그는 자신이 완전히 왕따되었다는 걸 알았다. 조국 폴란드와 그곳 친구들의 소식을 알기 위하여 가족들에게 전화를 걸 수도 없다는 것을 알았다. 그가 느낄 무력감과 고독이란…….

날로 더해 가는 긴장과 불안 속에서 하나님께서는 우리에게 뭘 원하시는지 우리 모두가 알게 해달라고 나는 기도드린다. 또 페터와 그의 국민들과 이 위기 속에 필요한 교회 최고지도자들의 지도력을 위하여 기도드린다. 그리고 우리가 이 암울한 시기에 주님과 서로에게 충실하게 되기를 기도한다.

12월 14일, 월요일

오늘은 나에게 늘 힘을 주는 16세기 스페인의 신비주의자 십자가의 성 요한을 기념하는 날이다. 성 요한은 갈멜 수도회를 개혁시키려고 애쓰다가 탄압과 굴욕을 당하였다. 투옥되기도 하였다. 그는 고통 가운데서도 격정을 정화시켜 주는 하나님의 사랑을 체험하였다. 그래서 이 사랑을 풍부한 신비적인 시로 표현하였다.

성 요한은 저항과 관상 사이의 밀접한 연결을 드러낸다. 우리에게 파괴 세력에 대한 진정한 저항은, 정의와 평화의 하나님을 향한 열렬한 사랑 속에서 이루어질 때만 지속될 수 있다는 것을 깨우쳐 준다. 진정한 저항의 최종 목표는 단지 가난과 불의와 억압을 제거하는 것만이 아니다. 모든 것을 원상태로 복구시키는 하나님의 사랑을 볼 수 있게 만드는 것이다. 진정한 신비주의자는 어둠 속에서도 늘 이러한 하나님 인식을 추구한다. 성 요한은 '하나님 인식을 통하여 기뻐하는 영혼의 노래'(el cantar del alma que se huelga de conocer a Dios)를 부른다. 그는 이 노래를 '지금은 비록 밤일지라도'(aunque es noche)로 부른다.

우리의 어두움 한복판에서—폴란드, 아일랜드, 아프가니스탄, 이란, 라틴 아메리카 여러 나라들의 어두움, 파산당하고 굶주리고 두려움에 떠는 가족들의 어두움, 권력과 지배자들에 무기력하고 무능한 사람들의 가슴속에 있는 어두움, 자신들에 대한 사랑을 볼 수도 느낄 수도 이해할 수도 없는 수많은 영혼들의 영성적인 어두움 등—이 모든 어두움 한복판에서, 십자가의 성 요한은 너무나 밝아서 우리 눈으로는 볼 수 없는 빛을 노래한다. 우리는 이 하나님의 빛 속에서 우리 존재의 원천을 발견한다. 우리가 그것을 파악하지 못할지라도, 우리는 이 빛 속에 산다. 이 빛은 우리가 모든 영광 가운데 하나님의 현존이 드러나는 그날을 늘 기다리면서, 모든 악에 저항하고 어둠 속에서도 신실하도록 만든다.

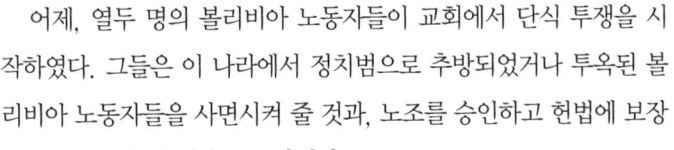

12월 15일, 화요일

어제, 열두 명의 볼리비아 노동자들이 교회에서 단식 투쟁을 시작하였다. 그들은 이 나라에서 정치범으로 추방되었거나 투옥된 볼리비아 노동자들을 사면시켜 줄 것과, 노조를 승인하고 헌법에 보장된 인권을 준수할 것을 요구하였다.

그 노동자들은 코차밤바 지사와 협상에 들어가려면 그 교회에서 나오라는 요구를 거절하였다. 체포되는 것이 두렵기 때문에 그들은 교회의 보호를 받으려고 한다. 지사의 대리인이 지금 교회와 지사

(prefectura) 관저 사이를 오가고 있지만, 아직까지 해결된 것은 하나도 없다.

단식 투쟁을 하는 사람들은 대규모 노동자 단체의 지원을 받는다. 라파스와 다른 도시에서도 비슷한 단식 투쟁을 준비하고 있다. 볼리비아 노동자들의 좌절과 실망과 적대감은 광부들의 파업 이후, 끊임없이 증가되어 왔다. 대규모의 파업이 일어날지도 모른다. 군부의 즉각적인 폭력과 탄압이 있을지도 모른다. 올해의 성탄절은 평화와는 거리가 멀다.

폴란드와 볼리비아 상황 사이에는 비슷한 점이 많다. 볼리비아의 노동자들은 그들 스스로 폴란드 노동자들처럼 노조를 조직할 수는 없다. 하지만 자신들의 요구를 쉽게 포기하지 않으려는 결심은 비슷하다. 앞으로 긴장과 불안이 점점 더해 갈 것이다. 부패한 정부, 파산 지경에 이른 나라, 이 모든 것은 이미 밑바닥까지 온 사람들을 더욱 가난하고 비참한 지경으로 몰고 갈 것이다.

12월 16일, 수요일

오늘 자비에 관한 세 가지 대림절 묵상 가운데서 마지막 것을 하였다. 11월에 열렸던 회의에서 랄프 다빌라는 어학연구소의 공동생활을 강화하기 위하여 학생들이 더욱더 솔선수범해 줄 것을 요구했었다. 그때 나는 성탄절 준비하는 이들에게 도움이 될 일련의 묵상 모임을 이끌겠다고 제안한 바 있다.

세 번의 모임을 돌아보면서, 내가 실수했다는 것을 알았다. 나는 이런 묵상 모임을 하겠다고 제의하지 말았어야 했다. 오직 학생으로서 라틴 아메리카에 있는 동안 어떤 강의나 연설이나 수업이나 발표도 하지 않겠다는 처음 결심을 밀고 나갔어야 했다. 이런 묵상은 학생들이나 교사들의 현실적인 필요보다도 나 자신의 필요에서 나왔다.

세 번의 밤은 어떠한 영성적 열정도 불러일으키지 못했다. 자신의 영성을 새롭게 하기보다는 영성지도자나 수도원장이나 설교가가 되기를 바랐던 과거의 경험을 되살아나게 하였다. 몇 명은 솔직한 느낌을 이야기했지만, 정말로 '일어난 것'(happened)은 아무것도 없었다. 이와 같은 일은 현상유지를 위한 것에 지나지 않는다. 그것은 우리에게 맡겨진 사람 속에서 함께 앞으로 나아가는 데 아무런 도움을 주지 못한다. 나는 이 모임에 온 사람들만큼 접촉을 싫어하는 이들을 보지 못하였다. 게리와 다른 몇 사람이 이 모임이 여기서 더 지속될 수는 없을 것이라고 말하였다. 진정 자기가 원해서 참석하는 이는 별로 없으리라는 말처럼 들렸다. 목회자들 사회에서 흔히 그러하듯이, 의무감이 오히려 하고자 하는 욕구를 퇴색시켜 버렸다.

내 말은 저 멀리서 웅얼거리는 말에 지나지 않았다. 생명을 주지 못하였다. 내가 다른 세계에 있다는 느낌이다. 지금 여기에서 마음과 정신을 새롭게 할 수 있는 말이 다른 때나 다른 곳에서는 지루하고 효과 빵점이라는 걸 배우고 있다. 나는 알았다. 이야기하는 시간이 아니라 듣는 시간이라는 걸. 시작할 때가 아니라 기다릴 때라는 걸. 지도력을 권할 때가 아니라 오랫동안 소중히 해온 사상들로부터 벗어나 마음을 비울 시기라는 걸. 우리는 실수를 통하여 배웠다. 이 경험을 통하여 다시 확실하게 상기하게 되었다. 지금은 침묵할 때라는 걸…….

12월 17일, 목요일

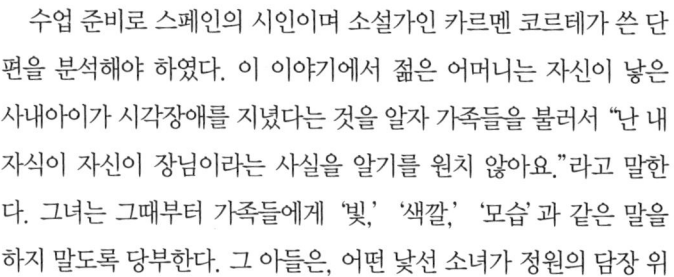

수업 준비로 스페인의 시인이며 소설가인 카르멘 코르테가 쓴 단편을 분석해야 하였다. 이 이야기에서 젊은 어머니는 자신이 낳은 사내아이가 시각장애를 지녔다는 것을 알자 가족들을 불러서 "난 내 자식이 자신이 장님이라는 사실을 알기를 원치 않아요."라고 말한다. 그녀는 그때부터 가족들에게 '빛,' '색깔,' '모습'과 같은 말을 하지 말도록 당부한다. 그 아들은, 어떤 낯선 소녀가 정원의 담장 위로 올라와서 지금까지 금지되어 왔던 말을 하기 전까지는 자신이 남들과 똑같다고 믿으면서 자랐다.

이 이야기는 우리의 여러 행동을 상징하고 있다고 생각된다. 우리는 낯설고 고통스러운 건 죄다 피하려고 한다. 모든 것이 일상적인 것처럼 행동하려고 한다. 우리는 아무런 문제도 고통도 실패도 없는 것처럼 행동한다. 나 자신도 이렇게 은폐하려는 충동을 경험하였다. 그건 종종 실제로 숨기려고 시도하는 것보다 더 해로울 때가 있다.

내 스스로 용기를 갖거나 또는 다른 사람들에게 자신의 맹목, 정신적 고통, 또는 영성적 고통을 대면하도록 용기를 북돋아 주고 격려하는 순간마다 새로운 에너지가 솟아나고 공동체의 토대가 마련되었다. 두려움과 수치심과 죄의식은 종종 우리를 고립시킨다. 우리의 약점이—그것이 어떤 것이든 간에—오히려 인간임을 서로 확인하고 친밀해지고 동료애를 느끼게 하는 방법일 수도 있다는 사실을 깨닫지 못하게 한다.

결국, 모든 사람에게는 유한하다는 약점이 있다. 우리가 저마다 경험하는 육체적·정서적·영성적 실패는 다름아닌 이런 질병의 징후이다. 이 유한성의 징후들을 약자들의 우정을 형성하는 데 사용할 때에야 비로소 희망은 보일 수 있다. 우리의 나약함을 솔직히 고백하는 데서 새롭고 영원한 생명의 힘을 진정으로 확인하고 볼 수 있다.

12월 18일, 금요일

오늘은 어학연구소 마지막 날이다. 여덟 주간의 과정을 돌아볼 때 감사할 일이 너무 많다. 내 생각으로는 스페인어를 배우는 데 이 연구소가 개발한 교수방법보다 나은 것이 없는 것 같다. 가장 인상적인 것은 교사들의 탁월한 능력과 헌신적인 자세와 융통성이었다. 나는 두 주마다 네 명의 저마다 다른 교사들이 가르치는 팀에서 공부하였다. 날마다 저마다 다른 두 팀에서 고급언어를 연습하였다. 하나는 브라이언 클라크와 함께 한 대화수업이었다. 다른 하나는 여섯 명의 학생들로 구성된 문법수업 그룹이었다. 강도높은 개별수업과 다른 학생들과 함께 하는 약간 여유있는 수업은 아주 좋은 균형을 이루었다. 세 권의 기본서를 공부한 뒤, 나는 나의 스페인어에서 나타나는 문제점을 지적해 달라고 부탁하였다. 그래서 마지막 두 주간은 앞의 여섯 주간보다 훨씬 마음에 드는 수업이었다.

나는 특히 교사들의 수업을 준비하는 태도에 감명을 받았다. 그들은 그 단원에 필요한 자료들을 잘 준비해 왔다. 뿐만 아니라, 혼자서 바둥대는 학생들을 도와주려고 애썼다. 예컨대, 어네스티나는 나에게 이형과거시제 용법을 훈련시키기 위하여 특별연습을 시켰다. 내가 번번이 혼동하는 전치사 뽀르(por)와 빠라(para) 용법을 구별하도록 돕기 위하여 복잡한 문장들을 많이 내보여 주었다.

여기서 머문 짧은 기간 동안 열네 명의 교사들에게서 수업을 받았다. 두 주일마다 교사가 바뀌었기 때문에 지루하게 느낄 틈이 없었다. 교사들마다 가르치는 방법이 저마다 달았다. 표현방식도 달랐다. 개인적인 관심도 달랐다. 때로는 저마다 다른 방식으로 나와 관계를 맺기도 하였다. 어떤 이들은 형식적이고 틀에 박힌 관계밖에 못 맺었다. 또 어떤 이들은 나와 함께 정신적인 여행도 즐겼다. 어떤 이들은 칠판을 많이 사용하여, 필기된 것을 보고픈 나의 욕구를 채워 주었다. 어떤 이들은 내 귀를 훈련시켜 스페인어 발음을 더 잘 알아듣도록 도우려고 무지 애쓰기도 하였다. 어떤 이들은 주로 가정문제를 이야기하였다. 그러나 어떤 이들은 논쟁의 여지가 있는 정치적·사회적·종교적 문제들을 주저하지 않고 꺼내놓기도 하였다. 그러나 모두 어떤 중요한 것을 제공해 주었다. 정말 매우 관대하고 헌신적이었다. 모든 연구소 직원들—교사들, 사서들, 비서들—에게는 아주 인상적인 특징이 있었다. 곧 학생들 발음이 틀리면 바로 그 자리에서 곧바로 고쳐주고야 마는 고집. 나는 최소한 두 군데 이상 틀리지 않고는 한 문장을 말한 적이 드물었기 때문에, 그들에게 일할 기회를 아주 많이 준 셈이다.

지금까지 배운 것은 단지 하나의 좋은 시작에 불과하다. 능숙하게 말하려면 아마 석 달은 더 공부해야 할 것이다. 그러나 지금 나에겐 이 공부를 더 계속할 에너지와 동기가 없다. 여덟 주간의 집중훈련은 내가 받아들일 수 있는 긴장의 한계. 다시 영어권으로 돌아가지 않고 페루로 가서 날마다 이 언어를 연습할 수 있어서 다행이다.

라틴 아메리카에서 몇 년 동안 일하기로 작정한다면, 나는 편지를 쓸 수 있었으면 좋겠다. 특히 스페인어로. 그렇게 되려면 공부를 더 해야 할 것이다. 현재로서는 학교를 떠나 페루사람들과 함께 일하는 가운데 배우는 것이 더 나을 것 같다.

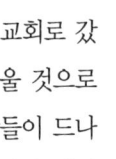

12월 19일, 토요일

오늘 아침에 단식 투쟁을 하고 있는 사람들을 만나러 교회로 갔다. 그들에게 가까이 가기도 어렵고 대화도 나누기 어려울 것으로 생각했는데, 뜻밖에도 교회 문은 열려 있었다. 많은 사람들이 드나들고 있었다. 단식 투쟁을 하는 사람들은 교회 안에 칸막이가 쳐진 곳에서 매트릭스와 이불 위에 누워 자거나 신문을 읽고 있었다. 방문객이나 의료진들과 이야기를 나누는 사람들도 있었다. 지난 며칠 사이에 그들의 수는 열두 명에서 마흔여덟 명으로 늘어났다. 코차밤바에서 제일 큰 공장인 마나꼬 노동자 천 명이 다른 곳에서 이것을 지지하는 단식 투쟁에 들어갔다.

최근 합류한 스무 명 가운데 두 명이 나와 이야기를 나누고 싶어 하였다. 그들의 말은 이러하였다: "우리는 정부가 우리 요구를 진지하게 들어줄 때까지 포기하지 않을 것입니다. 정부가 노조를 승인해 주는 것만으로는 만족할 수 없습니다. 우리는 정부가 대사면을 단행할 때까지 이 단식 투쟁을 멈추지 않을 것입니다. 1980년 7월 18일 가르시아 메사의 쿠데타 이후로 수천 명이 국외로 추방되었습니다. 우리는 그들이 자유롭게 고향의 가족 품에 안길 수 있기를 바랍니다."

얼마전 정부는 이번 성탄절에는 사면이 없을 것이라고 발표하였다. 그러나 교회에 있는 노동자들과 학생들은 목표를 달성하기 전까지는 아무것도 먹지 않겠다고 분명히 밝혔다: "월요일까지 아무런 진전이 없으면 그때는 우리 가족들도 단식 투쟁에 들어갈 것입니다. 사태는 점점 심각해져 가고 있습니다."

한편 지지자들은 돌아다니면서 농성자들에게 음료수를 주고 있다. 미국에서 온 빈첸시오회의 메리 진은 코차밤바에 있는 간호학교 교장으로 새로 전출되었는데, 정기적으로 교회에 와서 단식 투쟁자들의 혈압을 재고 건강 상태를 체크한다. 그녀는 농성자들의 건강을 위하여 그들에게 주는 음료수에 설탕을 넣었다고 말해 주었다. 그럼에도 불구하고 단식투쟁은 이미 5일째 접어들었다. 몇 명은 눈에 띄게 약해져 가고 있다.

농성자들은 그들의 모든 희망을 교회의 지원과 볼리비아 국민들의 신앙심에 걸고 있는 것이 분명하다. 그들이 나에게 "당신도 성직자냐?"고 묻길래 "그렇다."고 했더니 이렇게 말하였다: "새로운 교회(가난한 사람들을 위하여 우선적으로 선택을 한 교회)는 우리에게 많은 지원을 해주고 있습니다. 많은 성직자들이 우리 곁에 있습니다. 월터 로살레스 몬시놀은 정기적으로 우리를 방문하고 있습니다." 내가 떠날 때 그들은 방문해 줘서 고맙다고 하며, "네덜란드 신문에 우리에 대한 기사를 써 주십시오."하고 농담을 던졌다.

올해 이곳 성탄절은 어떨까? 소문에 따르면, 모든 은행이 단식 투쟁을 하는 이들에 대한 지지를 보여주기 위하여 월요일에 파업에 들어갈 것이라고 한다. 한편 나는 폴란드 자유노조 지도자들에게 지지와 동정을 보낸 레이건 대통령이 라틴 아메리카 노동자들에게는 아무런 지지의 말도 하지 않는 모순에 놀랐다. 공산 체제에서 노동자 계층에 대한 탄압이 발생할 때는 비난하고 저주하면서도, 똑같은 일이 라틴 아메리카 군부를 통하여 저질러질 때는, 그것을 무시하고 사실을 부인하며 군부를 옹호하기까지 한다. 레이건에게 쟁점은 분명 "사람들이 언제 억압을 당하느냐?"가 아니라, "누가 억압자냐?"이다. 라틴 아메리카의 착취적인 체제를 불러일으킨 억압자는 '우리 친구'로 불리는 반면, 폴란드와 러시아의 억압자는 '우리 적'으로 불린다. 오늘 교회는 억압자가 누구이건, 인간의 권리를 지키기 위한 몇 안 되는 기관 가운데 하나인 것만은 분명하다.

12월 20일, 주일
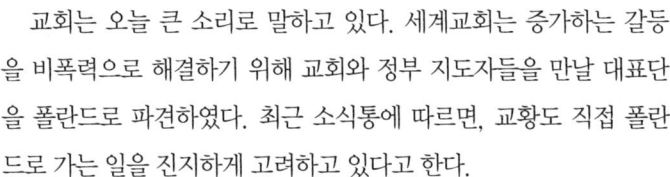

교회는 오늘 큰 소리로 말하고 있다. 세계교회는 증가하는 갈등을 비폭력으로 해결하기 위해 교회와 정부 지도자들을 만날 대표단을 폴란드로 파견하였다. 최근 소식통에 따르면, 교황도 직접 폴란드로 가는 일을 진지하게 고려하고 있다고 한다.

한편으로, 볼리비아의 영성지도자들은 국민들의 신뢰를 회복하고 양심수들에 대한 폭넓은 사면을 내릴 것을 정부에 강력히 요구하는 성탄 메시지를 채택하였다: "우리는 정부가 국민들의 신뢰를 회복하기 위하여 책임있는 조치를 내리기를 요구합니다. 개인과 조직의 이익을 초월한 정의와 참 사랑의 정신만이, 구체적 상황에서 국민들에게 책임 있는 이들에 대한 희망을 새롭게 갖게 할 수 있습니다. 우리는 최고 책임자에게 광범위한 정치적 사면을 요구합니다. 그것만이 모든 볼리비아 국민들을 화합시키는 길을 열 것입니다."

모든 갈등, 전쟁, 전쟁에 대한 소문이 무성한 가운데 이 강력하고 단호한 메시지는 희망과 용기를 던져 주었다. 지난 10년 동안, 평화와 정의가 승리하지 못했다는 것은 인정한다. 하지만 나는 평화와 정의이신 주님의 목소리가 과거 어느 때보다도 분명하게 들렸다는 사실에 기뻐할 수 있다. 가난하고 억압받는 많은 사람들이 이 목소리를 들을 때 평안과 위로를 맛보기를 기도드린다. 또 더 나은 세상을 살기 위하여 함께 일할 수 있는 힘도 얻기를 기도드린다.

12월 21일, 월요일

단식 투쟁은 포기되었다. 바뀐 것은 아무것도 없다. 정부가 양보할 기미가 전혀 없다. 이제 결과는 피를 흘리고 쓸데없이 생명만 잃을 것이라는 게 분명해졌다. 농성자들의 신뢰를 받고 있는 정치 분석가들은, 단식투쟁을 계속하는 건 자신과 가족들에게 불행만 가져올 뿐이라고 설득하였다.

나는 이 갑작스러운 변화를 여러 사람들과 대화를 통하여 이해하려고 애썼다. 여러 사람의 이야기를 종합한 결과, 정부의 현재 위치가 매우 불안하는 것을 깨달았다. 대사면은 현 정부를 파멸로 몰고 갈 게 뻔하다. 많은 추방자들을 다시 국내로 돌아오게 하면 힘의 균형이 바뀔 것이다. 현 정부는 그것이 두려운 것이다.

한편 이 나라 경제는 아주 나쁘다. 노동자들에게 더 나은 생활을 약속한다는 것은 공허한 말일 뿐. 많은 기업들이 예정된 성탄절 보너스를 지급할 자금이 부족하다고 아우성이다. 모든 사람이 볼리비아 페소화(貨) 가치가 1월 첫째 주일에 큰 폭으로 떨어질 것이라고 내다본다. 공식 환율은 달러당 25페소지만, 어느 환전소에서나 36페소 또는 그 이상을 쉽게 받을 수 있다. 한편 볼리비아 국민들에게는 달러를 지니는 것이 거의 불가능하다. 끼로가 가정처럼 미국에 부채를 가진 사람들에게는, 재정난이 점점 심각해진다는 것을 의미한다. 로돌포는 가게에서 팔 상품들을 미국에서 많이 샀다. 그러나 지금 볼리비아사람들은 그런 물건을 살 돈이 없다. 그래서 미국 은행에 진 그의 부채는 페소화의 급속한 평가절하에 따라 점점 늘어만 가고 있다. 파산을 앞두고 있는 것과 같다.

또 다른 무기력의 본보기를 보게 되어 슬프다. 군대에는 많은 봉급생활자들이 있다. 그들은 군대 안의 피엑스에서 아주 싼 가격으로 물건을 살 수 있다. 반면 가난한 이들은 점점 궁핍해진다. 성탄절 때 자녀들에게 선물도 줄 수 없게 되었다. 이 나라 대통령은 국가 파산을 막기 위하여 애국심과 단결과 협동을 호소하고 있다. 그러나 다른 한편으로 자신과 자신의 정치적 동지들은 코카인 거래와 밀매를 통하여 축적된 자신들의 재산을 보호하고 있음이 분명하다. 자신들의 우월한 지위를 지키려는 이들에게 돈과 총을 줌으로써. 볼리비아 군대는 외부 침입자들에 대항하여 나라를 지키는 것이 아니다. 가난하고 굶주린 사람들로부터 몇몇 소수의 부(富)를 지키기 위하여 존재한다.

지도력을 발휘하여 상황을 변화시킬 수 있었던 많은 지식인들이, 모든 것을 단념하고 이 나라를 떠나고 있다. 미국이나 유럽에서 의사나 법률가나 사업가가 된다. 오늘 볼리비아 의학박사들이 시카고에 많이 있다. 그러면서도 모국에서는 가장 기초적인 의료혜택도 받지 못하는 사람들이 많다는 건 비극이다.

성탄의 평화와 기쁨은 어디에 있는가? 미국에 있는가? 아니면 러시아에 있는가? 아니면 폴란드에 있는가? 아니면 아일랜드에 있는

가? 아니면 엘살바도르에 있는가? 아니면 과테말라에 있는가? 아니면 니카라과에 있는가? 아니면 볼리비아에 있는가?

> "참빛이 있었다. 그 빛이 세상에 와서 모든 사람을 비추고 있다. 그분은 세상에 계셨다. 세상이 그분으로 말미암아 생겨났는데도, 세상은 그분을 알아보지 못하였다. 그분이 자기 땅에 오셨지만, 그분의 백성들은 그분을 맞아들이지 않았다"(요한복음 1장 9-11절).

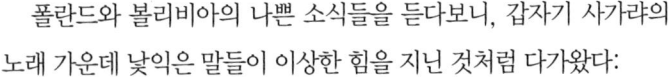

12월 22일, 화요일

폴란드와 볼리비아의 나쁜 소식들을 듣다보니, 갑자기 사가랴의 노래 가운데 낯익은 말들이 이상한 힘을 지닌 것처럼 다가왔다:

> 주 이스라엘의 하나님은
> ……
> 우리를 위하여 능력 있는 구원자를
> 자기의 종 다윗의 집에 일으키셨다.
> ……
> 우리를 원수들에게서 구원하시고,
> 우리를 미워하는
> 모든 사람들의 손에서 건져내실 것이다.

......
어둠 속과 죽음의 그늘 아래에
앉아 있는 사람들에게
빛을 비추게 하시고,
우리의 발을
평화의 길로 인도하실 것이다.

이 말을 얼마나 자주 해왔던가! 마치 이 말들이 고대의 경건한 한 유대인의 노래 그 이상의 무엇을 가지고 있는 것처럼! 그러나 폴란드에서 온 놀라운 소식들과 함께, 이곳 볼리비아에서 신문의 전면을 차지하는 이 말들은 억압의 멍에를 벗어 던질 새로운 지도자를 따르라는 부르심으로 들린다.

사가랴가 이 노래를 할 때 유대와 사마리아는 식민지였다. 유대 사람들은 로마사람들에 대하여, 제2차 세계대전 때 네덜란드가 독일에 대하여 하듯 하는 것 같았다. 오늘 대부분의 폴란드사람들이 러시아에 대하여 느끼고 있는 것처럼. 사가랴의 노래는 정치적인 것들을 그 이면에 두지 않는다. 사실 예수님 시대의 유대인들에게는 종교와 정치를 분리하기가 어렵다. 예수님도 스스로 유대인의 왕이라고 불리셨고 정적이라는 이유로 처형되셨다.

라틴 아메리카에서 복음의 기쁜 소식은 백성을 억압하고 착취하는 이들에겐 일종의 위협이다. 복음의 말씀을 받아들이는 것은 대부분의 지배자들에게는 정치적 자살을 진지하게 의미할 것이다. "하나님께서 우리를 위하여 구원자를 일으키셨으니, 그분이 우리를 원수들에게서 구원하실 것이다."라는 말은 경건한 말이라기보다 저항하라는 부르심으로 들린다.

12월 23일, 수요일

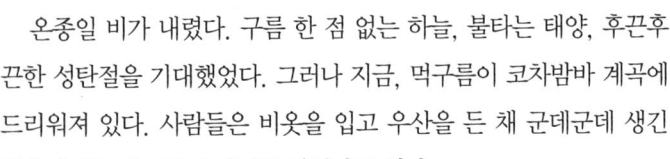

온종일 비가 내렸다. 구름 한 점 없는 하늘, 불타는 태양, 후끈후끈한 성탄절을 기대했었다. 그러나 지금, 먹구름이 코차밤바 계곡에 드리워져 있다. 사람들은 비옷을 입고 우산을 든 채 군데군데 생긴 물웅덩이를 건너뛰며 바삐들 걸어가고 있다.

성탄 선물을 샀다. 로돌피토에게 줄 제트 여객기와 우주여행에 관한 책 두 권, 로돌포와 낸시에게 줄 스페인제 철제 십자가와 팔찌 한 개, 마르셀리다에게 줄 브로치 한 개와 팔찌 한 개, 그리고 끼로가 가정을 찾아올 손님들에게 줄 몇 가지 선물…….

성탄절에 어떤 특별한 일을 하고 싶었다. 로돌포 가게에서 장난감 차와 인형들을 보았다. 지난달 방문했던 국립고아원의 소년소녀들에게 좋은 선물이 될 것 같았다. 그래서 한 친구에게 연락하여 그 고아원의 전화번호를 알아낸 뒤, 전화를 걸었다. 원장에게 내 계획을 이야기하였다. 매우 기뻐하였다. 그러나 "아이들이 모두 몇 명이지요?" 하고 묻자, "12세와 18세 사이의 여자아이 77명이예요."라고 말하였다. 나는 친구가 다른 고아원 전화번호를 가르쳐 주었다는 것을 알았다. 로돌포 가게의 장난감 차와 인형들은 방금 통화한 고아원의 십대 소녀들에게는 별로 적합하지 않을 것이다. 그러나 나는 용기를 내서 아무렇지도 않은 듯 이야기했다. 얼굴도 모르는 원장에게 그곳 77명의 소녀들에게 줄 선물을 가지고 성탄절 오후에 찾아가겠다고 약속하였다.

로돌포에게 나의 실수를 이야기하고 기발한 것이 없겠느냐고 물었다. 그랬더니 곧장 직원들을 데리고 나갔다. 그리고는 12세에서 18세의 소녀들이 좋아할 놀이 기구, 향수, 거울, 빗 등 여러 가지를 가지고 왔다. 오는 성탄일, 우리는 모두 그 고아원에 찾아갈 것이다. 반응이 어떨지 모르겠다. 어쨌든 여름철에 맞이하는 첫번째 성탄절이 매우 기다려진다.

12월 24일, 목요일

오늘 나한테 가장 중요한 일은 저녁기도와 성탄전야제였다. 오후 다섯 시에 프란과 갈멜 수녀원에 갔다. 거기서 조용히 성탄의 기쁨을 맛보았다. 아주 조용하고 평화롭고 단순하고 편안한 예배였다. 성탄을 위한 준비와 정치·경제·사회의 불안으로 시끌버끌한 가운데서, 이 예배는 진정 오아시스였다. 열두 명의 수녀들이 기쁨 속에 진행한 빈틈없는 준비는 프란과 나에게 우리 삶 속에 살아계시는 하나님과 조용히 그리고 깊이 만날 수 있는 기회를 가져다 주었다. 나는 마태가 자신의 복음서 첫 장에 쓴 것처럼, 예수 그리스도의 족보를 읽었다. 아브라함에게서 예수님에 이르기까지 많은 이름들…….

분명 성인들의 이름은 아니다. 악의 세력과 힘껏 싸웠던 이름들. 때로는 다른 사람들보다 성공을 거두기도 하였던 이름들. 우리 자신들처럼 사랑과 증오의 기쁨을 느꼈던 이름들. 고통과 보상과 처벌을 받은 남녀의 이름들이다. 하나님 자신이 그 일부가 되고자 하셨던 이야기. 하나님 자신이 스스로 지루하고 때로는 기진맥진케 하는 우리의 여행에 함께 하셨다. 예수님은 슬픔과 실망에 빠져 엠마오로 가고 있는 제자들과 함께 걸어가셨다. 무슨 일이 일어나고 있는지 볼 수 있도록 그들이 눈을 뜨게 하셨다. 하나님은 우리와 함께 하시는 오직 한 분 하나님이심을 뜻한다는 걸 보여 주셨다.

하나님은 우리 가는 길을 함께 가신다. 우리 이야기를 들으신다. 제자리에서 뱅뱅 돌고 있는 것이 아니다. 기쁨과 평화의 집을 향하여 가고 있는 것이다. 이 사실을 깨우쳐 주시고자 우리에게 오셨다. 이것이 우리에게 끊임없이 평안과 위로를 건네주는 성탄절의 위대한 신비다. 이 여행에서 우리는 혼자가 아니다. 우리에게 생명을 주신 사랑의 하나님께서는 하나밖에 없는 아들을 보내 주셨다. 그분이 언제 어디서나 우리와 함께 계신다. 우리와 함께 걷고 계신다. 우리가 도중에 길을 잃지 않도록.

어떤 사람들은 혼자만 있으려 고집한다. 가장 고통스러울 때도 하나님이 우리에게 오시지 못하게 한다. 우리는 자주 그분을 피해 죄의식과 부끄러움과 당혹감과 상실감을 느낀다. 내면 깊숙이 꼭꼭 숨는다. 그리하여 우리가 가장 외롭다고 느낄 때도 그분이 우리와 함께 하실 수 있는 기회를 드리지 않는다.

성탄을 통하여 우리의 두려움이 치유된다. 그분의 사랑은 우리가 몸과 마음으로 받아들일 수 있는 것보다 훨씬 크다. 성탄은 우리가 그분을 우리 인생의 동반자로 새롭게 초청하는 계절이다.

12월 25일, 금요일

폴란드 영성지도자인 페터와 함께 템포랄에서 철야예배를 집례하였다. 템포랄은 코차밤바 구역이다. 그곳에는 교회가 없다. 마리스타 수사들이 그곳에서 큰 학교를 운영하고 있다. 주일과 기념일 때 학교 강당을 예배 장소로 사용한다. 그 수사들은 여러 해 동안 그곳에 조용히 교회를 개척해 왔다. 정식 성직자는 없었다. 대개는 연구소의 학생들 가운데 영성지도자 한 명을 택하여 예배의 한 부분을 맡기는 식이었다. 그 밖의 모든 것, 곧 음악, 설교, 예배에 필요한 모든 것은 그들이 직접 준비한다. 영성지도자가 할 일은 그들이 알아들을 수 있도록 스페인어를 읽어 주는 것뿐이다.

우리는 모두 학교 운동장에 모였다. 계단에서 둘러보니 모인 사람이 3백 명이 훨씬 넘었다. 얼마나 신비스러운지! 하나님이 세계 여러 곳에서 우리를 끊임없이 부르고 계신다는 것을 다시 한 번 깨달았다. 대부분은 볼리비아, 템포랄에 사는 사람들이다. 그런데 스페인에서 온 수사들과 미국에서 온 방문객들, 폴란드에서 온 페터와 네덜란드에서 온 나도 있었다. 우리는 모두 사람들 사이에 인종적·지역적 구분을 가져 온 갈등이 무엇인지, 전쟁이 무엇인지를 알고 있었다. 그러나 이와 같은 제사는 하나님이 이런 구분을 만들지 않으셨다는 것을, 모든 백성이 함께 하나되고 평화를 누리며 살기를 바라신다는 것을 다시 한번 깨우쳐 주었다.

이 기쁜 제사는 신비롭게 베풀어졌다. 몇 가지 뜻밖의 일도 일어났다. 그 첫번째는 크리스마스 트리 속에 숨겨진 금속 새 때문이었다. 스위치를 울리면 큰 은종이 규칙적인 간격으로 커다랗게 새 울음소리를 냈다. 예배를 돕던 한 평신도가 이 장치가 하도 신기하여, 마리스타회 수사가 설교를 시작하기 전, 트리로 다가가 금속 새가 노래하도록 스위치를 올린 것이다. 수사는 그것을 개의치 않아 보였다. 그는 단지 목소리를 더 높여서 자신의 설교를 방해하는 새소리와 행복한 경쟁을 하였다. 그 수사가 자신의 뒤를 이어 설교를 해달라고 나를 불렀다. 나는 먼저 그 평신도에게 새 울음소리를 멈추게 해달라고 부탁하였다. 내 스페인어가 워낙 형편없었기 때문에, 거기다 새 울음소리까지 덧붙일 필요가 없었던 터.

성만찬을 베푸는 동안 전기가 나가 버렸다. 두 번째 예상 밖의 일이었다. 볼리비아에서는 정기적으로 정전이 되었다. 그러나 이번에는 여느 때보다 더 큰 혼란을 가져왔다. 다행히 많은 이들이 크리스마스 초를 가지고 있어서 별 문제 없이 예배를 끝낼 수 있었다. 촛불과 함께 '고요한 밤 거룩한 밤'(Noche de Paz) 노래가 크리스마스 분위기를 더욱 무르익게 하였다.

세 번째 뜻밖의 일은—적어도 나에게는—꽤 여러 명의 소년소녀들이 처음으로 성만찬에 참석했다는 것이었다. 그들은 축제 때처럼 옷을 잘 차려입고 손에 큰 양초와 흰 로사리오를 들고 있었다. 무척 행복해 보였다. 나는 성탄축하예배와 성만찬을 함께 베풀면서 두 가지 모두에 충실하기 어렵다는 것을 알았다. 하지만 아무도 그런 데 신경 쓰는 사람이 없는 것 같았다. 그래서 할 수 있는 한 최선을 다하려고 애썼다.

마지막으로는 '아기 예수 인형들'(niños)이 있었다. 성만찬예식 동안 페터와 나는 아기 인형들―크고 작은, 벌거벗거나 정성스럽게 옷을 입힌, 수수한 방석 위에 누워 있거나 큰 유리상자 안에 들어 있는―로 둘러싸였다. 나는 지금까지 그토록 많은 아기 예수를 본 적이 없었다. 나는 곧 그것이 아기 예수가 성탄일에 예배를 드려야 한다는 민간 전통과 관련이 깊다는 것을 알게 되었다. 그래서 사람들은 그들의 성탄 아기를 마구간에서 꺼내 교회로 데리고 온다. 예배가 끝난 뒤, 페터와 나는 모든 인형들에게 축복을 베풀어 주었다. 많은 아기 예수를 저마다 다른 방식으로 대하느라 한참 바빴다.

그러나 그 뜻밖의 일이 어떤 것이었든, 사람들은 하나같이 행복해 하였다. 모두가 이 거룩한 밤을 즐겼다. 서로 "즐거운 성탄을 축하합니다!"(Feliz Navidad!)라거나 "주님의 탄생을 축하합니다!' (Felices Pascuas de Navidad!)라고 외치며 집으로 갔다. 하늘에 수놓은 빛나는 별들이 새로 태어난 아기에게 찬양을 불러 주는 것 같았다. 몇몇 사람들과 양초 로사리오와 인형들이 하늘을 보고 미소 지을 때 기쁜 노래가 울려 퍼졌다:

더없이 높은 곳에서는
하나님께 영광이요,
땅에서는 주님께서 좋아하시는 사람들에게
평화로다.

오늘 오후에 우리는 로돌포 가게에서 선물을 한 보따리 싸 가지고 국립고아원으로 갔다. 일본 향수회사가 선전용으로 로돌포에게 보낸 일흔일곱 벌의 노란 티셔츠도 있었다. 로돌포는 그것도 고아원에 기부하기로 하였다. 오후 5시에 로돌포, 낸시, 로돌피토, 그리고 나, 넷은 코차밤바 교외로 차를 몰아 잠깐 헤맨 뒤에 그 고아원에 도착하였다.

우리는 큰 기대에 부풀어 기다리고 있던 소녀들로부터 열렬한 환영을 받았다. 로돌포는 곧바로 모두에게 티셔츠를 한 벌씩 나누어 주었다. 그리고 여벌 하나는 누나를 찾아온 여덟 살짜리 소년에게 돌아갔다. 그 아이는 라파엘리또였다. 어찌나 작은지 책상 위에 세워 놓고 티셔츠를 입혔는데 발등까지 닿았다. 그는 갈색 얼굴과 크고 검은 눈으로 길게 늘어진 자신의 노란 옷을 뚫어지게 바라보았다. 작은 큐피트처럼. 소녀들이 테이블 위에 외롭게 서 있는 그를 보고 모두 깔깔대며 웃기 시작하였다. 그 순간 큰 눈물방울이 라파엘리또의 둥근 뺨을 타고 흘러내렸다. 그러더니 울음보가 터지는 게 아닌가! 더 많은 선물을 주며 한참을 달래고 나서야 울음이 그쳤다.

얼마나 역설적인가! 모든 이들을 행복하게 해주려고 여기 왔는데, 그 첫번째 결과가 77명의 웃고 있는 소녀들로 둘러싸인 눈물 젖은 소년이라니! 그러나 곧 모든 것을 잊고 모두가 선물들에 흥분하였다. 우리는 이야기하고 노래를 부르고 게임을 하였다. 우리가 떠날 때 라파엘리또와 전체 소녀들이 대문까지 배웅해 주었다. 악수와 포옹과 키스로 아낌없이 감사를 표시하였다. 차를 타고 나올 때, 손을 흔들며 인사하는 한 무리의 행복한 이들을 보았다.

라파엘리또와 소녀들의 웃음소리는 그들의 내면 깊은 외로움과 소외감을 생각나게 하였다. 이 방문을 통하여 우리는 어쩔 수 없이 슬픔을 좀더 가까이 대하게 되었다. 우리는 이렇게 안락한 집으로 돌아가지만, 그들은 그 외로운 집에 그대로 남아 있는 것이다. 우리가 가족과 친구들의 관심 속에 둘러싸여 있을 때, 과연 누가 그들을 돌봐 줄까?

진정한 목회는 선물을 주는 것 그 이상의 것이어야 한다. 바로 자신을 주는 것이어야 한다. 특권을 버리고 우리 고통에 함께 하시려 자신을 비우셨던 그분처럼……. 하나님의 생각이 우리에게 알려지고 우리가 그것을 실천할 때, 고아원의 라파엘리또와 소녀들에게도 희망이 솟아나리라.

12월 26일, 토요일

세 시에 매리 진이 자신의 도요타 지프에 태워서 모로차따의 께추아 읍으로 데려다 주었다. 모로차따 교회에서 일하는 그녀의 친구 앤 과 델리아가 그녀에게 영성지도자 한 사람을 급히 청했다고 한다. 아이들에게 성만찬예식을 베풀고 일곱 쌍의 혼인예식을 집례할 영성지도자가 필요했던 것이다. 내가 존경하며 솔직하고 용기있고 워낙 활동적인 매리 진이 그 초청을 받아들이는 게 모로차따 교회를 위해서도 좋은 일이고, 나 자신을 위해서도 좋은 일일 것이라고 설득하였다: "전설에 나오는 시골 풍경을 보시게 될 거에요. 높은 산에 있는 라마들을 보시면 아마 깜짝 놀라실 거에요. 그리고 모로차따 사람들도 좋아하게 되실 거에요. 무엇보다도 선교사 생활이 정말로 어떤 것인지를 알게 되실 거에요." 자, 이런 초청을 어찌 마다할손가? 세 시 반, 우리는 고속도로를 벗어나 천천히 산꼭대기 쪽으로 커브를 틀었다. 얼마 뒤, 우리는 코차밤바 계곡을 내려다 볼 수 있었다. 얼마나 장엄한 광경인가! 검은 구름이 도시 위에 드리워져 있었다. 태양은 구름 사이로 그 골짜기에 찬란한 빛을 내던졌다. 점점 높이 올라가자니, 더욱더 구름 사이로 들어가는 게 아닌가! 마침내 짙은 안개 속이었다. 꼭대기에 세워진 거대한 십자가를 지나자마자, 구름이 흩어지며 그 산 다른 쪽에 위치한 작은 마을이 희미하게 보였다. 매리 진은 끝없어 보이는 유(U)자 모양의 길을 따라 지프를 조심스럽게 내몰았다. 그곳에는 많은 십자가들이 세워져 있었다. 이 위험한 길에서 목숨을 잃은 사람들이 얼마나 많은지를 상기시켜 주었다.

    모로차따로 내려오는 데 한 시간 가량 걸렸다. "라마 떼를 보여 드리지 못해서 유감이에요. 그렇지만 내일 돌아가는 길에는 많이 볼 수 있을 거에요."라고 매리 진이 말하였다. 그녀의 말대로 되기를 빌었다.

코차밤바의 성 라파엘 교회에 있는 두부께와 이오와 지역의 영성지도자들을 통하여 이 모로차따에 대한 이야기를 자주 들었었다. 그곳은 그들의 친구 레이먼드 허먼이 6년 전에 살해된 곳이었다. 여러 곳에서 나는 젊고 잘 생긴 영성지도자 레이 허먼의 초상화를 보았다. 왜 살해되었을까? 아무도 그 질문에 만족스럽게 대답하지 못한다. 그러나 사람들은 이구동성으로 가난한 농부들(campesinos)을 위한 4년 동안의 목회 활동이 주원인이었다고 시인한다.

약 30년 전, 모로차따는 작지만 발전하는 읍이었다. 부유한 지주들이 그곳에 집과 농장을 많이 가지고 있었다. 큰 교회와 쾌적한 중앙 광장이 방문객들에게 그 옛날의 영광을 생각나게 한다. 그 당시 이 작은 읍에서는 많은 것들이 진행 중이었다. 부유한 주민들은 방문객들을 위하여 작은 호텔을 짓기로 결정하였다. 그러나 1952년 빅토르 파스 에스텐소로가 실권을 잡고 극단적인 토지개혁을 실시하자 모든 것이 바뀌어 버렸다. 그 토지개혁은 노예나 다름없는 농부들을 땅 주인이 되게 하고, 예로부터 내려오는 '대토지 소유'(latifundios) 제도를 없애자는 것이었다.

부유한 지주들은 모로차따가 자신들이 바라는 평안함을 더 이상 줄 수 없다는 것을 곧 깨달았다. 그들은 그 읍을 가난한 농부들에게 내맡겨 둔 채 하나둘씩 떠났다. 그리고 농부들도 토지개혁이 자신들에게 약속한 번영을 가져다주지 않는다는 것을 알았다. 그들이 지금 소유하고 있는 약간의 땅은 곧 자신들의 자녀에게 분배된다. 교육도 받지 않았고 경험도 부족한 농부들과, 기계와 비료에 많은 대부를 해주었던 정부의 실패가 겹쳐서 상당한 경제적 자립의 토대를 막았다.

토지개혁이 시작되자, 건축 중이던 호텔은 끝내 완성되지 못하였다. 뼈대만 세워진 채 내버려진 건물들이 한때 이곳이 돈과 영향력 있는 사람들을 끌어당기던 중심지였음을 생각나게 하였다. 1971년 레이먼드 허먼이 모로차따로 왔다. 레이는 코차밤바에서 여러 해 섬긴 이오와 지역의 영성지도자였다. 그는 매우 열심히 일하였고, 교인들에게 헌신적이었다. 교인들의 육체적·정신적 웰빙을 걱정하였다. 그리고 될 수 있는 한 정치에는 관심을 두지 않았다. 이 나라 역사를 특징짓는 음모와는 멀리 떨어져 있었다. 그는 교인들, 가난한 사람들, 그리고 완곡하게 중산층이라고 불릴 수 있는 사람들에게 많은 사랑을 받았다.

그는 반쯤 짓다 만 호텔을 보고 곧 그것이 병원이 되어야 한다고 생각하였다. 여러 해 동안 그 계획을 실현하려 기금을 모았다. 지원을 받기 위하여 애도 썼다. 마침내 1975년 10월, 그 건물이 완성되어 첫번째 환자를 받아들이려 문을 열 참이었다.

병원 봉헌예식 다음날인 1975년 10월 20일 아침이었다. 레이의 교회 사무장이요 재정위원이요 선교회장인 돈 빠스꾸알 빌라로엘은 예배를 위하여 레이를 기다리고 있었다. 지프차가 없는 것을 보고 그는 아마도 레이가 볼 일이 있어 나갔다가 곧 돌아올 것이라고 생

각하였다. 그러나 레이의 자명종 시계가 숙소 밖 마당에 떨어져 있는 것을 보고 갑자기 흥분하기 시작하였다. 그는 레이의 침실로 달려가 문을 노크하고 들어갔다. 처음에는 그가 깊은 잠에 빠진 줄 알았다. 이불 밖으로 나온 레이의 머리카락만 볼 수 있었기에. 그가 조심스럽게 이불을 들췄을 때 차마 말로 표현할 수 없는 끔찍한 광경이 벌어져 있었다. 레이의 목이 졸린 채, 탄환 두 발이 머리를 관통하여 잔인하게 살해당해 있었다.

네 시간 뒤, 돈 빠스꾸알은 코차밤바의 라파엘 교회 영성지도자인 레온에게 이 끔찍한 소식을 전하였다. 돈 빠스꾸알은 한참이나 걸려서야 그가 목격한 일을 말할 수 있었다.

레이의 몸을 검시해 본 결과, 살해자는 한 사람이 아니라는 것이 밝혀졌다. 살인 음모를 꾸민 일당들이 새벽 두 시 경, 그의 침실로 들어가서 그를 고문하고 죽였음에 틀림없다. 그들은 '보통' 강도처럼 보이려고 지프와 그 밖의 많은 물건들도 가지고 갔다. 그러나 이것은 치밀하게 계획된 암살이었음이 분명하다. 강도질은 허위 조작이었을 뿐.

나는 레이의 침실을 보면서 그 이야기를 들으면서, 다시 한 번 질문을 던질 수밖에 없었다: "왜?" 그 질문에 대한 대답을 사람들은 대체로 다음과 같이 말하였다: "우리도 잘 모르겠어요. 어떤 사람은 트럭 운전수들의 짓이라고 말하지요. 레이가 농부들의 생산물을 도시로 운반하는 데 좀더 비용이 덜 드는 방법이 없을까 궁리했기 때문이지요. 또 어떤 사람들은 가난한 이들의 생활을 개선시키기 위한 레이의 노력—병원이 그 대표적인 예—을 삐딱하게 생각하던 권력층이 그를 없애 버리라고 지시했을 거라고 합니다."

그 뒤에 무슨 일이 벌어졌느냐고 물었더니, 한 사람이 이렇게 말하였다: "진짜 아무 일도요. 두 명이 체포되어 투옥되었지만, 곧 풀려났어요. 미국 정부와 볼리비아 정부 모두 그 사건 전모를 감추어 왔어요. 6년이 지난 오늘도 그 진실한 내막은 아무도 모릅니다."

나는 교회 주변과 작은 광장을 걸어 다녔다. 벤치에 앉아 있던 젊은이들이 다정하게 인사를 보내 왔다. 수도원에서 내다보이는 모로차따, 그리고 그곳을 둘러싼 경치는 참 아름다웠다. 모든 것이 아주 평화롭고 조용해 보였다. 그러나 악의 세력은 이 도시에도 침입했던 것이다. 사람들은 그것을 알고 있었다. 다음 금요일은 레이의 생일이다. 그를 기념하는 예배를 드리려고 사방에서 사람들이 몰려올 것이다. 그는 많은 사람들의 사랑을 받았다. 그러나 여기서는 그렇게 사람들에게서 사랑받는 이들은 오래 살기가 힘들다. 그들은 아직 실현되지 않은 세상이 있음을 떠올리게 해주는 사람들이다.

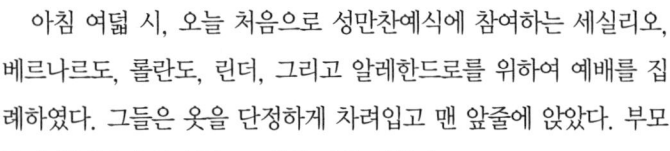

12월 27일, 주일

아침 여덟 시, 오늘 처음으로 성만찬예식에 참여하는 세실리오, 베르나르도, 롤란도, 린더, 그리고 알레한드로를 위하여 예배를 집례하였다. 그들은 옷을 단정하게 차려입고 맨 앞줄에 앉았다. 부모들과 친구들과 신자들도 교회를 가득 매웠다.

소년들은 대부분 12세에서 13세였다. 그래서 부모와 함께 예루살렘으로 가서 학자들과 한 자리에 앉아 그들의 말을 듣기도 하고 묻기도 하면서 머물렀다는 소년 시절의 예수님 이야기가 딱 어울리는 것 같았다. 이 이야기와 함께 이런저런 질문도 던져보았다. 딱 그들 정도의 소년이었던 예수님이 지금 빵과 포도주의 거룩한 성만찬예식 속에 영원한 안내자요 후원자로 오신다는 위대한 신비도 들려주었다. 모두가 눈을 반짝거리며 내 이야기를 듣고 즐거워하면서 감사하였다. 소년들이 전통에 따라 뜨거운 초콜릿을 얻으려고 수녀원에 왔을 때, 그들은 모두 어린 왕자 같았다. 비록 그들의 현재 처지는 베들레헴의 가난한 목동에 더 가깝지만, 오늘은 하나같이 왕자 같아 보였다.

결혼예식은 열 시에 베풀어졌다. 돈 빠스꾸알은 제단 주위를 빙 둘러싼 원 안에 일곱 쌍의 신랑신부와 들러리들(padrinos, 가장 탁월한 남녀들)을 배치시켰다. 실제로 우리 가운데는 스페인어를 할 수 있는 사람이 아무도 없었다. 그래서 돈 빠스꾸알이 결혼예식을 이끌었다. 나는 가능한 한 그 예식을 따라가려고 애를 썼다. 그러면서 돈 빠스꾸알이 요청한 것만 하였다.

의례적인 질문과 서약을 한 뒤, 몇 가지 특별한 예식이 베풀어졌다. 첫번째는 축복과 반지 교환이었다. 그것은 내가 예상했던 것보다 훨씬 더 복잡하였다. 반지가 맞는 손가락을 찾는 데도 한참이 걸렸다(다른 신랑신부들도 이 반지를 사용했을 것이다). 그리고 나는 접시에서 동전을 한 움큼 집어서 신랑에게 주었다. 이것은 가족들을 부양해야 할 가장의 책임을 일깨워 주기 위한 의식이다. 신랑은 이 동전들을 다시 신부의 손에 떨어뜨린다. 그것은 자신의 온 재산을 그녀와 함께 소유하겠다는 것을 보여 주기 위한 것이다. 그러면 신부는 동전들을 다시 접시에 놓는다. 그것은 그들이 함께 사는 데 돈이 가장 중요한 것은 아니라는 것을 드러낸다.

이 의식이 끝난 다음에, 들러리들은 머리에 가는 줄을 둘렀다. 돈 빠스꾸알이 붉은 벨벳 천으로 그것을 덮었다. 나는 그들에게 불켜진 초를 건네주었다.

이 의식은 일곱 번 되풀이되었다. 이 모든 의식 동안에 일곱 쌍의 신랑신부들은 매우 심각해 보였다. 그들 가운데 아무도 웃음을 띠지 않았다. 큰 기대 속에 진지하게 기다려 왔던 이 시간. 결코 미소나 웃음을 보일 때가 아니었다. 그 가운데 한 쌍은 40대였다. 그들은 결혼 예식을 올리고 결혼잔치에 친구들을 초대할 만한 돈이 없었다. 그래서 그 돈을 마련할 때까지 한참이나 기다려야 했다.

인디언 문화권에서는 얼마간 함께 살아서 여성이 아기를 낳을 수 있다는 것을 확인하지 않고는 아무도 교회에서 결혼예식을 올리지 않는다. 교회의 결혼예식은 새로운 인생을 함께 시작하는 것이라기보다는 그들의 친족 공동체로부터 확인을 받는 것이다. 교회가 개입할 때는 이미 신랑신부사이에 어떤 형태로든 애정의 표현이 없다는 뜻이었다. 그들은 서로 이야기를 나누지도 않았다. 의식에서 요구되는 것 이외에는 서로 만지지도 않았다. 한 번도 입맞춤도 하지 않았다. 빠스꾸알은 서약을 교환하는 동안, 서로 쳐다보라고 되풀이해서 이야기해야 했다. 그것조차도 그들에게는 어려운 것 같아 보였다. 나중에 이에 대하여 앤에게 물었더니 이렇게 대답하였다: "그들은 집안에서도 서로에게 애정을 표시하는 일이 드뭅니다. 대신 그들은 자신들의 사랑을 자녀들에게 표시합니다. 자녀들과 함께 놀고 껴안고 입맞춰 주고 어루만져 줍니다."

결혼예식이 끝난 뒤, 나는 스페인어로 성만찬예식을 베풀었다. 결혼한 짝들과 들러리들에게 그리스도의 몸과 피를 나누어 주었다. 그들은 성만찬예식에 대하여 잘 모르면서도, 다같이 진지하게 참석해 주었다. 그들의 거무스레한 얼굴에서 이 거룩한 시간에 하나님이 함께 하신다는 믿음을 읽을 수 있었다.

열두 시가 되어 모든 것이 끝났으려니 하고 생각할 즈음, 앤이 말하였다: "좀 놀라게 해드릴까요? 세례를 받을 아기들이 아직도 열세 명이나 있어요. 만일 이 말씀을 드리면 오시지 않을 것 같아서……."

세례를 베푸는 동안, 내내 시끄럽고 소란스러웠다. 아기가 큰 소리로 울 때마다 앤은 그 아기를 엄마에게 넘겨주도록 말했다. 그러면 엄마는 아기에게 곧바로 젖을 물렸다. 그러면 그 사이, 나는 아기들에게 기름을 발라 주고 이마에 성호를 그었다. 그리고 그들이 차례로 나아오면 머리에 물을 부었다. 아기들은 대개 큰 소리로 울면서 몸부림쳤다. 그렇게 열세 명의 아기에게 세례를 다 주었다. 우리는 꽤 시끄러운 아기 군중들에게 둘러싸였다. 그러나 부모들은 모두 미소를 지으며 감사하다고 인사하였다.

사람들이 교회를 떠났을 때 앤이 말하였다: "한 가지 더 해주실 일이 있어요. 하나밖에 없는 열일곱 살 먹은 아들을 지난달에 잃은 부인이 있어요. 그 아들의 이름은 왈터였어요. 함께 무덤에 가서 기도해 주시고 죽은 아들에게 축복해 주시기를 그녀가 원하고 있어요." 나는 마을 광장 벤치에 앉아 있는 그 여인을 보았다. 내가 그녀의 어깨에 손을 얹자, 그녀는 심하게 울기 시작하였다. 그것은 슬픈 이야기였다. 지난달 왈터는 사람과 물건을 가득 실은 트럭을 타고 코차밤바로 갔다. 늘 하던 대로 소년들은 트럭 발판에 서 있었다. 그러나 어떤 지점에 이르러 왈터는 균형을 잃고 트럭에서 떨어졌다. 트럭 운전수가 그것을 보지 못한 나머지, 그만 트럭 뒷바퀴에 깔리고 말았다. 그리고 그는 코차밤바에 있는 병원으로 가는 도중에 죽었다.

앤과 나는 왈터의 어머니를 차에 태우고 병원 뒤에 있는 작은 묘지를 찾아갔다. 우리는 왈터의 시신을 묻어 놓은 무덤 앞에서 기도를 드렸다. 그 어머니는 눈물을 흘리면서 "그 애는 하나밖에 없는 아들이었어요. 참 착한 아이였죠."라고 말하였다. 내 눈에도 눈물이 고였다. 앤은 왈터가 그 교회에서 얼마나 슬퍼했는지 말해 주었다.

나는 많은 고통을 겪은 그 부인의 점잖고 깊이 주름진 얼굴에서 눈을 뗄 수가 없었다. 그녀에게는 여덟 명의 자녀가 있었는데, 일곱이 딸이고 왈터만이 유일한 아들이었다. 무덤 앞에서 나는 내 무력함을 절감하면서 왈터가 다시 살아나도록 불러내고 싶은 강한 충동을 느꼈다. '왜 나는 왈터를 다시 그 어머니에게 돌려줄 수 없을까' 하고 내 자신에게 물었다. 나는 그녀와 함께 울어 줄 수밖에 다른 도리가 없었다.

오후 네 시, 우리는 많은 동굴로 둘러싸인 길을 달렸다. 그리고 다섯 시 경, 다시 산꼭대기로 돌아왔다. 오는 길에는 아름다운 라마 떼들이 풀을 뜯고 있었다. 차를 세우고 라마들 가까이 다가갔다. 라마들은 긴 목을 더욱 길게 늘이고 우리를 호기심어린 눈으로 바라보았다. 라마들은 우리가 그곳 주민이 아니라는 것을 알기라도 하는지 뚫어지게 쳐다보았다.

코차밤바 계곡으로 내려올 때 폭우가 군데군데 길을 휩쓸고 지나간 자국을 보았다. 그러나 매리 진 수녀는 조심스럽게 차를 몰아 여섯 시에 코차밤바로 돌아왔다.

무척 피곤했지만, 행복한 하루였다. 매리 진의 말이 옳았다. 나는 전설에 나오는 것 같은 경치를 보았다. 모로차따의 사람들도 좋아하게 되었다. 무엇보다도 선교사의 삶이 정말로 어떤 것인지를 알게 되었다.

12월 28일, 월요일

성탄절 기간 동안 끼로가 집이 화려하게 장식되었다. 로돌포와 낸시는 가족들과 친구들에게 축제의 만찬을 대접하였다. 그러나 요즈음 그들의 마음은 편안하지가 않다.

12월 24일 아침 로돌포와 로돌피토가 성탄절 마지막 대목인 이날 장사가 잘 되길 빌면서 가게에 나갔을 때, 한 남자가 법원의 명령서를 가지고 기다리고 있었다. 처음에 로돌포는 그가 크리스마스 선물을 사려는 손님인 줄 알았다. 그러나 곧 지난해 그를 감옥으로 보냈던 이웃 사람이 똑같은 일을 하려 한다는 것을 알았다. 그 사람의 증오심은 분명 악마같아 보였다. 가능하면 로돌포에게 많은 손해를 끼치기 위하여 일부러 크리스마스 전날을 택하였다. 법원의 출두 명령서는 여러 가지 기소 내용을 담고 있었다. 변호사와 재판관은 이 축제 기간 동안 일을 하지 않았다. 그래서 당국이 이 사건을 알게 될 때까지는 로돌포를 감옥에 가둬 둘 수 있었다. 절호의 기회였던 것이다.

그의 가게 앞에 서 있던 사람은 로돌포가 낸시에게 전화하거나 다른 누구에게 알리는 것도 허락하지 않았다. 그리고 다른 사람들과 함께 로돌포를 데리고 경찰서로 갔다. 가게 열쇠를 손에 쥔 채 울고 있는 어린 로돌피또를 길에 내버려둔 채! 가게 점원이 왔을 때 로돌피또는 무슨 일이 일어났는지 이야기하였다. 그리고 함께 경찰서로 갔다. 그 동안에 다른 영향력 있는 친구들이 그 사실을 알게 되었다. 그들도 모두 로돌포를 석방시키기 위하여 경찰서로 몰려갔다. 오후에야 비로소 사건이 '해명' 되었다. 로돌포도 가게로 돌아올 수 있었다. "이번이 우리를 파멸시키려고 시도한 세 번째 크리스마스예요." 라고 낸시가 말하였다. 감옥에서 성탄절을 보내는 것은 면하였다. 그렇지만, 그 사건은 그에게서 내면의 평정을 빼앗아 가버렸다. 그리스도의 탄생을 진심으로 기뻐하며 축하할 수 없게 만들어 버렸다. 모든 것이 가정의 평화를 깨기 위한 적의 모함이라는 것을 법원에 증명하기 위하여 그는 많은 시간을 변호사, 증인, 그리고 친구들을 만나는 데 허비해야 하였다.

오늘 그 긴장이 마침내 풀리게 되었다. 로돌포와 낸시는 얼굴 가득히 웃음을 띠고 집으로 왔다. 변호사가 재판에서 이 사건은 단지 개인적인 원한에서 나온 모함이었다는 것을 증명했다고 한다.

"어떻게 그 사람이 당신을 체포하라는 법원의 명령서를 얻을 수 있었지요?"라고 내가 물었다. 로돌포는 이렇게 대답하였다: "그는 아주 부자이지요. 이곳에서는 돈이면 뭐든지 해결됩니다. 심지어 재판관이나 증인도 살 수 있거든요."

12월 30일, 수요일

저녁에 게리 맥크레인과 함께 알베르게 산 빈센트를 방문하였다. 그곳은 부랑아, 구두닦이, 세차맨, 또는 도둑질을 하는 코차밤바의 어린 소년들을 위하여 마련된 숙소였다. 대부분의 사역을 볼리비아에서 해온 빈첸시오회의 안네 마리 브란손은 여러 해 동안 이 거리의 개구쟁이들이 쉴 수 있는 집을 꿈꾸어 왔다. 그녀는 그것이 빈첸시오회의 창시자인 빈첸시오 아 바오로가 가장 관심을 가졌을 사업이라고 확신하였다. 그녀는 코차밤바 거리에 있는 많은 소년과 이야기를 나누었다. 그러면서 그들의 실상도 알게 되었다.

올해 4월, 드디어 몇 개의 낡은 건물과 얼마쯤 되는 돈을 쓸 수 있게 되었다. 그래서 그녀는 그 새로운 일을 시작하였다. 그녀는 소년들에게 알베르게 산 빈센트로 오도록 초청하였다. 몇 주만에 그녀는 서른 명의 고정 인원을 수용하게 되었다. 그 소년들은 저녁에 따끈한 식사를 하고 개별적으로 몇 가지 이야기를 듣는다. 그리고 잠을 잔 뒤, 다음날 아침식사를 먹고 다시 거리로 나간다. 이 소년들의 이야기는 비극적이다. 어떤 여덟 살 된 소년은 어머니가 재혼하면서 거리로 쫓겨났다. 그는 트럭에 올라타 코차밤바로 흘러들어 왔다. 안네가 그를 데려가 그곳에 있게 할 때까지 3년을 거리에서 방황하고 다녔다고 한다. 또 열 살 된 어떤 소년은 이렇게 말하였다: "엄마를 따라 시장에 갔는데 엄마는 화장실에 가서 돌아오지 않았어요."

소년들은 하나같이 말하기 고통스러운 이야기들을 가슴에 담고 있었다. 안네는 이렇게 말하였다: "코차밤바 거리에 이런 소년들이 적어도 2백 명은 있을 거예요. 그러나 난 서른 명밖에 수용할 능력이 없어요. 종종 소년들은 저녁에 거리의 친구들을 데려오기도 해요. 그러면 그들이 이곳에서 밤을 지낼 수 있도록 매트리스를 깔아 주죠. 내 꿈은 더 큰 집을 지어서 이 가난한 아이들을 더 많이 돕는 것이에요."

안네 마리가 일하는 건물은 단순하고 초라하다. 침대로 가득 찬 큰 방 하나와 식사를 하는 작은 방, 그리고 부엌이 전부다. 안네는 요리를 하고—대부분 빵과 스프—소년들이 평화롭게 지내도록 도우려 애쓴다. 사실 그건 쉬운 일이 아니다. 이 소년들은 오직 생존하는 데만 급급했던지라, 친절과 용서와 평화 같은 사치스러운 것들을 받아들일 여유가 없었다. 안네는 말하였다: "세상이 모두 그들 적인데 무엇을 기대할 수 있습니까? 지금은 적어도 서로 싸우지 않고 식사를 하게 되었어요. 그래서 난 그들에게 밤 동안만이라도 평안과 고요를 누리게 하고 싶어요."

게리와 내가 들어서자 두 소년이 우리 구두를 무료로 닦아 주었다. 그들이 돈을 받기를 완강하게 사양했을 때 나는 감동하였다. 안네는 그들에게, 어떤 사람은 그들의 친구이며 따라서 돈을 받지 않고 돕는 것이 좋은 일이라고 가르쳤음에 틀림없다. 안네는 이야기를 계속하였다: "난 그들 가운데 몇 명을 다시 학교에 보내기 위하여 돈을 벌려고 애쓰고 있어요. 그러나 그들에게는 어려운 일이죠. 그들은 어떤 훈련에도 익숙해 있지 않아요. 인내를 요구하는 일을 참아 내지도 못해요. 더욱이 다른 이들을 믿는다는 것은 사실 불가능하죠. 그들은 신뢰를 가져 본 적이 없어요. 그들이 기억할 수 있는 한, 세상은 그들에게 적이었어요. 나는 좀더 전문적인 도움, 이 소년들이 자신과 남을 신뢰할 수 있도록 도울 수 있는 사람을 필요로 해요."

한 소년이 발에서 피를 흘리며 들어왔다. 안네는 그 아이에게 따뜻한 물로 씻어 소독하고 붕대 감는 법을 가르쳐 주었다.

우리가 방을 지날 때 일곱 살 소년이 블루진과 화려한 셔츠를 입은 채 침대 위에 서 있었다. 크리스마스 선물로 받은 옷을 잠자리에 들기 전에 입어보고 있었던 것이다. 다음날 그는 몇몇 부유한 사람들이 개최하는 만찬에서 심부름을 하기로 되어 있었다. 그는 그 때를 아주 간절히 고대하고 있었다.

"그럴 기회를 주는 것은 단지 일시적인 해결책일 뿐이에요. 실제적인 문제에는 접근도 못하고 있어요. 그러나 적어도 몇 명의 소년들을 도울 수는 있을 거예요."라고 안네가 말하였다.

나는 리마의 거리 소년들에 대하여 많이 들어 왔다. 내 마음속엔 그들이 자주 왔다갔다 하였다. 나는 기뻤다. 이 아이들의 지칠 줄 모르는 요구에 답하고, 모두가 적은 아니라는 것을 그들에게 몸소 보여준 사람을 한 명이라도 만날 수 있어서…….

4.
1월 – 파블로와 소피아의 집에서

1월 1일, 금요일

 오늘은 온종일 짐을 꾸리고, 작별인사를 나누고, 잠깐씩 들러 사람들에게 고마웠다는 말을 전하고, 빌렸던 책이나 우산이나 비옷이나 다른 많은 것들을 돌려주느라 정신 없었다.

 11시 30분, 우리는 몇몇 친하거나 새로 온 학생들과 예배를 드렸다. 게리 맥크레인은 친한 친구인 안토니오와 함께 참석하였다. 루차와 알비나, 그리고 연구소의 요리사 두 명도 함께 하였다. 그래서 그 자리에는 볼리비아 여성 다섯 명과 남성 한 명, 그리고 몇 명의 미국사람과 두 명의 아일랜드사람, 그리고 필리핀사람과 네덜란드사람이 저마다 한 명씩 있었다. 스페인어가 몇 명에게는 모국어였고, 몇 명에게는 제2외국어였다. 또 어떤 이들에게는 아주 생소한 말이었다. 그래서 우리는 영어와 스페인어로 성경을 읽고, 설교와 기도는 자신이 가장 잘할 수 있는 말로 하였다.

그런 대로 좋았다. 볼리비아의 마지막 날은 그렇게 지났다. 저녁에는 게리와 함께 그의 방에서 조용히 지냈다. 그의 우정과 극진한 대접이 고마웠다. 잠자리에 들기 전에 연구소에 있는 친구들과 끼로가 가족과 갈멜회 사람들, 특히 나를 이곳으로 오게 하신 하나님께 진심어린 감사를 드렸다.

1월 2일, 토요일 | 페루, 리마

페터 게리와 프란이 공항까지 배웅해 주었다. 페터는 파라과이에서 곧 일을 시작할 참이다. 한편 폴란드에서 오는 소식은 여전히 괴로웠다. 게리는 그 연구소를 선교사 양성을 위한 본부로 삼기 위하여 끊임없이 열심히 일할 것이다. 프란은 시각장애우들에 대한 목회를 모색하며 칼라칼라에서 적극적인 활동을 펼칠 것이다. 그들은 나의 진정한 친구들이다.

지금 나는 10월에 1주일간 머물렀던 집으로 돌아왔다. 내가 이곳에 도착하여 만난 첫번째 사람은 성경학자 레이먼드 브라운이었다. 그는 세계교회협의회 신앙과 직제위원회 회의에 참석하기 위하여 이곳에 와 있다. 다음주에 그는 리마의 메리놀 공동체 선교사들에게 일련의 담화를 발표할 것이다.

1월 3일, 주일

오후에 미라플로레스 시에서 존과 캐시 골드스타인 부부와 함께 차를 마셨다. 존은 루터교 목사고, 캐시는 간호사다. 둘 다 쿠스코에서 루터교 선교사로 일하기 위하여 준비하고 있다. 그들과 대화를 나누다 보니, 내가 얼마나 엉망인지를 깨닫게 되었다. 나는 새로운 사람들이 정착하는 것을 돕기 위하여 잘 준비된 선교사 공동체에서 살고 있다. 그러나 존과 캐시는 새로운 문화, 새로운 나라, 새로운 일에 그들 스스로의 힘으로 적응해야 하였다. 그들은 코차밤바에서 스페인어와 께추아 인디언의 말을 공부하였다. 지금은 쿠스코에서 그들의 길을 찾기 위하여 애쓰고 있다. 지난 두 달 동안, 그들은 페루에 정착하기 위한 모든 서류들을 제출한 뒤, 영국제 농업용 자동차 랜드로버를 수선하고, 2월에 출산 예정인 캐시를 위하여 훌륭한 의사를 찾고, 쿠스코에 아파트를 구하느라 바빴다. 이 두 달은 그들에게 매우 피곤하였다. 하지만 지금은 쿠스코로 이사갈 준비가 다 된 상태다. 캐시는 비행기로, 존과 친구들은 랜드로버로 갈 예정이다. 다음 주일에 그들은 쿠스코에서 자신들의 선교 사역을 시작하려고 한다. 거기서 무엇을 할 예정이냐고 물었더니, 존은 이렇게 대답하였다: "아직은 모르겠습니다. 그곳은 전혀 새로운 곳입니다. 우리는 먼저 다른 사람들이 하고 있는 일을 보고 무엇이 적합한지를 모색해야 합니다. 캐시는 간호사로 취직할 예정이고, 저는 기다리면서 루터교 선교를 위하여 무엇이 가장 좋은 길인지 찾아볼 참입니다."

나는 그들 부부가 얼마나 외로워하는지 문득 깨달았다. 학교를 막 졸업하고, 낯선 나라에, 새로운 사명을 위하여 파송된 두 젊은이! 존이 말하였다: "아무것도 해놓은 일 없이 오랫동안 기다리는 일은 사람을 매우 좌절에 빠지게 하지요." 캐시도 그 말에 동의하였다: "특히 우리는 몇 주 안에 첫 아이를 출산할 예정이기 때문에 우리 집을 마련해야 해요. 지금 우리는 작은 호스텔에서 살고 있고 저녁마다 다른 곳에서 식사해요."

우리가 작별인사를 하자, 그들은 "쿠스코로 아기 보러 꼭 오셔야 해요!"라고 말하였다. 그들의 분투에 대하여 들었기 때문에, 특별히 그들과 그 새로운 기쁨을 축하하고 싶었다. 나는 "쿠스코에서 곧 만나게 될 겁니다."라고 말하였다. 그 약속을 꼭 지키리라.

1월 4일, 월요일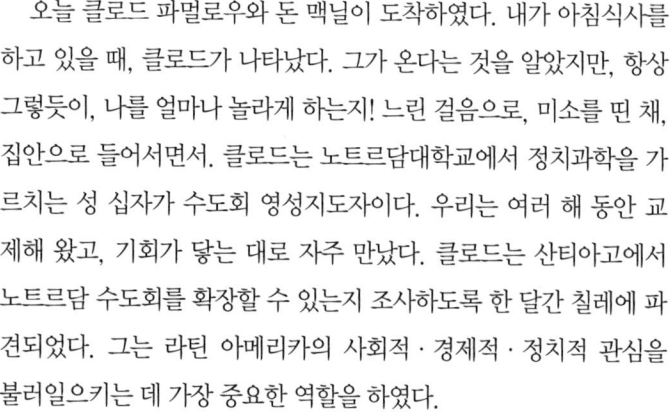

오늘 클로드 파멀로우와 돈 맥닐이 도착하였다. 내가 아침식사를 하고 있을 때, 클로드가 나타났다. 그가 온다는 것을 알았지만, 항상 그렇듯이, 나를 얼마나 놀라게 하는지! 느린 걸음으로, 미소를 띤 채, 집안으로 들어서면서. 클로드는 노트르담대학교에서 정치과학을 가르치는 성 십자가 수도회 영성지도자이다. 우리는 여러 해 동안 교제해 왔고, 기회가 닿는 대로 자주 만났다. 클로드는 산티아고에서 노트르담 수도회를 확장할 수 있는지 조사하도록 한 달간 칠레에 파견되었다. 그는 라틴 아메리카의 사회적 · 경제적 · 정치적 관심을 불러일으키는 데 가장 중요한 역할을 하였다.

노트르담에서 경험학파를 주도하고 있는 돈이 한밤중에 도착하였다. 그는 칠레에서 성 십자가 수도회와 2년 동안 선교 활동을 한 남녀 평신도를 방문하는 데 2주일을 보냈다. 그는 전략가요 기획가다. 그의 구체적인 충고와 제안이 없었다면, 아마도 난 결코 이곳에 오지 않았을 것이다. 처음으로 나에게 페루로 가라고 제안한 사람도 그였다. 나를 메리놀 공동체에 소개시켜 준 사람도 바로 그였다.

클로드와 돈은 친한 친구다. 둘이 함께 페루로 나를 보러 가자는 생각을 했다고 한다, 우리 셋은 확실히 이야기할 것이 많다. 그러나 나에게 더욱더 중요한 사실은, 나의 새로운 생활을 돕기 위하여 찾아온 다정한 친구 두 명이 생겼다는 것이다.

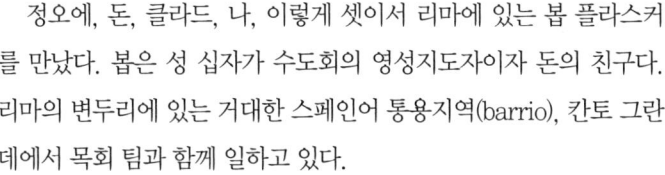

1월 5일, 화요일

정오에, 돈, 클라드, 나, 이렇게 셋이서 리마에 있는 봅 플라스커를 만났다. 봅은 성 십자가 수도회의 영성지도자이자 돈의 친구다. 리마의 변두리에 있는 거대한 스페인어 통용지역(barrio), 칸토 그란데에서 목회 팀과 함께 일하고 있다.

나를 가장 사로잡았던 것은 칸토 그란데로 가면서 만난 목회자들이 너무 대조적이라는 것이었다. 봅은 내가 지금까지 가본 곳 가운데 가장 우아한 레스토랑 중 하나인 레 실론 미씨오나레에서 점심식사를 대접하였다. 그곳은 프랑스 여성공동체인 마리아니스트 수녀회가 운영하는 곳이었다. 그들은 이런 레스토랑을 이탈리아, 아프리카 서부공화국인 부르키나파소, 필리핀, 아르헨티나, 그리고 뉴칼레도니아에서도 운영하고 있었다.

우리가 들어가자 키가 크고 인상적인 흑인 수녀가 반갑게 맞아 주었다. 수녀는 우리를 테이블로 안내하면서 자신들이 하는 일에 대하여 조금 설명해 주었다: "우리는 사람들에게 훌륭한 음식만 주는 게 아니라 그리스도인로서 진정으로 환대하려고 합니다."

주변을 둘러보니 많은 영성지도자들과 리마의 신자들이 이 평화로운 환대를 즐기러 이곳에 와 있었다. 그들은 모두 유쾌하였다. 멋진 정원이 있는 오래된 맨션은 우아한 식당으로 개조되어 있었다. 우리가 식사하는 동안에는 바로크 음악이 넓은 홀을 가득 채웠다. 마치 리마의 분주한 도시 생활을 떠나 전원으로 옮겨간 것 같은 느낌이었다. 그것은 우리가 기대하지 않았던 형태의 목회였다. 나는 칸토 그란데로 가는 길에서 겪은 이 사치스러운 순간에 감사하였다.

칸토 그란데에서 봅은 또 다른 형태의 목회를 보여 주었다. 우리가 '사막-도시' 중심부까지 가는 데는 택시로 20분 걸렸다. '사막-도시'란 말은 리마 교외에 새로 개발된 이 거대한 도시를 묘사하는 데 가장 어울리는 말같다. 봅의 설명에 따르면, 지난 10년 동안 약 10만 명이 이곳으로 이주해 왔다고 한다: "그들 대부분은 시골에서 왔고, 얼마 동안 도시에 있는 친구들이나 친척들 집에 살다가 이곳에 정착한 사람들이지요. 여러분은 특이한 일면을 볼 수 있을 겁니다. 제일 먼저 그들은 대나무를 엮어서 오두막집을 짓습니다. 그리고 몇 년 동안 돈을 좀 모아서 벽돌을 사서 쌓으며 서서히 오두막을 작은 집으로 개조시킵니다. 제대로 된 집을 완성하기까지는 여러 해가 걸리지요. 때때로 불이 나서 이 모든 것을 잿더미로 만들기도 합니다. 특히 물이 없을 때 불이 나면 엄청난 피해를 입게 되지요."

사막에 대하여 곰곰이 생각해 보았다. 이곳에서 볼 수 있는 것이라곤 누런 모래가 전부였다. 트럭과 자동차들과 돌풍이 더운 모래먼지를 일으켰다. 그 집들에는 현대인의 필수품인 전기와 수도시설이 없었다. 대부분의 집앞에는 돌 물통이 있었다. 씻거나 먹을 물을 담으려고. 날마다 대형 급수차가 물을 팔기 위하여 칸토 그란데로 온다. 많은 가정에서 기름램프나 초를 사용하긴 하지만, 대부분은 해가 지면 곧바로 잠자리에 든다.

봅과 그의 동료 영성지도자는 칸토 그란데의 중심부에 있는 작은 목조 집에서 살고 있다. 그 집은 매우 단순하지만 몇 그루의 나무와 수수한 양탄자 덕분에 아담해 보였다.

목회에 대한 봅의 견해는 단지 '그 사람들과 함께, 그 사람들처럼' 사는 것이었다. 그는 교회 대신에 멀리까지 미치는 넓은 장소에서 예배를 집례하고 목회를 하였다. 주일에는 예배를 집례하고 다른 목회팀들이 함께 모이는 작은 목회센터가 있다. 지역위원회는 인권에 대하여 매우 적극적이며, 그 사람들의 권리와 절박한 요구를 담은 책자를 정기적으로 발행한다. 1980년 10월 20일, 이 위원회는 많은 다른 지역 조직과 함께 칸토의 심각한 문제들, 곧 보건, 연료, 교통, 교육 등에 대한 정부의 주의를 환기시키기 위하여 시 중심부까지 행진을 하였다. 10월 23일, 의회는 그에 응답하여 칸토 그란데 계곡을 비상사태지역(zona de emergencia)으로 선포하였다. 봅과 동료 협력자들은 가난한 이들과 함께 일하고, 예수 그리스도께서도 인간의 기본권을 위하여 싸우는 이들을 지지하고 그들과 함께 하심을 알리는 것을 자신들의 중요한 목회라고 여긴다.

칸토 그란데에 짧은 기간 동안 있었지만, 우리는 어질고 관대한 이들을 많이 만났다. 그들은 미래를 위하여 일하는 희망과 강한 의지를 보여 주었다. 어두운 길을 달빛따라 집으로 돌아오면서 이러한 연대 목회를 볼 수 있게 된 것을 감사드렸다.

1월 6일, 수요일

돈과 클로드와 함께 리마 시를 구경하였다. 우리가 본 교회들 가운데 하나는 예수회의 성베드로교회였다. 이야기하기를 좋아하는 한 예수회 영성지도자가 그 교회의 바쁜 생활에 대하여 말해 주었다. 오전 7시, 8시, 9시, 10시, 그리고 저녁 7시 30분 마지막 예배를 드릴 때까지 시간마다 매일 예배가 있다. 그의 말에 따르면, 많은 사람들이 예배를 드리러 이곳에 온다. 자신의 죄를 고백하고 용서를 받고싶어 하는 이들이 늘 길게 늘어서 있다고 한다. 우리가 그와 이야기를 나누는 동안에도 사람들이 끊임없이 교회를 드나들고 있었다. 한 해 가운데 이 시기의 주요 관심사는 죄의 고백이 아니라, 교회 한쪽에 만들어진 아기 예수의 탄생 장면이었다는 것은 분명하다. 그것은 상당히 색다른 것이었다. 구유에 누운 아기와 부모. 그 주변에는 언덕과 강과 폭포와 다리. 또 강에서 빨래하는 여인들. 많은 양떼와 라마 떼. 불빛이 깜박이는 집들. 중세의 성과 짚으로 된 초라한 집들. 그런데 그게 전부가 아니었다. 가브리엘 천사가 마리아에게 예수님의 어머니가 될 것이라고 알리고 있는 집 앞에는 여순경을 태운 미국 경찰차가 지키고 있었다. 예수회 영성지도자는 이렇게 설명하였다: "우리는 5년 전에 차를 만들어 놓았습니다. 그것은 현대적인 감각을 느끼게 하지요. 예수님은 모든 사람과 모든 시대를 위하여 태어나셨습니다. 이 시대는 우리를 보호하기 위하여 경찰차가 많이 있지 않습니까? 심지어 우리는 교회를 안전하게 하기 위하여 영구적으로 경찰의 보호를 받고 있습니다."

교회 앞의 작은 광장을 둘러보았을 때 흰색 경찰차와 교회 입구를 감시하고 있는 두 명의 경찰을 보았다. 그러나 경찰차와 경찰관은 성탄절 풍경에는 어울리지 않는 것처럼 보였다. 올해는 크리스마스 풍경 위로 제트 비행기가 원을 돌도록 설치되었다. 교묘한 기계장치에 의해 그 비행기는 낮게 내려올 수도 있고 다시 위로 올라갈 수도 있다. 때로는 목동들과 동방박사들에게 아주 가까이 내려오기도 한다. 그 영성지도자는 이렇게 말하였다: "어떤 사람들은 비행기를 설치한 것은 좀 지나친 일이라고 하기도 하지만 많은 사람들이 좋아합니다. 우리 시대의 일면이니까요."

나에게는 그 모든 것이 칸토 그란데의 세상과 멀리 떨어진 약간 이상한 것으로 보였다. 그러나 어쨌든 그것은 페루사람들의 생활 밑바닥에 있는 인디언 세계와 식민 세계, 그리고 기술 세계의 혼합을 있는 그대로 보여 주었다. 경건과 가난, 현대화의 열망, 사실주의, 유머와 신비, 이 모든 것은 구세주의 탄생을 끊임없이 축하하는 페루

사람들의 세상 한 부분이다.

1월 7일, 목요일

아침에 클로드가 칠레로 떠났다. 저녁에는 돈이 미국으로 돌아갔다. 그 동안 함께 있으면서 우정을 쌓고 우리의 삶이 나아가고 있는 새로운 방향에 대하여 깊이 성찰해 본 것은 뜻깊은 순간들이었다. 노트르담에서 우리가 처음 만났을 때는 이곳 페루에서 16년 뒤에 다시 만나게 될 것이라고는 전혀 생각하지 못했는데 정말 신기하다. 이번 만남은 우리 모두 안에서 일어난 사고와 감정의 급격한 변화를 증명해 준다. 그것은 우리의 내적이고 외적인 변화 한가운데서도 우리의 우정이 자랐다는 것을 확인시켜 준 계기였다. 그것은 또 미래에 대한 희망도 갖게 해주었다.

1월 8일, 금요일

412년 전, 1570년 1월 9일, 세르반 데 세레수엘라가 종교재판을 열기 위하여 리마에 왔었다. 리마에 머무르는 동안, 나는 종교재판의 실제와 처음으로 맞닥뜨리게 되었다. 리마에 있는 종교재판소는 25년이 넘게 운영되었다. 돈과 클로드와 함께 찾아간 종교재판소 박물관에는 역사적인 유물들이 진열되어 있었다. 거기에는 종교재판소의 화형 장면을 그린 대형 그림, 죄목과 처벌 목록과 죄수들이 간

혔던 토굴 감옥이 있었다. 사람 크기의 마네킹으로 방문객들에게 그 당시 교회의 잔인성을 보여 주는 큰 고문실도 있었다.

그곳은 리마에서 유일하게 무료로 입장할 수 있는 박물관이었다. 그곳은 교권 반대를 강력하게 선언하기 위하여 세워졌다. 그 박물관 관리인은 우리에게 거듭거듭 "이것이 성직자들이 한 짓입니다"라고 말하였다. 고문하는 사람들은 모두 도미니크회 옷을 입고 있었다. 플라스틱으로 만들어진 도미니크회 수사를 보았다. 책상 위에 길게 눕혀진 죄수를 자르고 있었다. 죄수의 몸에 강한 압력으로 물을 부어 서서히 질식해 죽게 만드는 도미니크회 수사도 있었다. 어떤 곳에서는 한 수사가 단두대 밑에 머리가 끼인 한 남자를 채찍질하고 있었다. 이런 잔인한 광경 외에도 '하나님의 종들'이 저지른 교수형과 화형, 그리고 굶어죽이는 모습을 생생하게 보았다.

그 관리인이 자꾸만 이 모든 게 '로스 꾸라스'(los curas, 성직자들) 짓이라고 되풀이하자, 마침내 클로드가 "오늘은 군대가 이 일을 이어받았지요"라고 대꾸하였다. 바로 그때 군복을 입은 한 남자가 박물관에 들어와서 그 말을 들었다. 그런데도 클로드는 이 사실을 알아채지 못하였다. 그 사람은 마치 아무것도 듣지 못한 것처럼 행동하면서 정중하게 인사를 하였다: "안녕하십니까?"

이 '고문의 집'을 방문한 뒤로, 나는 지금껏 그 종교재판소에 관한 책을 읽고 있다. 교회 역사에서 이 수치스러운 사실들에 대한 평가는 천차만별이다. 헨리 찰스 리는 이렇게 썼다: "종교재판 때문에 식민지는 불안 상태가 계속되었다. 정부의 질서 유지는 거의 불가능하였다. 지식과 상업과 산업 발전이 방해를 받았다. 또 이웃 간에 만연된 불신은 늘 서로를 경계하도록 만들었다. 국민들은 늘 머리 위에서 짓누르고 있는 죄의식 속에 살았다. 그것이 페루에서 신앙을 위협하는 것이었다는 사실은 정말 불합리한 일이다. 그 재판이 평신도들 사이에 행해지던 중혼(bigamy)과 성직자들의 성적 타락(soliciation)을 억제하는 데는 어느 정도 기여를 했는지 모른다. 그러나 그 두 가지 범죄가 최근까지 종교재판의 소송 목록에 이리도 많이 남아 있다는 사실은 그것이 별로 효과를 거두지 못했음을 반증한다. 악마와 결탁하는 것으로 간주된 그 풍조들을 억제하는 데 종교재판은 결과적으로 아무것도 한 것이 없다. 인간의 실정(失政) 가운데 스페인 헌법 아래 종교재판소가 그렇게 큰 대가를 치르고도 이토록 효과를 거두지 못한 경우는 찾아보기도 어려울 것이다"(프레데릭 파이크 엮음, 〈라틴 아메리카에서 교회와 정부 간의 갈등에 대하여〉[Frederick B. Pike, ed., *On the Conflict between Church and State in Latin America*, New York: Knopf, 1964], 52쪽).

이 평가는 살바도르 데 마다리아가의 평가와는 대조적이다. 살바도르는 다음과 같이 평가하였다: "종교재판의 거룩한 직무는 많은 지성인들의 위신을 지켜 주었다. 특히 리마 같은 수도나 멕시코에서 그것은 일반 대중에게 인기가 있었다. 모든 이들이 그 행렬과 처형을 마치 잔치처럼 기다렸다. 무엇보다도 먼저, 화형은 인간 드라마의 화려한 야외극이었다. 죄를 지으면 부유한 이든 가난한 이든 그 잘못과 죄의 무게 때문에 똑같이 천하게 되고 모든 이들의 눈앞에 드러나게 되었다. 그러므로 그것은 인간 드라마였던 것이다. 그리고 수사들의 자주색 비단옷, 검정색과 흰색과 푸른색 수도복, 총독과 고관들의 진홍색 벨벳과 푸른색 능직 옷이 잘 어우러진 광경은 하나의 화려한 야외극이었다. 종교재판은 인디언의 그 이상하고 신기한 생활 가운데 일부분이었다. 그것은 망각하기 쉬운 정조 관념을 지키는 데 성공한 역사상 드문 시기였다"(Pike, 63-64쪽).

리와 마다리아가는 종교재판에 대하여 극단적인 견해차를 보인다. 개인적으로 나는 종교재판소 박물관을, 우리 인간이 하나님의 이름으로 행동하고 있다는 터무니없는 가정 아래 얼마나 자주 서로를 고문하려고 하는지를 상기시켜 주는 상징물이라고 생각해 본다.

오늘 라틴 아메리카 여러 곳에서 행해지는 고문, 그리고 지난 몇 년 동안 절단당하고 죽임당한 수천 명의 사람들과 비교해 볼 때, 종교재판소의 희생자는 극소수인 것처럼 보인다. 그러나 위험인물이나 죄인, 이단자, 또는 배교자로 간주된 사람을 고문하고 서서히 죽게 만드는 방법을 만들어 내는 데 교회가 기여했다는 사실에 놀라움을 금치 않을 수 없다. 왜 회개해야 하는지, 왜 겸허히 고백해야 하는지 그 이유를 알게 되었다. 우리가 지금 강력한 목소리로 저주하지만, 그 일이 고작 2백년 전 교회의 일상생활과 밀접히 연관되어 있었음을 잠시도 잊어서는 안 될 것 같다.

1월 9일, 토요일

 때때로 편지는 생각했던 것보다 훨씬 큰 선물이 되기도 한다. 미국을 떠나 온 뒤, 나는 절친한 친구들이 보내오는 편지들을 간절히 기다리곤 하였다. 그 편지에는 우정과 사랑, 관심과 기도의 결속에 대하여 이야기가 가득하였다. 편지를 읽다보면 나도 모르게 살맛이 나곤 하였다. 나는 '우리가 당신을 생각하며 당신을 위하여 기도하고 당신을 사랑한다는 것을 알아주기 바란다'는 편지 한 장에 감동한다. 지난 몇 달 동안 그런 편지의 힘보다 더 강력한 것을 경험한 적이 없다. 그런 편지는 내 영성적이고 정서적인 삶, 심지어는 육체적인 삶에까지도 직접 영향을 준다. 그리고 내 기도와 내면세계의 느낌, 내 호흡과 심장박동에까지도 영향을 끼친다.

> **"말씀이 사람이 되셔서 우리와 함께 계셨다"**(요한복음 1장 14절).

 사도 요한의 이 말씀은 이곳에서 지난 몇 달 동안 나에게 아주 새로운 각도로 울려 왔다. 친구로부터 온 사람의 말은 과연 사람이 되고 시간과 공간의 먼 거리를 이어주는 다리가 되었다. 그러한 말은 고통을 낮게 할 수 있다. 상처를 감싸 줄 수도 있다. 새로운 생명을 줄 수도 있다. 심지어 비틀거리는 신앙을 회복시킬 수 있다. 사랑의 일치 속에서 내가 인간에 대한 사랑 때문에 몸소 인간이 되신 하나님을 어디서든지 알아볼 수 있다.

1월 11일, 월요일

어제 짐과 매리 앤 뢰머가 도착하였다. 짐은 노트르담대학교의 학생과장이다. 그와 매리 앤은 돈 맥닐의 친한 친구다. 산티아고에서 사우드밴드로 가는 길에 하루 일정으로 들렀단다. 오늘 짐과 매리 앤과 나는 리마 시의 교회 세 곳을 방문하였다. 교회에 다양하게 표현된, 고난 받으시는 그리스도의 그림은 위압적인 인상을 주었다. 머리엔 가시관을 쓰시고 얼굴엔 피를 흘리며 의자에 앉아 계시는, 자줏빛 벨벳 천으로 덮인 예수님의 동상을 여러 개 보았다. 채찍질을 당해서 온몸이 붉은 줄로 뒤덮인 채 마루에 누워 계시는 예수님의 성화도 보았다. 또 고문으로 미친 사람의 눈을 한 실물 크기의 예수님의 성화가 있는 제단도 보았다. 그 성화는 너무도 끔찍해서 오랫동안 바라볼 수가 없었다. 그러나 무엇보다도 잊혀지지 않는 것은 여섯 개의 벽감으로 둘러싸인 거대한 제단이었다. 거기에는 늘 벌거벗긴 채 피로 뒤덮여 고통스러워하시는 예수님 모습이 그려져 있었다. 기둥에 묶이신 모습, 땅바닥에 누워 계시는 모습, 돌 위에 앉아 계시는 모습 등……. 모든 벽감들은 황금으로 장식되어 있었다. 벽 전체가 고통 받는 인간의 가장 비참한 모습을 그린 황금 성화 같았다.

그곳에는 나이와 배경이 다른 많은 남녀가 있었다. 어떤 이들은 무릎을 꿇고, 어떤 이들은 선 채로, 또 어떤 이들은 손깍지를 끼고, 또 어떤 이들은 간청하는 듯이 팔을 편 채 이 섬뜩한 그리스도의 모습을 응시하고 있었다. 스페인 정복자들이 인디언들에게 소개했던 그리스도가 이분이다. 이분이 지난 5세기 동안 페루 사람들이 기도를 드렸던 그리스도시다. 그들이 자신들의 아픔과 고난을 가지고 나아갔던 그리스도가 바로 이분이시다.

그러나 그 어디에서도 부활의 표징을 볼 수는 없었다. 그리스도께서 죄와 죽음을 이기시고 무덤에서 부활하시어 승리하셨다는 진리를 생각나게 하는 곳은 그 어디에도 없었다. 온통 성 금요일뿐이었다. 부활절은 없었다.

영성지도자에게 이런 것들을 죄다 물어 보았다. 그랬더니 그는 이렇게 답하였다: "그렇습니다. 성 금요일에는 교회가 꽉 차고 수천 명의 사람들이 죄를 고백하러 옵니다. 그러나 여기서 부활절은 조용하고 평범한 주일같아 보입니다. 이들은 참회를 참 좋아하는 사람들입니다."

우리가 세 번째 교회에 갔을 때, 매리 앤은 더 이상 볼 수가 없었다. 황금과 고난 받으시는 예수님! 그 모습이 자꾸만 비교가 되어 그런 그림을 더 이상 볼 수가 없었다나! 짐과 내가 제단 사이를 돌아다니는 동안, 그녀는 교회 밖에서 기다렸다.

고난 받으시는 그리스도의 몸에 대한 지나친 강조는 복음을 해방의 이야기가 아닌 위협적이고 무섭고 심지어는 그들을 굴복케 하는 섬뜩한 이야기로 전도시키는 것 같다. 나는 이 가운데서 얼마나 많은 것이 내 안의 주님 이미지가 되었을까 의심스럽다. 내 영혼 깊은 곳에서는 나도 부활하신 예수님보다 볼품없이 초라하신 예수님에 대하여 더 많이 알고 있을지 모른다.

1월 12일, 화요일

오전 네 시에 짐과 매리 앤이 마이애미로 가는 첫 비행기를 타기 위하여 떠났다. 페터 비르네와 나는 작별인사를 하기 위하여 자명종을 일찍 울리게 해놓았다. 우리는 그들의 방문이 고마웠다. 그들을 친구로 사귀게 되어 기뻤다.

오늘은 레이 브라운의 날이었다. 그는 사도 바울 시대, 그리스도교 공동체의 다양성에 대하여 두 번의 강의를 해주었다. 둘 다 훌륭하였다. 아침에는 바울의 후기 작품들(목회서신, 에베소서, 골로새서, 그리고 누가의 기록들)을 조심스럽게 해석하였다. 오후에는 베드로전서, 마태복음, 그리고 요한의 기록들을 조심스럽게 해석하였다. 분명하고 확신에 찬 어조로, 그는 1세기 말 공동체 생활의 여러 가지 양식들을 내보였다. 우리의 현대 목회에도 여러 가지 암시를 보여 주었다.

내가 페루의 리마로 온 것은, 꼭 레이 브라운의 강의를 듣기 위한 것 같았다. 실제 그는 미국에서 내 이웃이었다. 레이는 내가 체계적이고 훌륭한 지배 조직을 가진 교회에 대하여 내 시각을 결정하는데, 내가 목회서신을 얼마나 많이 받아들이고 있는지 깨닫게 하였다. 실제로 나는 지나온 세월 동안 교회를 이해할 때 그 밖의 다른 성서 문학에서 내보이는 교회 생활—좀더 신비적이고, 좀더 영성적이고, 좀더 인류의 평등을 추구하는—에 대해서는 결코 생각해 보지 않았다.

내가 바라고 기도하는 것이 있다. 그것은 목회를 준비하고 있는 이들이, 레이가 오늘 내보인 다양한 교회 스타일을 좀더 깊이 그리고 개인적으로 구체화시켜 보았으면 하는 점이다. 그리고 교회 안에서 훨씬 더 다양한 생활에 대한 희망을 품을 수 있었으면 한다.

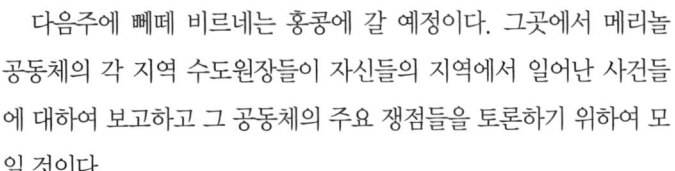

1월 13일, 수요일

다음주에 삐떼 비르네는 홍콩에 갈 예정이다. 그곳에서 메리놀 공동체의 각 지역 수도원장들이 자신들의 지역에서 일어난 사건들에 대하여 보고하고 그 공동체의 주요 쟁점들을 토론하기 위하여 모일 것이다.

여행을 준비하면서 삐떼는 리마의 메리놀 공동체 회원들을 소집하였다. 이 중요한 모임에서 나는 현재 페루에서 행해지는 다양한 선교 활동에 대하여 대략이나마 알게 되었다.

가장 흥미로웠던 것은, 국제개발청(Agency for International Development: AID)이 공동으로 주최한 계획에 참가하는 선교사들에 대한 토론이었다. 국제개발청은 여러 나라의 개발 계획에 재정을 지원하는 미국의 정부기관이다. 그러나 그 계획이 미 국무성의 목적과 같은 노선에 있을 때만 원조를 해준다. 메리놀 공동체의 선교 목표가 미국의 대외정책 목표와 연결되거나 그에 따라 영향받는 걸 원치 않는다는 게 그 토론에서 분명해졌다. 그리하여 메리놀 선교회는 국제개발청으로부터 재정 지원을 받는 어떠한 계획에도 참여하지 않을 것을 밝히는 강력한 성명서를 홍콩 회의에 보냈다.

이 중요한 성명은 미국 교회 일부에서 미국 정부의 정책과 연합하기를 꺼리는 경향이 점점 커지고 있음을 보여 준다. 훌륭한 신자가 되는 것과 애국자가 되는 것이 밀접한 관계를 맺었던 적도 있다. 그러나 오늘에는 그리스도인이 되는 것이 애국자가 되는 것을 뜻하지는 않는다. 교회에는 미국의 '대의'와 행동을 같이하려는 열성이 식어 가고 있다. 메리놀 공동체의 성명서에서뿐만 아니다. 중부 아메리카에서 드러나는 미국의 대외 정책과 핵무기 경쟁에 대하여 최근 미국 성직자들이 내놓은 성명서에서도 이것이 분명하다.

1월 14일, 목요일

드디어 오늘밤 팜플로나 알타로 이사하였다. 이곳에 적응하고 다른 메리놀 공동체 회원들과 사귀고 이 지역에 대하여 알고 내 일을 처리하느라 시간을 다 보냈다. 센터의 편안한 미국식 분위기에서 페루의 실제 생활로 옮기는 것은 좋은 일이다.

뻬뻬 루게레는 자신의 푸른색 폭스바겐으로 내가 앞으로 살게 될 오스꼬 모레노 씨 댁으로 데려다 주었다. 뻬뻬 루게레는 모레노 씨의 이웃이었다. 모레노 씨에게 도움을 청해 그 집 지붕 꼭대기에 쾌적한 방을 꾸몄다. '지붕'이란 말은 이곳의 많은 집처럼 이 집도 단지 반만 완성되었기 때문에 듣기 좋게 표현된 말이다. 돈과 필요와 시간에 따라서 건축은 계속된다. 그러므로 내 작은 방은 오히려 2층에 지은 첫번째 방으로 보일지도 모른다. 2층에는 아무것도 완성된 것이 없기 때문에, 사실 나는 이웃집들이 내다보이는 큰 테라스를 가진 셈이다. 내 방은 사방이 벽돌—이웃에 사는 옥따비오가 ("내게 유일하게 있던") 분홍색으로 칠해 주었다—로 되어 있었다. 지붕은 양철판으로 되어 있었다. 출입문과 창이 하나씩 있었지만, 이음새 부분에 틈이 많아서인지 바람과 먼지가 자유롭게 내 방을 드나든다. 사실 이곳은 비가 오지 않고 약간 쌀쌀한 날씨이다. 그 때문에 내 작은 공간은 꽤 아늑하고 쾌적한 것 같다.

나는 장터에 작은 기도처(poustinia)를 세우는 것에 대하여 종종 생각해 왔다. 이 새로운 곳이 바로 그것 같다. 그것은 거대한 바다물결같은 집들과 사람들 사이에 있는 수도자의 독방 같다.

아래층에 사는 소피아와 파블로와 그들의 세 자녀, 파블리토, 마리아, 호니로부터 따뜻한 환대를 받았다. 모두 친절하게 대해 주었다. 아이들은 이내 내 팔과 다리에 매달렸다.

옆집에는 뻬떼 루게레, 톰 번즈, 그리고 래리 리치가 살고 있다. 나는 거기서 내 마음대로 화장실을 사용하고 식사하고 음악도 듣고 텔레비전도 볼 수 있다. 그들은 옥따비오와 그의 아내, 그리고 열 한 명의 자녀들이 사는 집에 있다. 내게는 그 공간이 아주 작아 보였다. 어떻게 그들이 모두 거기서 생활하고 잠을 자는지 궁금하였다. 그러나 어젯밤 열 시에 보니 아무도 자지 않는 것 같았다. 아이들이 모두 개들을 데리고 들락거리고 돌아다녔다. 모두가 마음을 열고 미소를 머금고 친절하다. 그리고 분명 모두가 가난하다.

1월 15일, 금요일

오늘은 새로운 가족들을 좀더 알게 되었다. 호니, 마리아, 파블리또와 놀면서 사진도 찍어 주고 가게들을 둘러보고 밤에는 예배에 데리고 갔다. 또 파블로와 그의 아내인 소피아와 이야기도 좀 나누었다. 파블로는 씨우다드 데 디오스의 큰 시장에서 푸줏간을 한다. 소피아는 가족들을 돌본다. 그 집은 회색 시멘트벽으로 되어 있다. 방은 세 개 있다. 하나는 부엌, 다른 하나는 아이들 침실, 세 번째 방은 거실, 식당, 텔레비전 보는 방 겸 파블로와 소피아의 침실.

파블로와 이야기하면서 이 집에서 가장 소중한 물품 두 가지는 텔레비전과 냉장고라는 것을 알았다. 내가 세 아이를 데리고 예배에서 돌아왔을 때, 파블로는 길모퉁이에 서서 이웃 사람과 이야기를 나누고 있었다. 나를 보자 그는 이렇게 이야기하였다: "우리는 이 거리의 강도들에 대하여 이야기하는 중입니다. 밤에 강도들은 차를 벽에 대놓고 지붕으로 올라와서 집안으로 들어오지요. 그들은 텔레비전과 냉장고를 노립니다. 우리가 가진 단 몇 가지마저도 빼앗아 가려고 해요! 이곳은 점점 위험한 곳이 되어 가고 있어요."

파블로의 음성에서 분명히 두려움을 느낄 수 있었다. 잠시 후, 소피아가 그 대화에 끼어들어 나에게 물었다: "믿으실 수 있겠어요? 저 라떼로들이 가난한 이들 것을 훔친다구요." 잠시 동안, 나는 라떼로(rateros)가 '쥐'(rats)를 뜻한다고 생각하였다. 그러나 쥐는 '우나 라타'(una rata)다. 보통 라떼로는 소매치기를 뜻하지만, 여기서는 좀도둑을 그렇게 부른다.

오스꼬 모레노 씨 가정은 가난하지만, 비참할 정도로 가난하지는 않다. 아이들은 건강하며 쾌활하다. 파블로는 직업을 가지고 있다. 가족들을 충분히 부양할 수 있는 것처럼 보인다. 텔레비전과 냉장고는 그들이 이웃보다 형편이 조금 낫다는 것을 보여 준다. 일상생활은 매우 단조롭다. 그들은 남들과 교제를 별로 하지 않는 것 같아 보인다. 호니는 열세 살 먹은 형 파브리토에게서 결코 떨어지지 않는다. 걸을 때도 늘 손을 잡고 다닌다. 열 살 된 마리아는 엄마와 많은 시간을 보낸다. 단조롭지만 행복한 가정. 그러나 대부분의 가난한 사람들처럼 두려움과 걱정거리를 안고 있다. 나는 그들이 독실한 신자라고는 생각하지 않는다. 그러나 그 집 벽에는 예수님 성화나 요셉과 마리아 그림들이 많이 걸려 있다. 이들과 함께 살게 되니 기쁘다. 책에서는 절대 배울 수 없는 삶을 그들이 가르쳐 준다.

1월 16일, 토요일

팜플로나 알타에 있는 내 집은 씨우다드 데 디오스 교회에서 걸어서 15분 걸린다. 사람들이 보통 "나 시내 갔다 올께요."라고 말할 때, 그것은 리마 중심부를 뜻하는 게 아니다. 씨우다드 데 디오스를 말한다. 1954년 가난한 이들이 처음으로 밀려들어 왔던 곳, 그리고 추기경 쿠싱이 메리놀 공동체 회원을 직원 삼아 큰 교회를 세운 곳이다.

오늘밤은 걸어서 교회에 갔다. 그곳에 도착하여 보니, 교회 안이나 교회 사무실에 사람들이 많았다. 세례나 결혼과 관련하여 온 사람들이었다. 교회는 세례를 기다리는 아이들과 부모들로 가득 찼다. 나는 세례예식을 베푸는 것을 도와 주었다. 처음에는 아기들만 세례를 받는 줄로 생각하였다. 그러나 거기에는 십대들도 부모와 함께 와 있었다. 사람들이 이 소녀소년들을 아기처럼 들어올리자, 까를로스—메리놀 공동체의 찰스 머레이—가 이들은 혼자 설 수 있으니 세례받을 때 머리만 간단히 기울여 달라고 말하였다. 또 세례를 주기 전에, 찰스는 그들이 아기가 아니고 혼자서도 충분히 대답할 수 있음을 깨우쳐 주려고 교리에 대해서 몇 가지 질문을 던지기도 하였다.

찰스가 약 20명의 아기들과 어린이들에게 세례를 주었을 때, 뻬떼 루게레가 다가가 말하였다: "여기서 일곱 시에 결혼예식이 있는데 벌써 열 시가 지났어요." 10분 뒤, 찰스는 세례예식을 끝냈다. 그러자 교회는 결혼할 한 쌍의 가족과 친구들로 다시 북새통을 이루었다. 한 시간 뒤에는 또 다른 한 쌍이 결혼을 하였다. 그 동안 사무실에서는 직원들이 서류를 작성하고 문의에 답해 주고 세례와 결혼에 조언해 주느라 정신없이 바빴다.

나에게 이 모든 것은 열광의 도가니, 아니 혼돈으로까지 보였다. 그러나 씨우다드 데 디오스의 영성지도자인 찰스와 뻬떼와 톰에게는 단순한 토요일 밤에 지나지 않았다.

정신없이 바쁜 교회를 보면서 뻬떼는 이렇게 말하였다: "이 지역에는 십이만 명이 살고 있는데, 그 가운데서 우리가 다가갈 수 있는 사람들은 5% 정도밖에 안 됩니다." 현재 이 지역 안에는 적어도 열 개의 교회가 더 들어설 수 있다. 지난 삼십 년간에 걸쳐서 많은 사람들이 이곳으로 밀려들어와서, 이제 이곳은 리마에서 가장 번화한 곳 가운데가 하나가 되었다. 그리고 교회 사무실에서 기다리고 있는 긴 줄은 '하나님의 도시'에서 목회를 도울 인원과 시설이 절대적으로 부족함을 증명한다.

1월 17일, 주일

아침 아홉 시에 씨우다드 데 디오스 교회에서 예배를 집례하였다. 나는 끊임없이 내 자신에게 물어 보았다: '이 사람들에게 진정 무엇을 이야기해야 할까?' 나는 내가 그들에게 말해 줄 것보다 그들이 내게 말할 것이 더 많다는 것을 느꼈다. '이 상황에서 내가 무슨 가치 있는 것을 말해 줄 수 있다고? 나는 가난해 본 적도 없고, 이 사람들처럼 생존을 위하여 싸워 본 적도 없고, 심지어 그들의 말조차 모르지 않은가!' 하지만 나는 알고 있었다. 내가 여기 있는 이유는 설교를 하기 위해서라는 것을. 설교를 하지 말아야 할 그 어떤 확실한 이유도 없었다. 주저할 시간도 없었다. 확신하건대, 그것이야말로 내가 보내심을 받았다는 신비의 일부다. 나는 내 말을 통하여 하나님께서 사람들의 마음을 노크하시기를 기도드렸다.

복음은 예수님을 좇은 세례 요한의 제자 안드레와 다른 제자에 관한 이야기였다. 예수님께서 "무엇을 찾고 있느냐?"고 물으시자,

그들은 "랍비여, 사시는 데가 어디십니까?"라고 말하였다. 예수님께서 "와 보라"고 하시자, 그들은 예수님과 함께 머물렀다. 후에, 안드레는 그들이 보고 들은 것을 형 시몬과 나누었고, 그 결과 시몬도 예수님께 나아왔다. 이 이야기에서 깊이 생각해야 할 세 개의 중요한 동사가 있다. '찾다,' '머무르다,' '함께 나누다'이다. 우리가 하나님을 찾고 그분과 함께 머무르고 우리가 본 것을 다른 이들과 함께 나눌 때, 예수님께서 우리를 부르시는 독특한 방식을 깨닫게 된다. 부르심은 영성지도자만의 특권이 아니다. 예수님께서는 모든 인간을 독특한 방식으로 부르신다. 우리는 하나님을 찾고 기꺼이 그분과 시간을 보내고 다른 이들도 우리의 영성적 발견을 알게 해야 한다. 스페인어로 이 세 가지 동사—buscar, quedar, compartir—는 내가 말하고 싶어했던 것을 분명하게 해주었다.

사람들이 저마다 하나님 안에서 중요한 존재다. 다른 많은 사람들처럼 저마다 부르심을 받았다. 나는 이 사실을 깨우쳐 주고 싶다. 나의 서투른 스페인어를 통하여 적어도 내가 그들을 진지하게 받아들이며 하나님께서도 분명 그렇게 하신다는 것을 그들이 깨닫기 바란다. 그러나 솔직히 고백하자면, 사람들은 내 설교보다는 해방의 노래를 부른 청년 성가대에 더 많이 주목하였다. 열성적인 대학생 하비에르가 이끈 그 강력한 노래들은 분명 사람들의 마음을 외국인의 설교보다 더 잘 표현하고 있었다.

1월 18일, 월요일

나는 날마다 거대한 교구 안에서 행해지는 다양한 형태의 목회에 대하여 좀더 많이 보고 듣는다. 오늘은 '교구 매점'과 '도서관'을 보았다.

톰 번즈는 월요일 아침 아홉 시에서 열두 시까지 자신의 작은 매점에 있다. 그것은 이 교구에 속한 작은 시장 안에 있다. 이 시장은 야채, 과일, 옷을 파는 약 이백 여 상점으로 이루어져 있다. 근처 사람들도 물건을 사러 온다. 이곳은 장사가 잘 되지 않는다. 그래서인지 물건 가격은 씨우다드 데 디오스에 있는 큰 시장보다 비싸다. 이 작은 상점들 가운데 톰은 자신의 교구 매점(kiosko parroquial)을 운영하고 있다. 그는 미소를 지으며 자신의 신앙을 고백하였다: "여기서 우리는 야채가 아니라 진리를 팝니다"(Aqui no se venden verduras, sino verdades). 우리가 그 매점(kiosko)에 도착했을 때 사람들이 활짝 웃으며 인사를 보냈다. 톰이 하는 첫번째 일은 자물쇠를 열어서 나무로 된 덧문을 여는 것이다. 그것은 작은 신문 가판대처럼 보인다. 다른 점이 있다면 그곳에 들어가서 영성지도자와 이야기를 나눌 수 있다는 것이다.

시장의 확성기에서 영성지도자 토마스가 도착하여 방문자를 기다리고 있다고 알려 왔다. 한가로운 아침이었다. 어떤 사람이 자기 자녀의 세례와 성만찬 참여에 대하여 이야기하러 왔다. 어떤 사람은 딸이 고등학교에 들어가도록 도와 달라고 간청하였다. 또 어떤 사람은 결혼에 대하여 이야기하였다.

톰이 교구 사람들을 받는 동안, 나는 시장에서 만난 매리 케이 수녀와 함께 그 지역을 돌아다녔다. 그녀는 전에는 작고 오래 된 의무실이 있던 도서관을 보여주며 말하였다: "우리는 이 건물을 좋은 목적으로 이용하고 싶었어요. 그래서 공부할 책이 없는 아이들이 이곳을 이용하도록 하고 싶었지만 자신은 없었어요. 우리가 목회의 금광을 발견했다는 것을 깨닫지 못했지요. 우리는 종종 어떻게 청소년들에게 다가갈까 걱정했지만 별로 성공적인 결과를 얻지 못했었죠. 그러나 이 작은 도서관을 열자 공부를 하고픈 소년소녀들이 수백 명씩 몰려들었어요." 그것은 작은 일이지만 매우 효과적이었다. 날마다 방과 후에 아이들이 와서 선생님이 권한 책을 대출해서 본다. 어떤 책이든 집으로 가지고 갈 수는 없다. 모든 공부는 도서관 안에서 한다. 아이들은 직원에게 필요한 책이 무엇인지 이야기하기도 한다. 도서관은 서서히 어린이들의 요구에 따라 모양을 갖추어 왔다. 이 도서관에는 역사, 지리, 수학, 종교 부분의 서적이 비교적 잘 갖추어져 있다. 또 연재만화 형식으로 된 고전 이야기들도 꽤 있었다. 상당히 인기가 있었다. 전체 장서는 열두 개 서가에 꽂혀 있는 정도. 그러나 이 작은 도서관을 이용하고 있는 이들은 천 명이 넘었다.

나는 매리 케이 수녀에게 물었다: "학생들은 어떤 식으로 공부하지요?" 그랬더니 이렇게 대답하였다: "교실에서 필기한 것을 보고 공부한답니다. 아이들도 학교도 너무 가난해서 책이 없어요." 나는 또 이렇게 물었다: "이 도서관이 있기 전에도 어린이들이 책을 읽을 수 있는 곳이 있었습니까?" 그녀가 대답하였다: "예, 있었어요. 그러나 책 한 권을 보기 위하여 리마까지 가서 몇 시간 동안 줄 서서 기다려야 했습니다. 책 볼 시간과 기회와 여건이 통 제대로 되어 있지 않았어요."

우리가 이야기하고 있는 동안, 한 무리의 소년소녀들이 열람실에서 수학공부를 하고 있었다. 매리 케이가 말하였다: "많은 학생들이 수학과목을 어렵게 느끼고 있어요. 그래서 여름방학 동안 우리는 학생들을 도와 줄 수학교사를 고용합니다. 인기 짱이지요."

나한테 가장 인상적인 것은 배우고자 하는 그들의 열성이었다. 교육은 가난을 몰아내고 생활을 개선시키는 '유일한' 길이라고 그들은 알고 있었다. 학생들이 얼마나 진지하게 수업을 받고 있는지 그 얼굴에 고스란히 나타났다. 교사들에게 질서 유지는 문제도 안 되는 것 같았다. "우리는 이 욕구를 알지 못했어요. 우리는 여기서 여러 해 동안 일해 오다 이 일을 시작했는데, 다행히 성공적이었어요. 이 도서관을 처음 열었을 때, 이곳을 이용할 사람이나 있을까 의심했어요. 그런데 지금은 천 명도 넘는 정기 이용자들이 있구요. 우리는 과거 어느 때보다도 많은 젊은이들을 만나고 있어요. 우리는 이 일을 통하여 엄청난 자극을 받았어요."

매리 케이가 덧붙였다. 다시 시장으로 돌아가면서 우리는 일곱 시간의 강의와 리마에 있는 고고학 박물관 여행으로 짜여진 페루 역사 과목의 성인 과정을 알리는 확성기 소리를 들었다. 수업료는 100 솔레스(20센트)였다. "우리가 준비한 과목 중에 하나지요. 상당히 인기가 있어요"라고 그녀가 말하였다.

우리는 톰이 자신의 매점에 홀로 앉아 하나님 나라에 관한 책을 읽고 있는 것을 보았다. 갑자기 톰과 매리 케이가 "하나님 나라는 너희 가운데 있다"는 예수님 말씀을 좀더 잘 이해하도록 해주었다는 생각이 순간 머리를 스쳤다.

1월 19일, 화요일

내일 엘살바도르 문제에 대하여 사회민주당원들이 준비한 이틀간의 회의가 리마에서 열린다. 미국에는 거의 알려져 있지 않지만 사회민주당은 유럽과 제3세계에서는 강력한 정치집단이다. 세계에 있는 70개 이상의 사회민주당 가운데 약 25개가 집권당이다. 헬무트 슈미트가 이끄는 사민당과 프랑소와 미테랑이 이끄는 당도 있다. 사회민주당은 공산주의와 아무런 관계도 없다. 공산주의자들은 사회민주당을 다른 형태의 부르주아 정치자유주의로 볼 뿐이다.

세계의 모든 사회민주당은 사회주의 인터내셔널로 불리는 조직에 가입되어 있다. 그 대표는 빌리 브란테이다. 그의 지도력 아래, 최근에는 제3세계 민주화와 자유화 운동을 지원하기 위하여 많은 노력을 기울였다. 예를 들면, 아나스타시오 소모사의 독재에 대하여 산디니스타의 투쟁을 지원하였다. 사회민주당원들은 유럽과 제3세계 많은 집단에 잘 알려져 크게 지지를 받고 있다. 그렇기 때문에 리마 회의가 중요한 것이다.

이 회의에 파견된 미국 대표단 가운데 몇 명이 오늘 오후에 교구를 방문하였다. 전 미 하원의원인 예수회의 로버트 드라이넌, 라틴 아메리카 주재 미국 정부(WOLA) 국장인 조 엘드릿지, 그리고 남반구 문제 회의(COHA)의 중심 인물인 래리 번즈였다. WOLA와 COHA는 워싱턴에서 활동하는 두 개의 인권 조직인데, 높은 평가를 받고 있다. 유감스럽게도 그들은 우리 교회를 방문할 만큼 시간이 넉넉지 않아서 만날 수가 없었다. 메리놀 공동체 대표로 그 회의에 참석할 톰 번즈가 그들에게 씨우다드 데 디오스를 좀 보여 주었다. 그리고 그들의 질문에 대답도 해주었다.

1월 20일, 수요일

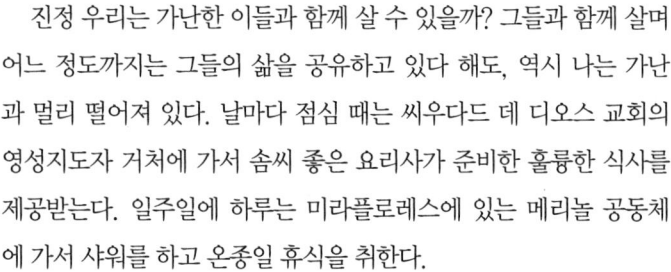

진정 우리는 가난한 이들과 함께 살 수 있을까? 그들과 함께 살며 어느 정도까지는 그들의 삶을 공유하고 있다 해도, 역시 나는 가난과 멀리 떨어져 있다. 날마다 점심 때는 씨우다드 데 디오스 교회의 영성지도자 거처에 가서 솜씨 좋은 요리사가 준비한 훌륭한 식사를 제공받는다. 일주일에 하루는 미라플로레스에 있는 메리놀 공동체에 가서 샤워를 하고 온종일 휴식을 취한다.

따라서 가난한 이들과 생활하는 것이 나를 가난하게 만들지는 않는다. 내 생활이 달라져야 할까? 어떤 이는 그래야 한다고 한다. 그러나 또 어떤 이들은 그럴 필요가 없다고 한다. 어떤 이들은 가난한 사람들을 위한 영성지도자가 되기 위해선 그들과 똑같은 생활을 해야 한다고 한다. 또 어떤 이들은 영성지도자로서 권위가 있어야 한다고 한다.

나는 이곳에 온 지 일주일밖에 되지 않았다. 따라서 어떤 의견을 갖기는 어렵다. 그러나 이것만은 알고 있다. 지금 사정으로는 내가 얼마만에 한 번씩 모든 것을 떠나 휴식을 취하지 않고는 육체적·정신적·영성적으로 살아남을 수 없으리라는 것이다. 전에는 거의 신경을 쓰지 않던 세탁, 요리, 편지쓰기, 청소 등의 일상 생활이 이곳에서는 복잡하고 시간이 걸린다. 바람은 모든 것 위에 두꺼운 먼지 층을 만든다. 물을 마시려면 아래에서 물통으로 길어 와 끓여야 한다. 늘 들락거리는 아이들과 온갖 소음 때문에 고요함이 없다. 나는 이곳에 사는 것을 좋아한다. 그러나 하루에 두 시간, 그리고 일주일에 하루는 이곳에서 해방될 수 있어서 기쁘다. 이곳 생활은 나에게 결코 가난해질 수 없다는 것을 깨우쳐 준다. 뿐만 아니라, 존재하고 사고하고 느끼고 행동하는 내 모든 삶의 스타일이 지금 살고 있는 곳과는 극단적으로 다른 문화권에서 형성되었음을 깨우쳐 준다. 정작 가난하게 되지 않도록 막고 있는 많은 안전장치에 나는 둘러싸여 있다. 만일 내가 몹시 아프면 다시 미국으로 보내져 최상의 치료를 받을 것이다. 그리고 내 생명이나 건강이 정말 위태롭게 되면 나를 보호하려는 이들이 곧 내 주변을 에워쌀 것이다.

이 순간, 현실을 있는 그대로 받아들이는 것이 필요한 것처럼 느껴진다. 나는 내 이웃들만큼 가난하지 않다. 나는 결코 그렇게 될 수 없다. 나를 이곳에 보낸 이들은 내가 그렇게 되도록 내버려 두지 않을 것이다. 나는 내가 살아온 역사를 받아들이고 그 역사를 부정하지 않으면서 내 소명을 수행해야 한다. 반면 그리스도의 방식은 자신을 완전히 비우는 방식이다. 내 자신의 구체적 삶에서 그것이 정말로 무엇을 의미하는지는 아마도 평생 의문으로 남아 있게 될 것이다.

지금 이 글을 미라플로레스의 편안한 내 방에서 쓰고 있다. 샤워를 하고 먼지가 없는 책상에서 편지 답장을 쓰니 기쁘지 그지없다. 책을 읽고 영화를 보고 종교나 정치나 고향에 대하여 친구들과 이야기하고 싶다. 그러나 또 내일 파블리토와 호니와 마리아에게 돌아가, 그들과 함께 팜플로나 알타에서 놀 수 있어 기쁘다.

1월 21일, 목요일

엘살바도르 문제에 관한 사회민주당원들의 회의는 오늘 폐막되었다. 메리놀 공동체 대표로 그 회의에 참석했던 톰 번즈와 노띠시아스 알리아다스(Noticias Aliadas, 라틴 아메리카의 일간신문)의 저널리스트 래리 리치는 미군의 개입과 교섭 없는 선거에 반대하는 강력한 성명에 관하여 낙관적으로 이야기하였다. 무엇보다도 이 회의를 통하여 라틴 아메리카에서 강력한 인권 강령이 만들어지게 되었다는 느낌이 크게 들었다.

1월 22일, 금요일

오후에 팜과 함께 지체아를 둔 몇몇 가정을 심방하였다. 팜은 특수교육에 관한 훈련을 받았다. 그리고 여러 해를 정신적으로 결함이 있는 아이들을 위하여 일해 왔다.

팜은 마리아나가 처음 시작한 그 일을 계속하기 위하여 팜플로나 알타에 왔다. 마리아나는 여러 해 동안 이 일을 한 뒤, 특수교육이 필요한 아이들을 위하여 작은 학교를 하나 세웠다. 어렵고 때로는 귀찮기도 한 이 일을 섬기면서, 다른 한편으로 그녀는 자신의 암과 싸우고 있었다. 결국 그녀는 암을 이기지 못하여 미국으로 돌아갔다. 그리고 1981년 7월에 사망하였다.

마지막 몇 달 동안, 그녀에게 위안을 준 건 누군가 그 일을 계속하리라는 것이었다. 이곳에 도착한 팜은 아주 잘 정리된 카드를 보았다. 특별한 주의를 필요로 하는 가족들의 이름과 주소를 기록되어 있었다.

모랫길을 걸으면서 팜은 이렇게 말하였다: "저는 단지 장애의 정도가 너무 심해서 학교도 오갈 수 없는 아이들을 방문하고 있어요." 우리는 열두 살 된 소녀를 찾아갔다. 그 아이는 말도 할 수 없었다. 거의 걷지도 못하였다. 가장 기본적인 생활조차 어머니와 두 오빠에게 완전히 의존하고 있었다. 또 자녀가 열한 명이나 되는 어느 가정의 일곱 살 된 소년을 방문하였다. 그 아이는 뇌성마비를 앓아 말을 못하였다. 또 정기적으로 발작을 일으키며 나이가 들어감에 따라 증세가 더욱 더 악화되고 있는 세 살 난 사내아이도 방문하였다. 그리고 선(腺)의 기능장애로 너무 뚱뚱해져서 특별히 거대한 의자를 만들어 사용하는 열세 살 된 소녀도 심방하였다. 아주 심한 지체아였다.

이런 이들은 모두 너무나 가난하게 살고 있었다. 습기가 너무 차

눅눅한 오두막들은 마구간보다 더 나빠 보였다. 그 오두막들은 벌거벗은 아이들과 지독한 악취로 가득 차 있었다. 위생시설도 제대로 되어 있지 않았다. 어떤 집에서는 네 살 난 장애우가 옷을 입지 않겠다고 고집부리며 입혀 주는 옷을 연거푸 벗어 던지고 있었다. 그 아이는 벌거벗은 채 닭과 개들 판인 시멘트 바닥에 뒹굴면서 괴성을 지르고 있었다. 팜이 말하였다: "제가 안고 있는 문제 가운데 하나는 이 장애우들을 치료하는 데 가족들의 협조를 얻는 것입니다. 자녀들에게 규칙적인 운동을 시켜서 근육 발달을 돕도록 부모들을 한 사람 한 사람 설득시키기가 너무도 어렵답니다."

나는 그녀의 말이 얼마나 옳은 말인지를 곧 알게 되었다. 다운증후군인 18개월 된 아이를 심방한 적이 있다. 그 아이는 늘 등을 대고 눕혀져 있었다. 그래선지 머리를 들고 팔을 뻗고 다리를 튼튼하게 하는 데 필요한 신경이 발달하지 않고 있었다. 팜 수녀는 이렇게 이야기하였다: "저는 계속 그 어머니와 언니들에게 이 애가 걷도록 가르쳐 주고 머리를 들도록 도와주라고 당부하지만, 그들은 내 말을 듣지 않아요. 여기 올 때마다 이 아이가 등을 대고 침대에 눕혀져 있는 걸 봅니다. 보시다시피 이 아이는 5개월 된 남동생보다 발달이 더 뒤져요. 장애우들에게 진정 무엇이 필요한지를 부모들에게 납득시키기가 너무 어려워요. 부모들은 그런 자녀들을 쉽게 포기하고 돌보지 않으려는 경향이 있어요. 그들을 도와주면 더 나아지리라는 것을 믿지 않으려 해요."

팜과 함께 심방을 다니면서 더 지독하고 더 심각한 가난도 보았다. 가난은 돈이 없거나 먹을 양식이 없거나 그럴싸한 집이 없는 것 그 이상이다. 가난은 위기에 직면하였을 때 인간을 받쳐 줄 생각과 서비스와 시설과 기회를 깡그리 앗아가는 한계 상황을 만들어 낸다. 가난한 사람이 병이 나거나 장애우를 갖거나 사고로 다칠 경우, 어떠한 도움도 받을 수 없는 것처럼 보인다. 가난한 이들이 스스로 후원 공동체를 조직할 수 있도록 돕는 것이 얼마나 중대한지를 문득 깨달았다. 그러나 오직 하루하루 먹고살기 바쁜 이들이 이런 조직망을 갖출 여력은 별로 없어 보인다.

1월 23일, 토요일

오늘도 팜이랑 심방을 계속하였다. 어떤 집에서 두 살 된 여자아이를 보았다. 얼굴과 왼손이 화상으로 몹시 흉하게 일그러져 있었다. 엄마가 집을 비운 사이, 침대 위에 누워 있던 아기에게 불붙은 지붕이 떨어졌다고 한다. 의사들이 아이의 생명은 구했으나, 얼굴과 손을 완전히 치료해 주지 않았다. 활동적이고 지적인 여성인 그 엄마는 좀 더 치료해 달라고 여러 차례 병원을 찾아갔다. 그러나 늘 거절당하기 일쑤였다. 자리가 없다는 말과 함께. 팜은 이렇게 말하였다: "이 애를 보았을 때 수술을 더 늦추면 얼굴과 손을 원상태로 회복시키기가 어려울 것이라고 생각했어요. 그래서 가난하고 병든 아이들을 돕고자 하는 리마의 부유한 여성단체에 가서 이 아이를 도와줄 것을 간청했어요. 그들은 그렇게 하겠다고 약속했고 지금은 그 수술을 할 수 있는 개인병원을 찾고 있는 중이예요. 충분한 재정 지원이 없이는 아무것도 이루어질 수 없을 겁니다."

이것은 흔한 이야기처럼 들렸다. 훌륭한 의료 혜택은 가난한 사람들이 손닿을 수 없는 곳에 있기 마련. 대부분 가난한 이들은 그것을 찾으려고도 하지 않는다. 때로는 훌륭한 병원으로 갈 시간이나 기회나 교통수단도 없다. 또 의사가 처방하는 약을 살 돈도 없다.

부모들은 정상적이지 못한 자녀들에게 관심을 기울일 만한 시간과 능력이 없다. 어떤 가정에서는 완전히 마비된 채 부모 침대에 누워 있는 세 살 된 사내아이를 보았다. 그 애의 남동생과 여동생은 집 주변에서 놀고 있었다. 부모는 모두 외출하고 없었다. 아빠는 가족들을 부양하기 위하여 아침 일곱 시부터 밤 열한 시까지 임시직으로 일한다. 엄마는 남편에게 점심을 갖다 주고 가족들에게 필요한 일을 보기 위하여 날마다 바쁘게 돌아다닌다. 팜이 그녀에게 이 아이의 팔, 다리, 목 근육의 발달을 돕기 위하여 날마다 운동을 시켜야 한다고 말하자, 그녀는 이렇게 얼버무릴 뿐이었다: "난 그렇게 할 수 없어요. 시간이 없거든요."

또 다른 집에서 팜은 우연히 열네 살 된 소년 알프레도를 만났다. 그 소년은 열두 살 때 뇌막염을 앓아서 일년 동안 병원 신세를 졌다. 몸의 일부가 마비되었으나 지능은 정상이었다. 그러나 집으로 온 뒤, 그 애는 온종일 침대에 누워 텔레비전만 보았다. 그래서 이제는 완전히 의존적인 아이가 되어버렸다.

"이 아이에게 이야기를 해주고 책을 읽게 하고 학교공부를 하도록 계속 방문하고 있지요." 팜이 말하였다. 팜과 내가 그 집에 들어갔을 때, 그 아이는 의자에 앉아 책을 읽고 있었다. 그것은 팜과 내가 기대한 이상의 성과였다. 알프레도는 어렵게 나와 이야기를 하였다. 우리는 함께 다윗 왕과 압살롬에 관한 이야기를 읽고 그 이야기 끝에 있는 몇 가지 질문을 토론하였다. 알프레도는 그 이야기의 줄거리를 쉽게 파악하였다. 그러나 앞으로도 끊임없이 뒷받침해 주지 않는다면, 정상적인 일을 할 정도까지 나아지기는 어려울 것 같다. 하루 대부분 부모가 없기 때문에 그의 정신만큼 근육을 발달시키기는 어려울 것 같다.

우리는 가는 곳마다 비슷한 상황에 접하였다. 가난하며 힘에 겨운 짐을 진 이들은 가족에게 필요한 가장 기본적인 도움을 줄 수도 없었다. 몇몇 행복한 이들이 누리는 혜택도 그들에겐 사치였다.

1월 24일, 주일

오늘로 나는 쉰 살이 되었다. 씨우다드 데 디오스에 있는 팜플로나 알타 식구들이 생일을 축하해 주었다. 기뻤다. 인생의 반 토막을 이곳에서 마무리 짓게 되다니……. 앞으로는 좀더 새로운 생활방식과 좀더 새로운 일을 위하여 나아가야지.

뜻밖의 조촐한 축하. 내가 집례한 아홉 시 예배에서 영성지도자 찰스 회중들에게 오늘이 내 생일이라고 알려 주었다. 그래서 나는 예배가 끝난 뒤 사람들한테서 수백 번의 키스와 포옹을 받았다. 정오에 제네시 수도원 원장인 존 에우데우스와 뉴 헤이븐 친구들 케이, 아일린, 버지니아가 축하 전화를 해주었다. 놀랍게도! 저녁식사 뒤, 여섯 시가 되자 나는 그들과 조촐한 잔치(fiesta)를 벌이기 위하여 생일케이크와 초를 집으로 가져 왔다. 파블리토, 호니, 마리아는 생일축하노래를 불러주었다. 나는 내가 직접 꽂은 촛불을 불어 껐다. 소피아는 커피를 끓였다. 우리는 함께 TV 만화를 보았다. 호니와 장기를 한 판 두었는데, 내가 졌다.

나중에는 찰스, 뻬떼, 톰, 래리와 함께 피자를 먹으러 갔다. 그곳에서 찰스가 내게 50세가 된 소감이 어떠냐고 어려운 질문을 던졌다.

지금 심정은 고요 그리고 평화. 나는 이곳에서 착하고 단순하며 인정 많은 이들과 살고 있다. 어찌나 소박한 즐거움인지! 오늘 예배에서는 고린도교회 교인들에게 보내는 사도 바울의 편지를 읽었다. 내 기분을 아주 잘 대변하고 있는 듯하였다:

> "형제자매 여러분, 내가 말하려는 것은 이것입니다. 때가 얼마 남지 않았으니……우는 사람은 울지 않는 사람처럼 하고 기쁜 사람은 기쁘지 않은 사람처럼 하고……"(고린도전서 7장 29-30절).

나는 이 '정신적 무관심'을 조금 느꼈다. 몇 년 안에(5년이나 10년, 또는 30년 안에) 나는 아마도 이 세상 사람이 아닐 것이다. 이런 생각은 나를 겁먹게 하는 것이 아니라 고요한 평화를 느끼게 한다. 나는 한 작은 생명, 곧 수천 명의 다른 인간들 가운데 있는 한 인간이다. 태어나고 자라고 늙고 죽는 것도 다 좋다. 다른 사람들과 함께 살고 함께 죽는 것은 좋은 일이다. 하나님은 이 단순한 삶과 죽음을 우리와 함께 나누기 위하여 인간이 되셨다. 그리하여 인간성을 높이셨다. 나는 오늘 존재한다는 것, 특히 많은 사람들 가운데 하나로 존재한다는 것이 얼마나 좋은지를 느낄 수 있었다. 중요한 것은 인생에서 나를 다른 사람들과 구분하는 특별하고 독특한 업적이 아니다. 나를 인류의 한 부분이 되게 하는 기쁨과 슬픔, 고통과 치유의 기본적인 체험이 중요하다. 내게 삶의 시간은 점점 짧아지고 있다. 하지만, 이러한 인식은 실망과 기쁨에 쉽게 동요하지 않게 한다. 오늘 내가 받은 수많은 기쁨과 슬픔은 이 날에 대한 나의 조용한 열망 속으로 깊어만 간다.

1월 25일, 월요일

오후에 베티 에번스가 팜플로나 알타의 여성들을 위하여 민족문화 센터의 여성위원회가 준비한 단기과정에서 처음으로 페루 역사를 강의하였다.

영국사람과 결혼하고 페루 교사로 있는 베티 에번스. 그는 페루의 잉카문명이 어떻게 형성되었는지를 슬라이드로 힘차게 강의하였다. 팜플로나 알타 여러 지역에서 30명 정도의 여성들이 톰의 매점에 있는 작은 시장 안의 무료식당에 모여 들었다. 그들은 베티의 이야기에 큰 관심을 나타냈다. 자신들의 과거 역사에 대하여 배우려는 강한 열의를 보여 주었다. 어떤 이들은 자녀가 물을 때 대답해 주기 위하여 배우러 왔단다. 또 어떤 이들은 자신들의 역사에 대하여 더 많이 알아야 할 필요성을 느껴서 왔단다. 그래서 그들은 서로 만나게 되었다. 케티는 그 여성들이 왜 지금 같은 방식으로 사는지, 그리고 현 사회경제적 상황의 발전에 어떤 요소들이 작용해 왔는지를 좀 더 잘 이해시키기 위하여 여러 과정을 계획하였다.

강의가 끝난 뒤, 매리 케이는 나에게 이런 말도 해주었다. 어린이들에게 가족들의 그림을 그리라고 했더니, 많은 아이들이 아버지는 술에 취했거나 싸우는 그림을, 그리고 어머니는 힘든 일로 허덕이는 그림을 그리더라고. "베티는 자녀들이 부모에 대하여 좀더 좋은 인상을 가질 수 있도록 그들과 이야기를 나누려고 계획하고 있어요." 여성들에 대한 역사 강의가 인간 해방의 점진적 과정에서 얼마나 중요한 수단인지를 알게 되었다.

1월 27일, 수요일

리마 빈민지구에서 얼마 동안이라도 살아본 사람이라면, 누구나 그곳을 방문하는 친구들에게 강도나 소매치기를 조심하라고 경고한다: "버스에서 눈에 띄게 시계를 차고 있지 마세요. 누군가가 훔쳐 갈 테니까요." "반드시 여벌의 안경을 가지고 다니세요. 테를 팔아먹으려고 안경을 벗겨 갈지도 몰라요." "핸드백을 어깨에 길게 늘어뜨리지 마세요. 가방끈을 끊고 돈과 서류들을 가지고 달아날 것입니다." 그러한 경고는 날마다 들을 수 있다. 때로는 경험담이 덧붙여지기도 한다.

그러나 나는 오늘 부주의 때문이 아니라 지나친 조심 때문에 일어난 에피소드를 들었다. 꽤 여러 해 동안 리마에 살았던 한 수녀가 다른 수녀의 방문을 받았다. 어느 날 오후 이 자매가 시장에 물건을 사러 가려고 하자, 이곳 사정을 잘 아는 수녀는 이렇게 당부했다고 한다: "버스 안이나 시장에서 조심하세요. 모르는 사이에 돈이나 지갑이나 시계를 훔쳐 가니까요. 시계를 풀어서 가방 속에 넣고 가방을 팔 밑에 꽉 끼고 있으세요."

그렇게 주의를 듣고 수녀는 시장으로 갔다. 버스 안은 언제나처럼 붐볐다. 수녀는 주변에 있을 강도들을 의식하면서 안으로 밀고 들어갔다. 버스가 한참 달리고 있을 때, 그녀는 균형을 잡기 위하여 손잡이를 잡았다. 그런데 갑자기 자신의 시계가 자기에게 등을 돌리고 있는 한 젊은 남자의 팔에 걸려 있는 것을 보았다.

그토록 조심을 해도 소매치기를 피할 수 없었다는 사실에 놀라고 화가 나서, 그 뻔뻔한 도둑에게 "당신이 내 시계를 훔쳤군요. 당장 돌려주세요!" 하고 소리를 냅다 질렀다. 그러면서 홧김에 펜을 꺼내서 그 남자의 뺨을 찔렀다. 반응은 곧바로 나타났다. 그 남자는 이 공격적인 수녀에게 놀라서 (그녀의 영어를 알아듣지 못했지만) 재빨리 그 시계를 벗어서 그녀에게 내놓았다.

버스가 정류장에 서자, 그 수녀는 곧바로 내렸다. 그녀는 너무 흥분이 되어 당장 집으로 가고픈 생각밖에 없었다. 그녀가 시계를 여전히 꽉 움켜쥔 채 친구 집으로 돌아왔을 때, 친구가 물었다: "도대체 그 사람이 어떻게 당신 가방 속에 손을 넣었을까요?" "글쎄요."

그러고 나서 그 수녀는 가방을 열었다. 그런데 아뿔싸, 자신의 시계가 노트와 서류들 사이에 안전하게 숨겨져 있는 게 아닌가! "맙소사, 난 이제 시계가 두 개가 되었어요. 그것도 하나는 훔쳐서!" 그녀의 지나친 조심성이 오히려 자신을 강도로 만들었던 것이다.

때때로 우리는 필요 이상으로 겁을 집어먹고 있는지도 모른다. 다음번에 시장에 갈 때 그 수녀는 아마도 양 팔에 하나씩 시계를 차고 가야 할 것이다. 도둑더러 가져가라고!

1월 28일, 목요일

팜플로나 알타에 산 이후로 나를 가장 매혹시킨 것이 있다면, 그것은 아이들이다. 18세 이후로 내 주변엔 아이들이 없었다! 신학교, 대학교, 그리고 그 후의 내 삶의 자리……. 어린이들이나 늙은이들이 들어오기에는 어려운 젊은이의 세계였다. 그러나 이곳에서는 나한테 달려오고 입 맞추고 어깨에 올라타고 공을 던지며, 끊임없이 뭔가 흥미있는 것들을 물어 오는 소년소녀들로 꽉 둘러싸여 있다.

어린이들은 늘 내가 현재라는 시간 속에 살아 있음을 깨우쳐 준다. 그들은 지금도 내가 이곳에 함께 있어 주기를 원한다. 나한테도 다른 할 일이나 생각할 것이 있다는 것을 이해해 주지 못한다. 온갖 심리치료 경험을 해본 결과, 나는 문득 어린이들 속에 놀라운 치유의 힘이 있음을 발견하였다. 파블리토와 호니와 마리아가 반갑게 달려 와 내 가방을 들고 '옥탑방'으로 가져다줄 때마다, 나를 현재로 돌아오게 만드는 그들의 능력에 감탄한다. 그들의 숨김없는 애정 표시와 사랑을 받으려는 자세는 나를 곧바로 현실로 끌어당긴다. 이런 것을 발견하는 생활을 감사하도록 만든다. 과거에는 집에 오는 것이 공부하고 편지쓰고 수업준비 하는 시간을 뜻하였다. 그러나 지금은 무엇보다 노는 시간을 뜻하게 되었다.

처음에, 나는 침대 밑이나 벽장 안이나 책상 밑에 있는 아이들을 발견하고는 놀랐다. 그러나 지금은 밤에 내 어린 친구들이 자고 있는 것을 보면 실망스럽다. 팜플로나 알타에 왔을 때 나는 무엇을 기대했는지 몰랐다. 나는 그 가난하고 음식과 집이 없는 사람들이 내게 애정을 보일지 의아해 하였다. 내가 볼 비참함에 절망하게 될까봐 두려웠다. 그러나 하나님은 다른 것들을 보여 주셨다. 책에서 배울 수 없는 사랑과 삶에 대하여 이야기하는 사랑스럽고 솔직하고 명랑한 아이들을 보여 주셨다. 지금 나는 내가 아이들과 그들이 즐거움을 함께 할 수 있을 때만 그들이 당하고 있는 가난과 고통 속에 들어갈 수 있음을 안다. 하나님은 분명 내가 양손에 어린이들을 데리고 고난의 세상 한복판을 걸어가기를 바라신다.

1월 29일, 금요일

찰스, 톰, 뻬떼, 마이지와 함께 해변에 갔다. 찰스의 말에 따르면, 한 달에 금요일이 다섯 번 들어 있는 달이면, 다섯 번째 금요일에는 모임을 취소하고 수영하고 좋은 음식을 먹으러 해변에 간다고 한다. 약 30분 걸려 리마 북쪽에 있는 푼타 에르모사에 도착하였다. 거대한 파도가 멋있었다. 밀려오는 파도에 맞춰 '파도타기'를 즐겼다. 너무 재미있었다. 나는 대부분 실패하였다. 때로는 물기둥 밑에서 뱅뱅 돌며 빠져나올 곳이 어딘지 몰라 헤매기도 하였다. 어린이뿐만 아니라 태평양의 파도도 치유의 힘을 지니고 있었다. 그 파도는 내 선입견을 씻어 버렸다. 홍해와 요단 강을 건너서 그 백성을 이끄신 분, 호수의 폭풍을 잠재우신 분, 그분께 감사의 미소를 보내게 하였다.

1월 30일, 토요일

이곳에서는 먼지가 가장 큰 골칫거리다. 어디로 돌아서든 먼지를 만난다. 모랫길을 걸을 때마다 늘 먼지에 휩싸인다. 차가 지나가면 짙은 안개처럼 자욱해진다. 내 방에 있는 모든 것은 먼지로 덮여 있다. 편지를 쓰려면 우선 먼지를 불어 없애야 한다. 차를 마실 때도 먼저 컵에 있는 먼지를 씻어야 한다. 잠을 잘 때도 이불의 먼지를 털어 내야 한다. 그 먼지는 내 머리, 귀, 코에 내려앉는다. 또 양말, 셔츠, 바지와 읽고 있는 책의 사이사이에도 쉽게 달라붙는다. 그래서 끊임없이 샤워를 하고 싶어진다. 그러나 샤워 뒤 느끼는 상쾌함이 5분도 채 가지 않기 때문에, 이 먼지더미에 무뎌지게 된다.

집이나 어린 자녀들을 깨끗하고 청결하게 내보이고 싶어 하는 많은 이들에게 먼지는 단연코 적일 수밖에 없다. 유일한 희망은 최근 팜플로나 알타에 매설된 수도관이 나무와 화초와 잔디를 빨리 자라게 하는 것이다. 그리하여 10년 안에 먼지로부터 벗어나는 것이다.

1월 31일, 주일

오늘 복음서 말씀은 내 안에 있는 민감한 부분을 건드렸다. 그것은 예수님께서 사탄에게 말씀하시고 악한 귀신 들린 사람을 치유하시며 악한 귀신를 내쫓으신 권위에 대한 것이었다. 예수님을 본 이들은 이렇게 말하였다:

> **"이게 어찌된 일이냐? 권위 있는 새로운 가르침이다!"**(마가
> 복음 1장 27절).

예수님께서 사람들에게 말씀하셨을 때 그분의 말씀은 치유의 힘을 지니고 있었다. 악한 귀신조차도 복종하게 만들었다.

이 모든 것이 여기서 내가 설교하면서 체험하는 것과는 대조적이다. 나는 정말 내 말을 경청하는 사람이 있을까 의심스럽다. 때로는 내 말이 완전히 무력해짐을 느낀다. 오늘 아침, 확신을 가지고 몇 가지를 이야기하려고 했을 때, 코를 골며 자고 있는 사람을 보았다. 그

는 내 말이 전혀 권위가 없다는 것을 상기시키기나 하듯, 맨 앞줄 구석에 앉아서, 지껄여 보라는 듯한 자세를 취하고 있었다.

나한테 가장 중요한 문제는 '어떻게 사람들을 감동시키느냐'가 아니다. '어떻게 내가 말하는 대로 사느냐'이다. 예수님은 자신의 말씀과 행동 사이에 아무런 차이가 없으셨다. 예수님의 말씀은 곧 행동이었고 결과였다. 그분은 변화, 치유, 새로운 삶에 대하여 말씀하셨을 뿐만 아니라 실제로 그것들을 행하셨다. 그런 의미에서 예수님은 진실로 말씀이 사람이 되신 분이다. 그 말씀 속에서 모든 것이 창조된다. 그리고 그 말씀에 따라 모든 것이 다시 창조된다.

성자답다는 말은 말과 행동이 일관되게 사는 것을 뜻한다. 만일 정말 내가 하는 말에 따라 살려고 한다면, 내가 한 말은 행동으로 옮겨질 것이다. 내가 입을 열 때마다 기적이 일어날 것이다. 이렇듯 오늘 읽은 복음서는 나를 목회적인 기법이나 전략에 직면케 만들기보다는, 개인적으로 깊은 회심에 이르도록 초청하였다.

5.
2월 – 내적이고 외적인 투쟁

2월 1일, 월요일

팜플로나 알타의 밤은 온통 시끄러운 소음들이다. 사방에서 나는 음악소리가 밤늦게까지 내 작은 방으로 쏟아져 들려온다. 새벽 두 시경, 그날 시장에서 팔 물건들을 떼러 갈 상인들을 태우려고 버스들이 근처에 온다. 사람들이 주머니에 돈을 넣고 집 밖에서 기다리기를 꺼려하기에, 버스 운전사는 도착을 알리는 경적을 시끄럽게 울린다. 새벽 두 시에서 세 시까지 낡은 버스들의 경적소리가 밤하늘을 채운다. 새벽 네 시가 지나면 수탉들이 울기 시작한다. 그리고 여섯 시까지는 빵을 배달하는 소년들이 갓 구운 빵을 팔기 위하여 호루라기를 불어 댄다. 이상하게도 여섯 시에서 여덟 시 사이에는 조용하고 한가하다. 그러나 그 다음에는 이웃 학교의 큰 확성기가 국가를 내보내고 어린이들에게 훈시를 시작한다.

파티들, 버스들, 수탉들, 빵 파는 소년들, 그리고 확성기들이 밤부터 이른 아침까지 소음을 내고 있다. 처음 일주일 동안은, 결코 그런 것들에 적응하지 못할 것이란 생각이 들었다. 그러나 지금 이 소리들은 더 이상 내 수면이나 기도나 독서를 방해하지 않는다. 오히려 친근한 배경음이 되었다. 뿐만 아니라 옥탑방 안에 있는 나에게 생존을 위하여 더 큰 소리로 어렵게 싸워야 하는 이들의 세상 한가운데 내가 서 있음을 상기시켜 준다.

2월 2일, 화요일

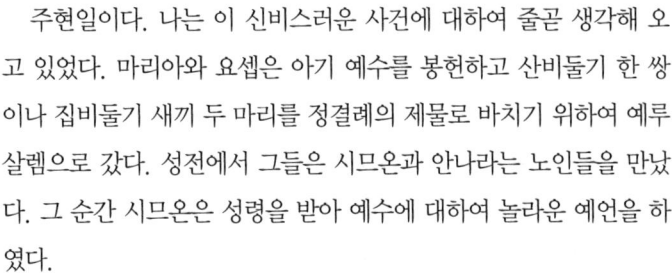

주현일이다. 나는 이 신비스러운 사건에 대하여 줄곧 생각해 오고 있었다. 마리아와 요셉은 아기 예수를 봉헌하고 산비둘기 한 쌍이나 집비둘기 새끼 두 마리를 정결례의 제물로 바치기 위하여 예루살렘으로 갔다. 성전에서 그들은 시므온과 안나라는 노인들을 만났다. 그 순간 시므온은 성령을 받아 예수에 대하여 놀라운 예언을 하였다.

이와 같은 거룩한 사건에 대하여 묵상을 하려고 할 때마다 내 자신이 그것을 이성적으로 생각하려 하는 것을 발견하였다. 그러나 오늘 나는 단순히 그곳에 있어야 한다는 것을 전보다 더 강렬하게 느꼈다. 나는 마리아와 요셉과 함께 예루살렘으로 가서 그들과 함께 붐비는 성전 뜰을 걸어 다녀야 한다. 소박한 선물을 바치는 수천의 사람들 사이에 끼어 있어야 한다. 그 모든 것에 다소 정신이 없어야 하고 두려움을 느껴야 한다. 너무 이상하고 놀랍기조차 한 것을 말하는 낯선 두 늙은이의 말을 경청해야 한다. 왜 나는 거기다 무엇인가를 덧붙이려 하는 걸까? 그것은 내가 거리를 두려고 하는 것과 같다. 그 이야기는 그처럼 단순하고 분명하고 겸손하지 않은가? 나는 그런 것과는 아무런 관계도 없다. 나는 이 사건을 설명하거나 조사할 필요가 없다. 단지 그들 속으로 들어가 나를 둘러싸고 나를 고요 속에 내버려두도록 해야 한다. 그것들을 통달하거나 이해할 필요가 없다. 단지 그것들을 통하여 마리아와 요셉의 아들처럼 작고 조용하고 두드러지지 않은 곳으로 옮겨 가야 한다. 오늘은 바로 그 한가운데 있었다. 나는 끊임없이 시므온과 안나를 보고 있었다. 공격적인 예언으로 나를 방해한 늙은 신자들이라고 무시하지 않았다. 대신, 얼마 동안 앉아서 그들의 말에 귀를 기울였다. 아주 여러 번 시므온과 안나의 이야기를 들었다. 그들이 오랫동안 나에게 이야기를 해주려고 애써 왔음을 별안간 깨닫게 되었다.

2월 3일, 수요일

집에서 오랫동안 떠나 있다보니, 나한테는 편지쓰는 게 아주 중요하게 되었다. 친구들에게 내 느낌을 간단하고 직접적으로 표현할 수 있는 능력이 점점 늘어 가고 있는 것 같다. 가장 기쁜 것과 가장 고통스러운 것을 적는 가운데, 내 안에는 커다란 변화가 일어나고 있었다. 일상적인 사건들에 대하여 말하는 데는 거의 관심이 없어졌다. 오직 내 안에서 일어나고 있는 것을 솔직하게 나누고 싶은 충동만을 느꼈다. 더 이상 잃을 게 없는 것처럼 느껴진다. 곧 내가 가진 모든 것을 줄 수 있다. 편지를 쓰는 일은 자신을 비우고 사랑을 주고받았으면 하는 것, 그 이상도 그 이하도 아니다. 팜플로나 알타의 가난한 이들이 이것을 가르쳐 주었다. 그들은 무언으로 늘 이렇게 말한다:

"당신이 가진 모든 것은 당신 자신입니다. 그러므로
사랑하는 이들에게 당신을 숨기지 마세요."

2월 4일, 목요일

리마에 처음 왔을 때 빌 맥카시는 안다와이라스에 있는 자기 집을 심방해 달라고 청하였다. 나는 몇 년 전 예일에서 빌을 처음 만났다. 당시 그는 그곳에서 안식년 휴가를 보내고 있었다. 빌 맥카시는 메리놀 공동체 회원이었다. 그는 뉴욕 주 메리놀 신학대학원에서 교회사를 가르치며 교수 생활의 대부분을 보냈다. 그는 선교사가 되기 위하여 메리놀 공동체에 들어갔다. 그렇지만 여러 해 동안 예비 선교사들을 가르쳤다. 그러다 예일에서 안식년을 보낸 뒤, 선교사로 파견되었다. 언어를 배우기 위하여 코차밤바로 왔다. 공부를 마친 뒤에는, 리마 동쪽에 있는 7년 된 구역인 안다와이라스에서 새로운 선교를 시작하기 위하여 젊은 메리놀 공동체 선교사 조와 만났다.

오늘 나는 빌의 새 집을 보았다. 빌과 조가 전개하고 있는 목회 활동에 감동을 받았다. 안다와이라스는 10년 전에는 리마 교외에 있는 큰 농지였다. 지금 그곳은 수백 채의 작은 집들이 들어서고 있는 신흥도시(pueblo joven)다. 외관상 팜플로나 알타와 아주 비슷하게 보인다. 수도와 전기도 역시 없다. 사람들은 대부분 시장에서 행상(ambulantes)으로 생계를 이어간다.

선교회장인 루초의 도움으로 빌과 조는 작은 그리스도교 '바닥' 공동체를 발전시키기 위하여 애를 쓰고 있다. 그들은 사람들을 심방하고, 같은 블록 내의 사람들끼리 정기적으로 만난다. 복음에 비추어 공동의 문제를 토의하고 성경을 공부하고 기도하도록 권한다.

"그런 공동체를 만들도록 사람들에게 어떻게 동기를 부여합니까?" 하고 물어보았다. 빌의 대답은 이러하였다: "우리는 사람들에게 먼저 교회는 사람들의 집에서 출발했지 교회 건물에서 출발한 것이 아니라고 설명해 줍니다. 사도행전을 읽고 사도들이 중동에 1세기에 교회를 세웠던 것처럼 우리도 지금 20세기에 교회를 세울 수 있다고 주장합니다."

"많은 인내와 참을성이 요구되는 노력이었지요." 빌이 말하였다. "그 일은 아주 느리게 진행됩니다. 이곳에 사는 이들은 긴 시간 일하고 집으로 돌아올 때는 너무 지쳐서 모임을 갖거나 공부를 하거나 기도를 할 여력이 없습니다. 쉬는 날이 며칠 되지도 않지만, 그런 날이면 쉬거나 축구를 하고 싶어합니다. 그들의 처지를 이해하는 것이 아주 중요하지요." 서서히 세워가고 있는 다양한 그리스도교 바닥 공동체 외에도, 빌과 조와 루초는 주일예배를 드릴 예배당을 두 곳에 세우기 시작하였다. 하나는 전 농장주의 기도소였다. 그리고 다른 하나는 교회가 서게 될 장소 옆에 있는 공터였다. 참석자들은 많지 않았다. 한 곳에는 서른 명, 다른 한 곳에는 열 명이 모였다. 빌이 말하였다: "지금은 단지 시작에 불과합니다. 우리는 이곳의 목회 활동을 위하여 적절한 방법을 모색 중입니다."

이 짧은 심방은 나에게 교회를 기초부터 어떻게 세우는지, 그리고 사람들이 어떻게 그리스도교 생활을 하게 하는지 배우고 싶은 마음을 불러일으켰다. 이러한 접근은 리마에 있는 금 장식된 교회들의 의기양양함과는 아주 다르다. 아주 보잘것없고 눈에 잘 띄지 않는 교회가 믿음과 소망과 사랑의 반석 위에 세워지고 있었다.

2월 5일, 금요일

예기치 않게, 깊은 우울감에 시달리고 있다. 그 동안은 아마도 친절한 인사나 소개로 분주해서 내면 깊이 자리한 허무감을 깨닫지 못하고 있었나 보다. 이 우울한 기분은 동시에 사방에서 나를 치는 것 같다. 나는 그것을 이겨 낼 힘이 별로 없다. 가장 지배적인 느낌은 왕따라는 느낌이다. 집이 없는, 주변 사람들이 관대하게 대해 주기는 하지만 받아 주지는 않는, 좋아는 하지만 사랑받지 못하는……. 내 자신이 불필요한 존재라 느껴진다. 내 주변 사람들이 냉담하고 때로는 적대적인 것처럼 느껴진다. 거리에서 보는 사람들은 나와는 사뭇 다른 것처럼 보인다. 내가 그들에게 보내졌다는 것을 생각하면 실망스럽다. 나는 개인적인 관심과 애정을 체험할 수 있기를 간절히 바란다. 교회 생활이 갑자기 싸늘하고 기계적이고 단조롭게만 느껴진다. 일상적인 인사를 넘어서 이야기를 나눌 수 있는 사람을 발견하기가 이렇게도 어렵단 말인가! 나는 개인적인 관심, 곧 내 개인적인 체험에 대한 관심을 바란다. 내 주변 세상이란 온통 세례, 결혼, 예배, 회의 등의 올가미에 걸려들어 말과 행동과 대답이 뒤섞인 복잡한 패턴 같다. 한편 내면세계에서는 끊임없이 이렇게 속삭이고 있다: "이것이 우리가 여기서 일하는 방식이야. 너는 그 일부가 되도록 노력해야 해. 만일 문제가 있다면 그대로 놔둬. 그러면 마침내 우리 방식이 최상이었다는 것을 발견할 거야."

내 느낌들은 막연하다. 내 기분은 보고 듣고 행하는 모든 것과 밀접하게 연결된다. 이런 사실이 내가 정말 우울하고 이성적인 판단을 하지 않고 있음을 보여 준다. 나는 그것을 극복할 수가 없다. 거기서 벗어나기 위하여 기도하려고 애썼다. 그러나 어떤 위로도 주지 못하였다. 심지어 어둡고 두려운 것으로 나타나기까지 한다. 기다리는 것밖에 내가 무엇을 할 수 있단 말인가?

2월 6일, 토요일

외롭다는 느낌, 고립되어 있다는 느낌, 격리되어 있다는 느낌. 이 느낌들이 오늘도 어제처럼 심하다. 우울한 기분이 조금도 가시지 않고 오히려 더 심해졌다. 마음속에서는 끊임없이 이렇게 묻고 있다:

'왜 아무도 나한테 개인적인 관심을 보이지 않는 걸까?' 내 감정과 내 경험과 내 경력과 내 성격이 내가 만나는 이들과 아무런 관계도 없다. 일상적인 기능밖에 못하고 있다는 느낌……. 내면에서부터 갈기갈기 찢어져 나가는 느낌……. 내가 갈급해 하는 것은 인정과 칭찬과 존경이 아니다. 내가 그토록 바라는 것은 단순한 우정이다. 내 주변에 그런 것들이 어디 있을지도 모르겠다. 그러나 지금은 그 어디서도 그런 것을 지각하거나 받아들일 수가 없다. 지금 내 안 들어 있는 것은 무엇이란 말인가? 그것은 나를 차갑고 피곤하고 완고하게 만드는 죽음 같은 것…….

뻬떼 루게레와 톰 번즈가 주최한 작은 워크숍에 참석하였다. 그리스도인이란 무엇인가를 토의하는 자리였다. 그러나 가슴에 와 닿는 것은 하나도 없었다. 내가 원했던 것은 단지 악수나 포옹이나 키스나 미소였다는 것을 깨달았다. 그러나 나는 아무것도 얻지 못하였다. 결국 모든 것으로부터 도망치기 위하여 오후 늦게 잠들어 버렸다.

2월 7일, 주일

기분이 우울할 때 써먹는 한 가지 방법은 일정을 빡빡하게 잡는 것이다. 내적 활력이 적을 때는 그날 하루를 눈코뜰새없이 바쁘게 보낸다. 복구를 해야 할 건물 주변에 설치한 발판처럼.

오전 6시 30분에 일어났다. 7시 예배에서는 찰스를 도왔다. 9시에는 내가 예배와 설교를 맡았다. 10시 30분에서 12시 30분까지는 편지를 썼다. 점심식사 뒤 오후 2시, 톰이 팜플로나 알타의 한 구역인 로스 안젤레스의 한 기금모금 축제에 나를 데리고 갔다. 그곳의 한 그리스도교 공동체가 교회를 짓기 위하여 조촐한 축제를 열기로 결정했다고 한다. 그들은 게임과 음식을 준비하였다. 나는 파블리토, 호니, 마리아, 마리아의 친구를 데리고 가서 음식을 사 주고 게임을 하였다. 그들은 즐겁게 놀았다.

오후 7시, 돌아와서 방금 결혼서약을 마친 두 쌍의 신혼부부를 환영하는 간단한 모임에 참석하였다. 9시에 찰스, 톰, 뻬떼, 래리, 파트리샤 등과 함께 피자를 먹으러 갔다. 그리고 11시에 귀가하였다. 저녁기도를 드리고 잠자리에 들었다. 이 평범한 일들을 통하여 다시 정신적인 활력을 찾게 되었다. 우울의 구름이 지나가고 다시 태양을 보게 된 이 날! 얼마나 고대해 왔던 순간인가!

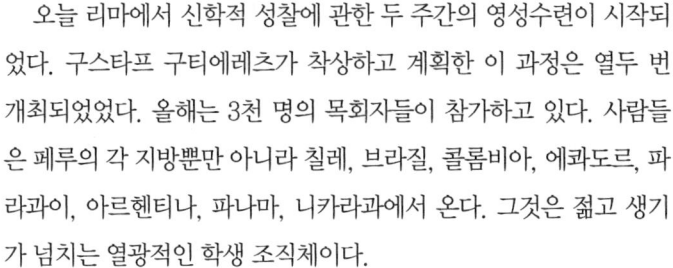

2월 8일, 월요일

오늘 리마에서 신학적 성찰에 관한 두 주간의 영성수련이 시작되었다. 구스타프 구티에레츠가 착상하고 계획한 이 과정은 열두 번 개최되었었다. 올해는 3천 명의 목회자들이 참가하고 있다. 사람들은 페루의 각 지방뿐만 아니라 칠레, 브라질, 콜롬비아, 에콰도르, 파라과이, 아르헨티나, 파나마, 니카라과에서 온다. 그것은 젊고 생기가 넘치는 열광적인 학생 조직체이다.

영성수련은 세 단계로 이루어진다. 첫 단계는 신학을 소개하는 과정이다. 둘째와 셋째 단계는 해마다 다른 것을 다룬다. 올해는 두 번째 단계에서 그리스도론을 다룬다. 세 번째 단계에서는 영성을 다룬다.

나는 영성 과정을 듣기로 하였다. 오후 3시에서 5시까지는 토론이 있다. 5시 30분부터 8시까지는 강의가 있다. 구스타프 구티에레츠는 오늘밤 첫 두 강의를 하였다. 그는 세 가지 제목 아래 그리스도인의 영성을 다루었다. 첫째는 성령에 따라 사는 것, 두 번째는 그리스도와 만나는 것, 그리고 세 번째는 보편적인 방법으로 사는 것이었다.

구스타프는 열성적인 교사다. 한 손으로는 마이크를 잡고 다른 한 손으로는 요리조리 손짓을 하면서 청중들을 신학의 언덕과 계곡으로 이끈다. 저 매혹적인 장관을 보게 해주면서. 시간이 다 되자 그는 강의 노트를 챙기며 몇 시간 안에 모든 것을 다 말할 수 없음을 불평하였다. 그는 함께 나눌 거대한 보물을 가지고 있으나 자신의 선물들을 한꺼번에 모두 보여줄 수 없음을 안타까워하는 것 같이 보인다. 그러나 그는 짧은 시간 안에 청중들에게 신학을 어떻게 이해해야 하는지 그 열망을 심어 주었다. 오늘 그리스도인이 지닌 특권이 무엇인지 청중들에게 도전을 주었다. 내면생활에 대한 그의 견해는 가히 압권이었다. 구스타프에 따르면, 내면생활은 자기 성찰을 통하여 이르는 심리적 실체에 관한 것이 아니다. 그것은 바울과 같은 마음으로 법의 강제력을 벗어나 자유롭게 사는 생활이다. 자유롭게 사랑하는 생활이다. 그러므로 영성생활은 참된 자유가 머물 곳이다.

밖으로부터 다가오는 강요와 강제를 벗어 던질 수 있을 때, 그래서 하나님의 사랑인 성령을 우리의 유일한 인도자로 삼을 수 있을 때, 우리는 진정 자유로운 내면생활과 영성생활을 누릴 수 있다.

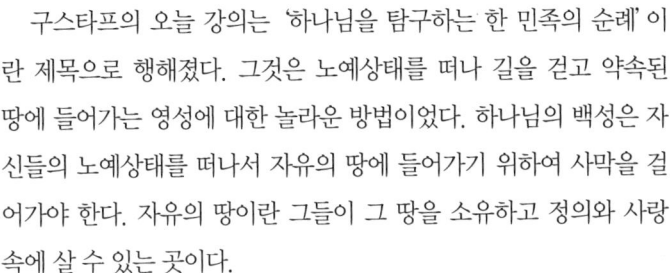

2월 9일, 화요일

구스타프의 오늘 강의는 '하나님을 탐구하는 한 민족의 순례'이란 제목으로 행해졌다. 그것은 노예상태를 떠나 길을 걷고 약속된 땅에 들어가는 영성에 대한 놀라운 방법이었다. 하나님의 백성은 자신들의 노예상태를 떠나서 자유의 땅에 들어가기 위하여 사막을 걸어가야 한다. 자유의 땅이란 그들이 그 땅을 소유하고 정의와 사랑 속에 살 수 있는 곳이다.

성경에 비추어 구스타프는 자유를 위한 순례의 의미를 모색하였다. 그의 주된 주장은 이런 것이다. 곧 하나님을 찾는 것은 자유를 찾는 것이며 자유를 찾는 것은 하나님을 찾는 것이다. 물과 전깃불과 학교와 보건시설을 위한 투쟁에 깊이 관여된 많은 사람들이, 그것이 바로 하나님을 찾는 것임을 받아들이지 못한다. 또 교회에 나오고 십자가 행렬 속에서 걸으며 성수로 자신의 집을 축복하는 많은 사람들이, 그것이 자유를 찾기 위한 투쟁이라는 것을 체험하지 못한다. 이것은 결코 드문 일이 아니다. 심지어 이집트를 떠났던 이스라엘 사람들조차도 자신들이 참여하고 있던 사건의 의미를 충분히 이해하지 못하였다. 이스라엘 백성들의 사건을 되돌아볼 때, 하나님을 찾는 것과 자유를 찾는 것은 서로 연결되어 있고 서로 깊어질 수 있음을 알 수 있다.

구스타프의 말 가운데 내게 특히 중요하게 여겨진 것은, 인간의 순례는 무(無)에서 유(有)로의 순례가 아니라 유에서 유로의 순례라는 견해였다. 노예에서 자유로, 결핍에서 소유로, 착취에서 정의로의 움직임에 대하여 이야기할 때, 자유와 소유와 정의가 자신과 완전히 분리되어 있는 것처럼 생각하거나 행동하지 말아야 한다. 사실 이집트에도 자유와 소유의 정의는 존재하였다. 그것이 그 당시 이스라엘 백성들이 이집트로 되돌아가고파 했던 이유다. 또 완전한 자유와 소유와 정의에 대한 열망이 자랄 수 있었던 이유이기도 하다. 여러분은 이미 알고 있거나 어느 정도 소유하고 있는 것만을 원할 수 있다.

그러므로 하나님을 찾는 것은 이미 우리가 만났던 분, 자신의 사랑과 자비를 보여 주셨던 분을 찾는 것이다. 하나님을 향한 열망은 우리가 이미 그분을 알고 있다는 사실을 보여 준다.

그것은 하나님이 이미 주신 선물을 인식하는 것이 목회라는 것을 가르쳐 주기 때문에, 이러한 생각이 나한테는 특히 중요하다. 이 선물을 알아보고 그것들을 우리 가운데 계시는 하나님의 표징으로 들어 올림으로써 우리는 노예상태에서 떠날 수 있고 걸을 수 있다. 또 약속된 땅에 들어갈 수도 있다. 그 순례는 하나님을 결코 본 적이 없거나 자유를 맛보지 못한, 절망한 사람들의 여행이 아니다. 오히려 맛본 자유로 이끄실 것을 알고 있는, 희망에 가득 차 있는 이들의 여행이다.

2월 10일, 수요일

영성수련에 적극 참가하고 있는 수천의 사람들. 그야말로 감동적이었다. 그들은 여러 나라에서 온 사람들이었다. 저마다 삶의 자리는 달랐다. 나이도 다 달랐다. 그 가운데는 영성지도자도 상당히 있었다. 그들은 대부분 미국사람이나 영국사람이나 아일랜드사람들이었다. 그러나 이 모임에 참석한 대부분의 사람들은 빈민 구역(barrios)에서 태어나 자랐다. 해방의 진전 과정에서 적극적인 목회자가 된 사람들이었다. 그들은 자기 국민들을 잘 안다. 그리고 복음과 동포들의 곤경을 관련지어 생각하는 것을 배웠다. 라틴 아메리카 교회에서 그 사람들은 앞으로 추구해 나가야 할 방향을 보여 주고 있다. 그들은 함께 참가하고 싶어하는 외국인들에게도 개방적이고 호의적이다. 그러나 싸움은 그들이 직접 한다.

이들 가운데 많은 이가 아직은 젊다. 그들은 전도사, 사회사업가, 프로젝트 코디네이터 등 다양한 분야에서 일하는 사람들이다. 그들은 모두 성경에 깊이 몰두해 있다. 성경과 함께 생활하고 성경과 함께 투쟁한다. 그들은 스스로를 약속의 땅으로 보냄받은 하나님의 백성이라고 생각하게 되었다. 그리고 그들은 이것이 오래 걸리며 힘들고 때로는 고통스러운 순례가 될 것이라는 사실도 알고 있다. 그러나 그들은 어떠한 세상 권력도 그들이 투쟁을 포기하고 그들이 살아 왔던 복종과 체념의 상태로 돌아가게 할 수 없다는 사실도 알고 있다.

오늘 강의에서 예수회의 마누엘 디아스 마테오스는 주변인과 이방인의 영성을 밝혔다. 그는 아벨과 노아와 욥과 룻, 천진난만한 아이들과 과부들, 세리들과 사마리아인들을 하나님께서 사회 변두리에 살며 약자로 간주되는 이들에게 특별한 사랑과 관심을 드러내시는 증거로 들었다. 이것은 끊임없이 그곳으로 돌아오도록 부르심을 받고 있음에도 불구하고 계속 지나쳐 버린 목회에 대한 시각을 열어 주었다. 그 시각은 목회가 무엇보다도 사람들이 길 잃고 당황하며 부서지는 곳에서 하나님을 찾는 것을 뜻한다. 때때로 나는 그런 이들을 다시 하나님과 성만찬과 교회로 되돌아오도록 하기 위하여 그들에게 갔다. 그러나 그것은 하나님께서 내가 있는 곳에 계시고 내 임무는 다른 사람을 내가 있는 곳으로 오게 하는 것마냥 행동하고 생활한 것에 지나지 않는다. 하나님께서 가난하고 그늘진 곳에 있는 이들과 함께 계신다면, 나는 그곳으로 가야 한다. 그곳에서 살아야 한다. 그곳에서 그분을 발견해야 한다. 이제 나는 사람들에게 내 생각과 말을 강요하지 않고도 그들과 함께 있을 수 있다고 느낀다. 그리고 하나님께서 자비하신 얼굴을 보여 주심을 서서히 알아볼 수 있다.

2월 11일, 목요일

영성수련 기간 동안, 전날에 한 강의 내용을 논하고 보충하는 토론 그룹에서 날마다 두 시간 동안 모임을 갖는다. 이 토론 그룹의 참석자는 나 외에 20명이 있다. 우리는 이 작은 공동체에 매우 흥미를 가지고 있다. 대다수는 페루사람들이지만 칠레사람 두 명과 우루과

이사람 한 명, 니카라과사람 한 명, 스위스사람 한 명, 그리고 네덜란드사람인 내가 있다. 이들은 모두 목회 활동에 적극적이고 대부분 자신들의 공동체에서 지도자들이다.

토론에서 추상적인 관념은 별로 다루어지지 않았다. 매우 신랄하였다. 그들은 강의에서 내보인 개념과 자신들의 일상경험을 계속적으로 시험하여, 이것이 현재 진행되고 있는 신학적 성찰의 토대가 되도록 애를 쓴다. 이러한 경험들 가운데는 가혹한 것들도 있다. 그것들은 괴로움, 착취, 투옥, 고문에 관한 체험들이다. 해방으로 가는 길은 거칠고 생명까지도 기꺼이 희생하기를 요구하는 미지의 길임을 모두가 알고 있다. 나는 이들 젊은 남녀들이 그토록 직접적이고 분명하게 예수님을 사랑하는 것, 곧 주님의 나라를 실현하는 일에 모든 것을 바치려 하고 가난한 이들과 기꺼이 함께 하며 이 위대한 일에 자신이 선택된 데 대하여 기뻐하는 것을 보고 감동하였다. 그것은 감상주의나 동정에서 비롯된 것은 결코 아니었다. 모든 토론을 지배하는 말은 '라 루차'(la lucha, 투쟁)이다.

오늘의 주제는 기도였다. 그리고 곧 이어서, 요즘 점점 늘어가는 성령운동(Neo-Pentecostalism)으로 화제가 바뀌었다. 대부분의 참석자들은 그 성령운동이 중하층 젊은이들에게 우선적으로 호소력이 있고, 사회적 결과 없이 정신적으로 체험을 제공하며, 그리고 압제계층의 손 안에 있는 정신적 무기이거나 꾸르실리스따스(cursillistas) 같은 보수적인 조직과 밀접하게 연결되어 있는 것으로 간주하였다. 사람들은 주저함이 없이 이렇게 말하였다: "많은 성령운동 단체에서 이루어지는 기도는 그리스도인의 기도가 아닙니다. 그것은 하나님의 백성을 해방시키기 위한 투쟁(lucha)으로 이끌지 않기 때문입니다."

이 토론을 돌아볼 때 마음이 편치 못하였다. 성령운동에 대한 속단은 슬픔과 전쟁으로 고통받는 이 세상에서 하나님의 음성을 들을 수 있는 조용한 곳을 찾으려는 많은 이들의 요구를 거부하는 것처럼 보이기 때문이다. 내면의 평안과 성령의 체험에 대한 열망은 해방을 위한 투쟁에서 도망치는 형태가 될 수도 있다. 그러나 그런 식으로 단정해 버릴 필요는 없는 것이다.

로마에서 한 학기 동안 체류할 때, 그레고리안대학교의 성령을 중시하는 기도 모임에 적극 참석한 적이 있다. 그 당시 그것은 여러 면에서 나의 영성을 일깨워 주었다. 나는 이 기도 모임을 하나의 도피처로 생각해 본 적이 결코 없다. 오히려 나는 많은 두려움과 강박관념에서 벗어날 수 있었다. 그것은 다른 사람을 위하여 좀 더 관대하게 내 자신을 바칠 수 있도록 해주었다. 새로운 활력을 주는 영성적 원천으로 느껴졌다.

심지어 내가 느끼기에는, 평생 자유를 위한 투쟁에 적극 헌신하기로 작정한 사람은 자신들의 삶 속에 계시는 성령을 강력하고 개인적인 것으로 몸을 체험할 필요가 있다. 몇 년 안에 새로운 기도의 모색이 해방을 위하여 가난한 사람들과 함께 싸우는 많은 그리스도인의 마음을 차지하더라도 나는 놀라지 않을 것이다. 나는 성령운동과 해방운동 사이의 틈이 넓게 벌어지지 않기를 바란다. 그리스도교 공동체의 내분을 가져올 만큼.

2월 12일, 금요일

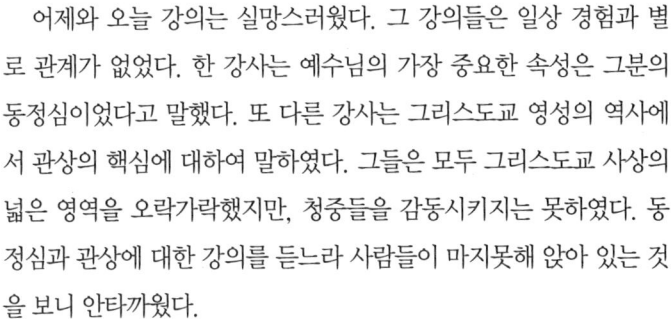

어제와 오늘 강의는 실망스러웠다. 그 강의들은 일상 경험과 별로 관계가 없었다. 한 강사는 예수님의 가장 중요한 속성은 그분의 동정심이었다고 말했다. 또 다른 강사는 그리스도교 영성의 역사에서 관상의 핵심에 대하여 말하였다. 그들은 모두 그리스도교 사상의 넓은 영역을 오락가락했지만, 청중들을 감동시키지는 못하였다. 동정심과 관상에 대한 강의를 듣느라 사람들이 마지못해 앉아 있는 것을 보니 안타까웠다.

토론 그룹은 더욱 활발히 토론을 벌였다. 우리는 라틴 아메리카 영성의 핵심적 특징을 목록으로 만들어 달라는 요청을 받았다. 그리스도인의 영성 열다섯 가지 양태가 칠판에 쓰여 있었다. 그 가운데서 오늘 라틴 아메리카에서 가장 중요하다고 생각되는 것을 세 가지씩 선택하도록 하였다. 모두가 동정심은 너무 수동적인 의미를 내포하고 있음을 인정하였다. 또 어떤 이들은 국민 대다수가 억압받고 착취당하는 세상에서 '동정심'이란 말이 너무나 이기적으로 들린다고 지적하면서, 이런 현상을 단지 감상적으로 수용하라고 하는 것 아니냐고 따졌다. 그러나 가장 중요한 특징 세 가지를 선택했을 때, 많은 사람들이 여전히 '동정심'을 해방을 위한 투쟁에서 필수적인 요소로 여기고 있음이 밝혀졌다. 많은 토론을 거친 뒤, 하나님의 나라를 이 땅에 건설하기 위해서는 적극적인 참여가 요구되며, 이것은 라틴 아메리카의 그리스도인들에게 가난한 이들을 해방시키기 위한 동정어린 투쟁을 뜻한다는 결론을 내렸다. 이러한 설명이 충분히 설득적이지도 못했고 라틴 아메리카에 대한 그리스도인의 영성을 모두 다 포괄하지도 못했다고 강조하긴 했지만, '새로운 교회'의 요점을 포착했다는 것을 부인하지는 않았다.

거기서 루차(lucha, 투쟁)란 말이 거듭거듭 사용되는 것을 보고 나는 충격을 받았다. 이 단어는 대중의 비참성에 대한 수동적이고 숙명적인 자세를 없애고 가난과 억압과 착취에 대항한 싸움에 적극적이고 때로는 공격적으로 참여해야 하는 긴급함을 강조하기 위하여 사용된다. 그러나 나는 그리스도교 공동체의 일상생활에 이 루차(lucha)의 구체적 개념과 그리스도교적인 전략을 규정하려고 애썼다. 그런 구체적인 개념이나 전략 없이는 국민들의 완전한 해방을 위한 싸움이 '권리를 위한 싸움'으로 끝나 버릴 위험이 있다. 이러한 형태의 루차(lucha)는 하나님의 기쁨과 평화에 따라 진행되지 않고, 어떤 억압 형태를 또 다른 그 무엇으로 대체시키려는 인간 본능에 따라 변질될 우려가 있다. 그것이야말로 광신적 행위가 아닌가!

2월 13일, 토요일

이번주에는 우울한 기분이 조금 가셨다. 덜어졌거나 치유된 것이 아니라 그 강도가 조금 줄어들었을 뿐이다. 내가 원하는 방향으로 직접적이고 역동적으로 움직여야 한다는 통찰이 도움이 되었다. 최상의 사람들을 만나고 최상의 장소를 방문하고 최상의 사건들을 보기를 기대하는 데서 우울감이 커졌다. 내가 하나님의 뜻을 적극적으로 찾고 눈과 귀를 열고 돌아다니며 질문을 하고 끊임없이 기도할 때, 비로소 인생에서 내가 나아가야 할 방향을 찾을 수 있을 것이다. 하나님은 나를 찾고 계시지만 내가 그분을 찾을 때 비로소 그분을 만나게 되고 그분의 말씀이 분명해지리라 확신한다. 하나님을 찾기 위한 투쟁을 포기한 채 그저 앙심을 품고 기다리는 자세로 돌아갈 때마다 또 다른 우울감에 빠진다는 것을 알게 되었다.

2월 14일, 주일
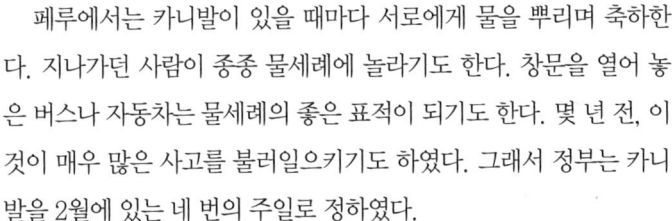

페루에서는 카니발이 있을 때마다 서로에게 물을 뿌리며 축하한다. 지나가던 사람이 종종 물세례에 놀라기도 한다. 창문을 열어 놓은 버스나 자동차는 물세례의 좋은 표적이 되기도 한다. 몇 년 전, 이것이 매우 많은 사고를 불러일으키기도 하였다. 그래서 정부는 카니발을 2월에 있는 네 번의 주일로 정하였다.

친구들은 이 네 번의 주일에 낡은 옷을 입으라고 하였다. 가는 곳마다 길모퉁이에서 물세례를 받지 않은 사람들을 공격하기 위하여 풍선, 그릇, 프라이팬, 심지어 커다란 양동이를 들고 있는 십대들도 보았다. 또 건물을 드나드는 사람들을 놀래키기 위하여 지붕 위에서 기다리고 있는 극성스런 사람들도 보았다. 어떤 이들은 카니발 동안 집 안에만 있기로 작정했다고도 한다. 교회 성가대 가운데 한 그룹은 흠뻑 젖은 채 교회에서 노래 부르기가 싫다고 오늘만큼은 찬양도 안 하기로 결정하였다. 나는 베네딕트회를 방문하기 위하여 리마 남쪽 교외에 있는 라스 플로레스 행 버스를 탔다. 다른 많은 버스들과 달리 이 버스에는 깨어진 창문이 별로 없어서 이것을 탔다. 그런데도 각 정류장에서 타고내리는 사람들은 완전히 흠뻑 젖어 있었다. 정장을 한 사람들도 물에 빠진 고양이처럼 보였다. 그럼에도 불구하고, 모두가 이 장난을 즐기고 있는 것처럼 보였다. 운전사는 사람들이 손을 들면 어디에서나 타고내리게 하면서 물세례를 피하려 애를 썼다. 그는 즐거운 마음으로 그 장난을 즐겼.

젊은이나 어른이나 대부분 이 장난을 웃음으로 받아넘겼다. "그들이 물에 페인트를 넣지 않는 한, 이것은 아주 재미있지요. 이곳은 매우 더워서 집에 도착하기 전에 옷이 다 말라 버립니다." 한 여성이 말하였다. 내 옷도 축축하였다. 그러나 젖지는 않았다.

2월 15일, 월요일

지난 며칠, 마리스타회 영성지도자인 테레사로부터 몇 명의 페루 출옥수를 위하여 쓸 돈을 보내 달라는 편지를 몇 통 받았다. 오늘 테레사는 자신이 일하는 거대한 감옥 루리간초로 나를 데려갔다. 루리간초에 네 시간 있으면서 보고 듣고 냄새 맡는 것을 도저히 그대로 적을 수가 없다. 단지 내가 받은 인상만 적고 싶다.

루리간초는 세계 속 또 다른 세계다. 약 4천 명의 남자들이 거대한 벽과 감시탑으로 둘러싸인 작은 공간 안에 살고 있다. 살인자에서부터 코카인 거래자까지 죄목은 무척이나 다양하였다. 대다수는 한 번도 선고를 받은 적이 없다. 그들의 소송이 언제 법정에서 다루어질지, 또 얼마나 더 기다려야 할지를 아는 이가 없다. 몇 달 동안 있었던 사람도 있고, 7년 이상 그곳에 있어 온 사람도 있다. 그곳이 처음인 사람도 있고, 마치 자기 집인 양 들락거리는 사람도 있다. 친절하고 다정해 보이는 이도 있고, 입을 꼭 다문 위협적인 사람도 있다.

루리간초는 하나의 소우주라는 인상을 받았다. 감옥 안에서 나는 도서관 직원들과 함께 몇 개의 작은 도서실을 가 보았다. 사방에 바구니를 짜는 사람, 공놀이를 하는 사람, 햇볕 아래 잠자고 있는 사람, 구석에 서서 이야기를 나누는 사람들도 있었다. 드문 일이지만 칼이나 권총이나 마약이 구석진 곳이나 벽장이나 감방 안에 숨겨져 있기도 한다. 이들이 할 일은 무엇인가? 대부분 바구니를 만드는 일 외에 할 일이 없다. 그러나 그런 가운데도 많은 일들이 진행되고 있다. 조폭들은 서로 싸우고 죽인다. 어떤 이들은 함께 모여 기도하거나 공부하기도 한다. 온순하고 조용하며 겸손한 이들이 있는가 하면, 공격적이고 위험한 사람들도 있다. 사람들은 그들이 두려워 피하곤 한다. 그래서 그들은 특별한 통제 아래 있게 된다.

제일 처음 나를 놀라게 한 것은 말할 수 없는 혼돈이었다. 마치 모든 규율이 다 없어진 것처럼 보였다. 열세 개의 큰 감방들이 대부분 열려 있었기 때문에 우리는 자유롭게 드나들 수 있었다. 죄수들은 별로 제한받지 않고 주위를 돌아다녔다. 마치 자신들이 책임자인 것처럼. 대부분 수영복만 입고 있었다. 어떤 이들은 몸에 큰 흉터가 있었다. 그것은 고문을 피하기 위하여 자기 몸에 낸 상처였다. 음식은 아침에는 빵, 점심에는 밥과 콩, 저녁에는 스프가 나왔다. 감방 뜰에 큰 통에 담아서. 그러나 많은 이들이 다른 방법으로 식생활을 해결한다. 그들은 면회 온 가족들에게 돈을 받아 다른 암 거래 상점이나 바에서 음식을 산다.

친절과 인간미가 있는가 하면, 공포와 잔인과 폭력이 난무하기도 한다. 나를 가장 놀라게 한 것 가운데 하나는 모든 죄수들이 일주일에 두 번 면회자를 만날 수 있다는 것. 면회 날에는 감옥 안 인구가 실제 두 배로 늘어난다. 여성들이 큰 광주리에 음식을 담아 온다. 어떤 것은 돈 가진 이들에게 팔기 위해서다. 한 감방은 아주 활기찬 장터 같았다. 여러 개의 음식 진열대가 있었다. 사방에서 온 이들이 마루에 걸터 앉아 이야기를 나누거나 카드놀이를 하고 있었다. 씨우다드 데 디오스의 시장과 도무지 다를 바가 없었다.

죄수들은 아내나 여자친구를 감옥 안에 들어오게 할 수 있다. 감방 친구들은 몇 시간 동안 자리를 비켜 준다. 죄수들은 대부분 그들이 살던 지방이나 도시별로 수용되어 있다. 그들은 동료들이 어떤 죄를 지었느냐에는 별로 신경쓰지 않아 보인다. 때로는 초범들과 살인범이 함께 수용되기도 한다.

간혹 감방 사이에 싸움이 벌어지기도 한다. 벽이 부서지고 창문이 박살나고, 거기에 술까지 엎질러져 있으면 사람들도 다치고 죽기도 한다. 그때는 경찰(guardia republicana)도 속수무책이다. 지난 2월 2일, 경찰은 한 감방에서 야만적이고 잔인한 폭력을 행사하였다. 최루가스가 사용되었다. 무차별적으로 총알도 발사하였다. 네 시간의 발작 동안, 죄수들은 참혹하게 두들겨 맞았고 고문당하고 부상당하였다. 모든 것이 끝났을 때, 세 사람이 죽어 있었다.

이런 이야기를 하면서 죄수 가운데 한 사람이 나를 자신이 가꾼 꽃밭으로 데리고 갔다. 그는 막 피어난 장미들을 자랑스럽게 보여 주었다. 모든 것을 다 적기는 역부족이다. 그러나 이것이 루리간초다.

도중에 우리가 들어갈 수 없는 임시건물을 지났다. "동성애자들이 함께 사는 곳입니다." 안내하던 죄수 한 명이 알려 주었다. 많은 죄수들이 건물 주위에 매달려서 담을 통하여 안쪽을 들여다보고 있었다. 갑자기 내가 동물원에라도 있는 느낌이 들었다. 한 죄수가 말하였다: "보세요. 저들이 동성애자들이에요." 루리간초 안에는 남자들 사이에 많은 섹스가 행해지지만, 이곳에는 진짜 '여자구실을 하는 남자 동성애자들'이 있다. 그들은 자신들의 희망에 따라 감금되었다. 나는 그런 식으로 감금된 이들을 훔쳐보는 인간들을 결코 본 적이 없었다. 그것은 마치 검은 죄악처럼 느껴졌다.

마지막으로, 테레사가 나를 외국인 감방으로 이끌고 갔다. 그것은 우리가 방금 본 감방에서 얼마간 떨어져 있었다. 우리가 그곳에 들어섰을 때 마치 고급 컨트리클럽에 들어선 것 같은 묘한 기분이 들었다. 뜰에는 금발의 젊은 남자들이 수영팬티를 입고 라켓볼을 치거나 누워서 일광욕을 즐기고 있었다. 햇볕에 그을리고 영양상태가 좋은 그들의 몸매는 내가 방금 전 보았던 가난한 페루사람들의 검고 흉터 난 몸과 강한 대조를 이루었다. 그들은 부유한 중산층의 유럽사람이나 미국사람이나 호주사람들이었다. 어둡고 더러운 감방과는 전혀 다른 세상에서 온 사람들이었다. 한 네덜란드 젊은이도 만났다. 그는 고향사람을 만나 모국어를 할 수 있다는 사실에 기뻐하였다. 그가 나를 안내해 주었다. 주된 생활공간은 넓고 탁 트인 홀로 이루어져 있었다. 사람들은 여기서 대부분의 시간을 보냈다. 분위기는 마치 박람회장 같았다. 중앙에는 간단한 목공일을 할 수 있는 작업대가 있었다. 음식과 마실 것을 파는 판매대도 늘어서 있었다. 곳곳에서 카드나 바둑이나 장기를 두고 있었다. 깨끗하고 잘 정돈되어 있어서 감옥이라기보다는 무슨 유원지 같았다. 네덜란드 안내인이 자신의 침실을 보여주었다. 두 개의 이단침대가 놓인 작은 목조 방이었다. "2백 달러를 줬죠. 여기서는 돈만 있으면 뭐든지 손에 넣을 수 있습니다." 그는 이렇게 말하며 같은 방 친구인 키 크고 잘 생긴 워싱턴 D.C. 출신의 미국사람을 소개해 주었다. "이곳에 있는 것도 그리 나쁘진 않군요." 하고 말을 걸었더니, "사실 감금되어 있다는 것과 얼마나 오래 있을 것인지 모른다는 것을 제외하면 이곳도 꽤 괜찮지요." 하고 대답하였다.

나는 이내 그들이 둘 다 마약 때문에 체포되었다는 것을 알았다. "전 어떤 비밀경찰에게 마약을 팔았지요. 그래서 이곳에 오게 되었어요." 하고 네덜란드사람이 말하였다. 그와 그의 미국 친구가 하는 말을 듣고 그들의 처지를 어느 정도 알 수 있었다. 그들은 마약밀매

혐의로 체포되었기 때문에 보석금을 내야 나갈 수 있다. 또 변호사를 사는 데는 비용도 많이 들고 운도 따라야 한다. 돈은 대사관을 통하여 네덜란드나 미국에서 왔다. 다행히 미국사람의 아내는 리마에 있고 일주일에 두 번 면회를 오고 있었다. 원하는 음식은 뭐든 죄다 갖다 준다. 네덜란드사람은 "우리는 감옥 음식에 손도 대지 않습니다. 이 친구 아내가 스테이크와 훌륭한 스프를 갖다 주거나 우리 스스로 음식을 만들어 먹기도 하지요."라고 말하였다. 그곳에서 어떻게 시간을 보내느냐고 묻자, "우리는 책도 많이 읽고 게임도 하고 태양 아래 앉아서 이야기도 하지요. 원하면 마약도 구할 수 있어요." 하고 대답하였다.

나는 루리간초 감옥의 중심부에서 타락의 극치를 달리는 이 묘한 섬을 결코 기대하지 않았다. 이곳에서 나는 차별대우를 보았다. 가난한 이들은 비참할 정도의 가난 속에 살고 있었다. 그러나 부유한 이들은 자신들의 컨트리클럽도 세웠다. 그리고 이 두 세계가 모두 감옥 벽 뒤에 나란히 존재하고 있었다.

그러나 이것은 보이는 것처럼 단순하지는 않았다. 외국사람들은 밤이면 밤마다 가난한 이들의 공격으로부터 자신들의 영역을 방어해야만 하였다. 그 네덜란드사람의 설명에 따르면, 지붕으로 침입해 들어와서 물건을 훔쳐 가는 것을 막아 보려고 자신들끼리 보초도 서야 한다고 했다.

우리가 거대한 문을 지나 집으로 돌아오는 버스에 탔을 때, 아주 단순하고 순수하며 거룩한 사람만이 이들과 함께 일할 수 있으리라는 걸 알았다. 네 시간 동안 그곳에 있는 것만으로도 테레사가 바로 그런 사람임에 틀림없음을 알게 되었다. 그녀는 두려움이 없고 솔직하고 실천력이 있었다. 감상적이지도 않았다. 하나님의 사랑을 깊이 느끼고 있었다. 그녀는 이 세계에서 감동을 끼치고 있었다. 그 모든 것을 보았지만 그 속에 휩쓸려 들어가지 않았다. 그 사람들도 그녀가 다른 숨겨진 목적 없이 봉사하는 몇 안 되는 사람 가운데 하나라는 것을 알았다. 그녀는 단지 그들에게 도움을 주기 위하여 그곳에 있었다. 하나님에 대한 단순한 사랑, 그것은 암흑세계의 복잡성에 둘러싸여 있어서, 쉽게 구별될 수 있었다.

2월 16일, 화요일

오늘은 출판사에서 비행기 편으로 나한테 보낸 몇 가지 교정본을 가지러 공항에 갔다. 고지식하게도, 나는 그것이 몇 분 안에 될 줄로 생각하고 갔다. 그러나 화물칸에 들어섰을 때, 아뿔사 내가 지금까지 해본 그 어떤 것보다도 복잡한 단계가 기다리고 있었다. 서류도 가지각색이었다. 한 곳 한 곳 통과할 때마다 한숨이 푹푹 나왔다. 기다리기도 지쳤다. 나를 더욱 더 흥분하고 당황하게 한 것은 기다리고 있는 이들의 끝없는 물결이었다. 어떤 어린 소년들이 화물을 바로 찾을 수 있는 방법을 안다면서 그것을 대신 해줄 테니 돈을 달라고 하였다. 그러나 나는 안심할 수 없어서 계속 서류뭉치를 들고 끙끙 씨름을 하였다. 세 시간이 지난 뒤, 마침내 그 화물을 볼 수 있는 창고에 들어갔다. 한 시간 뒤, 세관에서 온 사람이 몇 가지 서류를 더 가지고 와서 짐을 풀어 확인하게 하였다. 이제는 그것을 집으로 가지고 갈 수 있을 거라고 생각하였다. 그러나 곧 그 복잡한 절차들 가운데 그저 절반 통과했을 뿐임을 알았다. 두 번 더 요구하는 돈을 지불하고 세 번을 더 사람들이 길게 늘어서서 기다리는 관청을 왔다갔다 해야 했다. 그때서야 나는 그 소년들에게 돈을 주고 대신 일을 처리해 달라고 부탁하였다. 그들이 서류를 가져가면서 자기들 신분증을 나한테 맡겼다. 내일 아침이면 화물을 찾을 수 있다는 그들의 말을 듣고 공항을 떠났다.

페루에서 3년이나 일하고 이 '신속한 용건'(quick errand)을 위하여 공항까지 태워다 준 미주리 주 제퍼슨 시의 영성지도자 데이비드가 웃음보를 터뜨렸다. 이런 사무처리 방식이 얼마나 많은 페루사람들에게 일자리와 돈을 제공하고 있는지, 나한테는 얼마나 많은 인내심을 발휘하게 했는지 설명해 주었다.

페루 방식으로 일처리를 하고 사람들과 이야기를 하고 스페인어를 연습하고 그 물결에 편승하는 것이 얼마나 어려운지 새삼 놀랐다. 심부름을 시키기보다는 직접 기다리며 일을 처리하는 게 훨씬 더 나았을 것이다. 그러나 내 낭패감과 성급함과 걱정은 나를 멀어지게 하였다. 가난한 이들과 연대감을 느끼는 데서!

2월 17일, 수요일

두 시간 이상 관청에서 관청으로 뛰고 끊임없이 대면하게 되는 사람들과 이야기를 나누고 팁을 지불한 뒤 드디어 화물을 찾았다. 그리고 나는 영성 수업에 들어가서 '현대 라틴 아메리카 영성의 특징'에 대한 구스타프의 강의를 들었다. 그것은 이제까지 들은 강의 가운데 가장 감동적인 것이었다. 지난 10일 동안 우리 마음을 차지했던 많은 주제들을 함께 묶어 주었다.

구스타프는 '라틴 아메리카 역사 속에서 가난한 이들의 폭발'을 강조하였다. 고통받는 가난한 사람들은 새로운 방식의 그리스도인, 곧 새로운 영성을 지향하는 목회 공동체가 되어 왔다. 그 새로운 방식은 개개인의 회개뿐만 아니라 전체 교회의 회개를 요구하는 것이 특징이다. 이 회개는 은총 속에서 추구되는 삶의 방식을 약속한다. 그러한 분위기 속에서 우리는 고통에서 더 나아가 진정한 기쁨을 체험하게 된다. 가난과 싸우는 이들과 함께 '영적인 유아'(spiritual infants)로 살도록 도와준다. 공동생활에서 자유로움을 발견할 수 있게 해준다. 이런 모든 것이 그리스도교 영성의 고전적인 주제 가운데 들어 있었다고 하더라도 가난한 사람들의 폭발과 관련해서 더욱 새로운 의미를 갖게 되었다.

나를 가장 놀라게 한 것은 자유를 위한 투쟁의 영성과 개인적 성장의 영성을 통합시키는 그의 능력이었다. 그는 해방을 위한 투쟁의 요소로 개인적 우정, 애정어린 관계, '소용 없는'(useless) 기도, 그리고 친밀한 기쁨이 매우 소중하다고 강조하였다.

나는 구스타프의 방법에 특히 흥미를 느꼈다. 그는 자기 영성의 근원으로 라틴 아메리카의 고통받는 교회들에게서 온 문서들을 이용하였다. 리마의 그리스도교 공동체가 쓴 교재, 과테말라와 칠레 영성 지도자들의 성명서, 엘살바도르의 영성지도자 로메로의 연설, 루틸리오 그란데와 네스토 파스와 루이스 에스피날의 편지들, 그리고 '행방불명된 사람들'의 어머니들이 쓴 성명서들, 이 모든 것이 구스타프가 라틴 아메리카를 위한 영성을 발전시킨 근원을 이루었다. 그것은 박해와 순교에서 체험한 고통에 대한 성찰의 모본이었다. 따라서 구스타프의 시각이 열광적인 환영을 받았다는 것도 결코 놀랄 일은 아니라고 생각한다. 그는 진정한 신학자다. 그는 수천 명을 위하여 하나님 말씀의 빵을 쪼개고 희망과 용기와 확신을 주는 사람이다.

2월 18일, 목요일

라틴 아메리카에서 신앙 생활을 한다는 것은 무엇을 뜻하는 것일까? 신생도시(pueblo joven) 한가운데서 주님께 바친 사람들의 작은 단체와 함께 생활하고, 또 그 그룹이 중심이 되어 주변 사람들에게 희망을 주는 그런 방식으로 기도와 묵상을 실천할 수는 없을까?

내가 지금 보는 것은, 다른 여러 계획에 참여하고 있는 헌신적이고 관대한 많은 사람들이다. 그들은 매우 바쁘고 마음이 어수선하고 쉴 틈이 없어서 지쳐 있다. 그들은 서로를 위한 시간과 공간이 없다. 또한 영성적 독서나, 신학적 성찰이나, 신앙적 체험의 나눔이나, 마음의 기도나, 예전적 매일기도나, 그 밖에 다른 신앙 훈련을 할 시간이 거의 없다.

그러나 아주 가난한 사람들 가운데서 작은 모임이 하나님이 함께 하심을 축하하도록 공간을 마련해 주었다면 어떨까? 사방으로 분주하게 돌아다니는 대신에, 이 작은 모임이 다른 사람들을 기도와 침묵과 성찰로 이끌고 신앙 체험을 나누게 하며 하나님을 찬양하는 노래를 부를 수 있게 한다면 어떻게 될까? 그것은 단지 낭만적인 꿈에 지나지 않을지도 모른다. 그렇지만 그것은 나를 끊임없이 지배하는 꿈이다.

2월 19일, 금요일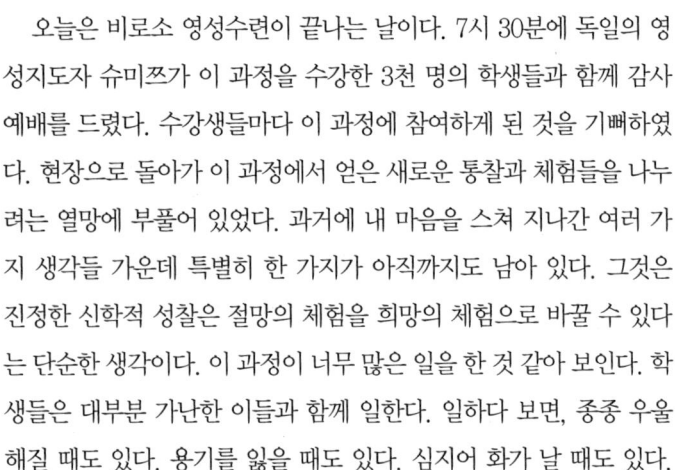

오늘은 비로소 영성수련이 끝나는 날이다. 7시 30분에 독일의 영성지도자 슈미쯔가 이 과정을 수강한 3천 명의 학생들과 함께 감사예배를 드렸다. 수강생들마다 이 과정에 참여하게 된 것을 기뻐하였다. 현장으로 돌아가 이 과정에서 얻은 새로운 통찰과 체험들을 나누려는 열망에 부풀어 있었다. 과거에 내 마음을 스쳐 지나간 여러 가지 생각들 가운데 특별히 한 가지가 아직까지도 남아 있다. 그것은 진정한 신학적 성찰은 절망의 체험을 희망의 체험으로 바꿀 수 있다는 단순한 생각이다. 이 과정이 너무 많은 일을 한 것 같아 보인다. 학생들은 대부분 가난한 이들과 함께 일한다. 일하다 보면, 종종 우울해질 때도 있다. 용기를 잃을 때도 있다. 심지어 화가 날 때도 있다.

그런데 이 과정을 통하여 귀중한 성찰을 하게 되었다. 곧 이 모든 것 가운데서 하나님이 우리와 함께 하심을 깨닫게 된 것이다. 숙명론과 절망에서 벗어나게 되었다. 고통은 투쟁을 뜻하며 그 투쟁 속에 하나님이 우리와 함께 하심을 체험하게 되었다. 그래서 새로운 기쁨이 커질 수 있었다. 우리는 새로운 세상을 위하여 가난한 이들과 함께 일하고 함께 괴로워하는 것이 특권이라는 것을 깨닫게 되었다.

그리하여 마지막 예배는 우리와 가난한 이들 가운데 계시는 하나님의 임재를 드높이는 축하의 자리가 될 수 있었다. 우리가 눈으로 보고 귀로 듣고 손으로 만졌던 것에 대한 감사의 표현이 될 수 있었다(요한일서 1장 1절).

2월 20일, 토요일

감사는 가난한 이들의 가장 눈에 띄는 특징 가운데 하나라는 것을 알게 되었다. 나는 늘 감사의 말에 둘러싸여 있다. "방문해 주셔서 감사합니다." "축복해 주셔서 감사합니다." "설교해 주셔서 감사합니다." "우리와 함께 계셔 주셔서 감사합니다." 심지어 아주 작고 흔한 생활필수품 하나에도 감사를 표한다. 이렇게 모든 것에 대하여 감사하는 마음이 축하를 위한 토대이다. 가난한 이들은 그들의 생을 감사할 뿐만 아니라 끊임없이 그것을 축하한다. 방문, 재회, 단순한 모임이 언제나 작은 축하잔치 같다. 또 새로운 선물이 알려질 때마다 노래, 축배, 축하의 말이 오가고 먹고 마실 것이 있다. 그리고 모든 선물이 나누어진다. "음료수 좀 드셔 보세요." "과일 좀 드세요." "저희집 빵 좀 드세요." 이것이 내가 방문할 때마다 사람들에게서 받는 대접이다. 인생의 모든 것은 함께 축하하고 함께 나누어야 할 선물이다.

따라서 가난한 이들은 성만찬 백성들이다. 곧 하나님과 생명과 서로에게 감사할 줄 아는 사람들이다. 그들이 예배에 참석하지 않고 많은 교회 의식에 참석하지 않을지도 모른다. 그러나 그들은 마음 속에 깊은 신앙심을 지니고 있다. 그들에게는 생의 모든 것이 하나님과 함께 하는 기다란 축제다.

2월 21일, 주일

팜플로나 알타에 한 달 넘게 있은 뒤에야 나는 '목회적 현존' (pastoral presence)이 어떤 계획이나 프로젝트보다 더 중요하다는 것을 깊이 믿게 되었다. 사람들은 자신들의 삶을 함께 나누기 위하여 누군가를 원한다는 것을 관찰하고서 그런 확신이 더 커졌다. 오후에 나는 음악소리가 들리는 곳으로 갔다. 내가 사는 곳에서 여섯 블록 정도 떨어진 곳에서 사람들이 한 그루의 나무 주변을 춤추며 돌고 있었다. 그러다가 그 나무를 조금씩 잘라 나가는 것을 보았다. 그것은 페루의 밀림지대에서 인기가 있는 의식이었다. 팜플로나 알타로 온 몇몇 이주자들이 전해 준 카니발 의식이라고 하였다.

초면인데도 그들은 나에게 마실 것을 주고 잔치에 끼워 주었다.

한 사람이 눈도 깜빡하지 않고 자신은 마약 상인이며 방금 콜롬비아에서 코카인 가루(cocaine pasta) 1킬로그램을 수입했다고 하면서 이렇게 말하였다: "제가 단순하고 가난해 보이시겠지만, 이래도 스페인에서 열리는 월드컵 경기를 구경하러 갈 만큼 돈이 많습니다." 내가 루리칸초 감옥에서 마약 밀매자들을 많이 만났다고 말해도 그는 무표정하였다. 마약 암흑가로부터 보호를 잘 받아서 그런지, 그는 밀매 행위를 솔직하게 말해도 그것이 전혀 위험되지 않는 것 같아 보였다.

이 마약상 외에도 농담처럼, 또는 진지하게, 또는 심하게 취한 채, 또는 맑은 정신으로 나에게 자신들의 이야기를 하고싶어 하는 이들이 많았다. 무엇보다도 나를 놀라게 한 것은 이 페루사람들이 쉽게 나를 받아들여 자신들의 일원이 되게 하는 방법이었다.

그저 주변을 돌아다니며 사람들과 인사를 나누고 그들의 집에 들어가서 문턱에 걸터앉고 공놀이를 하고 물을 뿌리고 그들과 함께 살고싶어 하는 마음이 간절해진다. 단순히 함께 있을 수 있는 시간과 자유를 가지는 것도 특권이 아니겠는가! 그러나 그것이 나에게는 쉬운 일이 아니다. 무엇인가 중요한 것, 필요하고 의미있는 계획에 참여하고픈 열망이 너무 큰 나머지, 모임과 회의와 연구단체와 워크숍으로 내 시간은 다 채워진다. 계획을 세우지 않고 절실한 목적을 위하여 주변에 있는 이들을 조직하는 일 없이, 사회 발전을 위하여 직접적으로 일하는 것을 무시하기는 어렵다. 그러나 가장 먼저 해야 할 일이 사람들과 인사를 나누고 그들과 함께 먹고 마시며 이야기하고 악수하고 포옹하는 것이 아니라면, 과연 진정으로 그들을 사랑하는 것이 무엇일까 하는 의구심이 커져만 간다.

만일 내가 페루에 오래 살기로 작정한다면, 나는 한 곳에 머무르며 페루사람들의 일상생활 속에 들어가는 데 첫 해를 보내야 한다고 생각한다. 말씀과 성례전의 교역(ministry)은 사람들과 깊은 유대 속에서 자라야 한다. 관상은 목회나 교역에 필수적이다. 진정한 관상은 사람들의 삶의 이야기를 듣고 진정 깊은 신앙의 가슴으로 그들을 받아들이는 것이다. 이 관상을 통하여 복음의 기쁜 소식이 그분의 백성들에게 어떻게 알려져야 하는지, 그리고 하나님의 현존이 그분의 백성들에게 어떻게 분명해져야 하는지 뚜렷해지리라고 믿어 의심치 않는다.

가장 위대한 소식은 하나님께서 자신의 백성과 함께 하시고 진정으로 살아 계신다는 것이다. 그러면 이 하나님의 현존을 드러내는 것보다 더 훌륭한 목회나 교역이 있을까? 왜 근심하는가? 하나님께서 함께 하신다면 친히 나에게 그 길을 보여 주실 것이다.

2월 22일, 월요일

리마의 여러 구역 가운데 한 곳에 영성지도자들이 두셋씩 살면서 정해진 시간에 함께 기도하고 거리를 걷고 가정들을 심방하고, 하루는 공부와 성찰로 보내고 가능할 때마다 호의를 베풀고, 그러면서 하나님이 함께 계시는 신비를 축하하면 어떨까 하는 물음이 아직도 나를 사로잡고 있다. 무슨 말이냐 하면 한 마디로 사람들에게서 배우기 위하여 그들 가운데 사는 것. 이것은 낭만적이고 감상적이라고 생각될지 모른다. 그러나 사실 이것은 사람들이 우리의 교사가 되도록 허락할 수 있는 수련이 요구된다. 그런 수련을 통하여 우리가 보고 듣는 모든 것이 사람들 가운데 하나님을 알리는 풍요로운 원천이 되게 할 수 있다.

그것은 함께 있어 주는 임재의 사역(ministry of presence)이 될 것이다. 그러나 적극적이고 명료하고 사려깊은 임재가 될 것이다. 그것은 끊임없이 주고받는 상호 사역이 될 것이다. 그것은 관상과 행동, 축하와 해방, 연구와 노동, 고행과 잔치, 우애와 호의가 될 것이다. 나는 지금 이 순간도 이러한 목회에 마음을 활짝 열고자 하는 젊고 이상적이고 잘 수련된 신학생들이 있다고 확신한다. 이 생각이 꿈이나 환상이나 착각이나 더 나쁜 것을 추구하는 일인가? 나는 얼마 동안 쉬면서 하나님을 섬기기 위한 내 자신의 열망의 땅에 심은 이 작은 씨앗이 어떻게 될 것인지 지켜볼 것이다.

2월 20일, 토요일

빌라 살바도르는 리마의 한 지역이다. 1971년까지는 건조하고 모래로 뒤덮인 황량한 불모지 사막에 지나지 않았다. 그러나 11년이 지난 지금, 그곳에는 30만 명이 살고 있다. 사막을 도시로 만드는 일은 어렵고 고통스러운 싸움이었다. 그러나 지금은 자신들이 성취한 일을 자랑스럽게 여긴다. 수도와 전기가 보급되었고 학교도 많다. 노동자들을 공장이나 사무실로 태워다 주는 교통수단도 서서히 발전하고 있다.

빌라 살바도르에 지난 8년 동안 살아온 아일랜드 출신의 영성지도자 유진 퀴크와, 예수회 영성지도자인 프랑스사람 자신또와 바스크사람 호세를 방문하였다. 유진과 자신또와 호세와 나눈 긴 대화 동안 내게 가장 감동적이었던 것은 그들이 그 사람들과 함께 머무는 단순한 행위를 자신들의 교역 핵심으로 여긴다는 사실이었다. 유진은 이곳에 목공소를 세우고 작은 판잣집에 살기 시작하였다. 시간이 오래 걸리기는 하지만 많은 사람들을 알게 된 게 확실하였다. 오늘에 이르러서는 튼튼하고 아주 중요한 그리스도교 공동체도 세울 수 있었다. 자신또는 작은 가구 공장에서 일하며 하루에 두 시간씩 수천 명의 사람들과 인사를 나눈다. 호세는 근처 목공소에서 일한다. 주말 동안 자신또와 호세는 집 주변을 돌아다니며 사람들을 만나고 이웃이 필요로 하는 것을 돕는다. 유진과 자신또와 호세는 자신들의 집 안에 작은 기도실을 꾸며 놓고 인간들로 이루어진 바다 한가운데서 감사하며 생활한다.

이들과 하루를 보내는 것은 즐거움 그 자체였다. 그들은 자신의 삶을 사람들과 함께 즐기는 소박한 좋은 사람들이다. 그들은 열심히 일하면서도 누구를 위해서든 그리고 무슨 일을 위해서든 시간이 있는 것 같아 보인다. 그들은 이 사막같은 도시에서 편안함을 느끼며 빌라 살바도르 공동체의 일원으로 생활하고 일하는 게 얼마나 큰 특권인지를 서스름없이 이야기한다.

이곳에는 위대하고 거룩한 신비, 성육신의 신비가 단순한 방식으로 살아 있다. 하나님의 백성과 함께 있을 수 있는 기회가 주어진 데 대하여 날마다 하나님께 감사하며 하나님을 찬양하는 사람들. 아일랜드사람과 바스크사람과 프랑스사람들. 그들 집을 드나드는 많은 어린이들은 하나님이 자신들 모두에게 얼마나 가까이 계시는지를 자연스레 깨달아 가는 것 같았다.

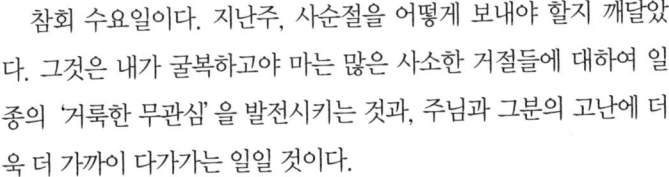

2월 24일, 수요일

참회 수요일이다. 지난주, 사순절을 어떻게 보내야 할지 깨달았다. 그것은 내가 굴복하고야 마는 많은 사소한 거절들에 대하여 일종의 '거룩한 무관심'을 발전시키는 것과, 주님과 그분의 고난에 더욱 더 가까이 다가가는 일일 것이다.

사람들이 저마다 날마다 가하는 작은 거절들을 참아내기란 참으로 어려운 일이다. 소개를 통하여 초청되어 이 나라에 살고 있는 지금 이것을 훨씬 더 강하게 느낀다. 만일 그들과 아주 가깝게 친해지지 않는다면, 사람들을 만나거나 계획을 세우거나 당면한 문제를 알기가 어렵다. 지난달에 나는 많은 흥미있는 사건들을 한참 뒤에야 듣게 되었다. 왜 아무도 그 일에 대하여 내게 이야기해 주지 않았을까? 그들이 나한테 무슨 적대감이라도 있어서 알려 주지 않았다고는 생각하지 않는다. 모두 당연히 다 알 것이라고 생각하고 친분을 개인적인 초청으로까지 확대하지 않는다. 그래서 나는 환영받으면서도 동시에 환영받지 못하고 있는 것마냥 느낀다. 내가 있는 것을 불평하는 사람도 없고 기뻐하는 사람도 없다.

이런 분위기 속에서 때로는 나는 거절당하여 혼자 내버려진 느낌이 든다. 이런 거절을 당했을 때 곧 나는 의기소침해지고 외로움을 느낀다. 그러면 나는 분개하며 심지어 복수심마저 생기려 든다. 그러나 문제는 제도적인 것에 있다. 교회는 그러한 제도에 이바지하려드는 경향이 있다. 영성지도자들은 예배를 집례하고 세례를 주며 결혼예식을 주관해야 한다. 그것을 책임지고 할 수 있는 사람들은 언제나 '환영을 받는다.' 할 일이 아주 많은지라, 훌륭한 일꾼들이 쉽게 자리 잡을 수도 있다. 동시에 도움을 원하는 사람도 많고 참가할 활동과 모임도 많아서 개인적인 친분 관계에는 주의를 기울이기가 어렵다. 그래서 사랑을 설교하고 가정생활과 우정과 서로 돕는 일의 소중함을 강변하는 사람들이 정작 자신들은 붐비는 목양실에서 외롭게 살고 있는 모순을 자주 발견하게 된다.

이것을 해결할 방법은 과연 없을까? 함께 걷고 있는 사람들을 볼 때 그들도 과연 그럴까 하는 의구심이 생긴다. 그들은 모두 헌신적이며 열정적이고 사람들을 돌보는 데 심혈을 기울인다. 그들은 모두 사람들을 위하여 생명을 바칠 것이다. 그들은 목회에 대한 열망으로 가득 차 있다. 그러나 그들도 자신들의 존재 방식에 두루 영향을 주는 거대한 제도의 일부분이다. 거기서 파생되는 외로움을 피할 길이 없다.

그러나 이 모든 것은 깊은 신비의 다른 측면일지도 모른다. 우리는 이 땅에 영원한 집을 가진 것이 아니다. 하나님께서는 오직 우리가 사랑받기를 원하는 방식으로 우리를 사랑하신다는 신비일지도 모른다. 이 모든 작은 거절들은 내가 순례자라는 사실을 상기시키는 것일지도 모른다. 하나님의 손바닥 안에서 거룩한 본향을 향하여 나아가는 순례자! 나는 이런 개인적인 관계에 좀 더 무관심해져야 할 것이다. 내 자신이 알고 사랑하는 것보다 더 나를 잘 알고 사랑하시는 그분 안에서 좀 더 깊이 쉬는 것을 배워야 할 것 같다.

2월 25일, 목요일

어디에 살고 무엇을 해야 하는지에 대한 의문은 어떻게 내 마음의 눈을 주님께 향해야 하는가 하는 문제와 비교하면 정말 사소한 것임을 깨달았다. 예일대학교 신학대학원에서 교수가 될 수도 있다. 제네시 수도원의 빵 가게에서 일할 수도 있다. 페루의 가난한 아이들과 함께 걸어 다닐 수도 있다. 이런 모든 상황에서 완전히 쓸모없고 비참하고 의기소침해질 수도 있다. 나는 이 모든 것을 겪었기 때문에 그것을 확신한다. 적합한 곳이나 적합한 일 따위는 없다. 이 모든 상황에서 행복할 수도 있고 불행할 수도 있다. 내가 그래 왔기 때문에 나는 그것을 확신할 수 있다. 나는 가난뿐만 아니라 부유한 상황에서도, 인기있는 상황에서뿐만 아니라 알려지지 않은 상황에서도, 성공의 순간뿐만 아니라 실패의 상황에서도 기쁨과 괴로움을 느졌다. 그 차이는 결코 그 상황 자체에 달린 것이 아니다. 늘 내 심신 상태에 달려 있었다. 주님과 함께 걷고 있는 것을 알았을 때는 늘 행복하고 평안하였다. 불평과 정서적 욕구불만이 가득 차 있을 때는 늘 쉴 틈이 없고 분리되어 있는 것처럼 느꼈다.

내가 나의 앞날을 결정해야 할 때가 온 것은 사실이다. 5년이나 10년이나 20년 안에 리마에 다시 오고 안 오고는 그리 큰 문제가 아니다. 두려움 없이 무조건 주님이 계시는 곳으로 향하여 가는 것이 중요하다. 이러한 인식이 이곳을 자유롭게 둘러보게 하는 것 같다. 끊임없이 기도하도록 우리를 부르시는 그 거룩한 소명의 길로 오늘도 확신을 가지고 나아가리라.

2월 26일, 금요일

메리놀 공동체의 영성지도자들인 로즈 도미니크와 로즈 티모시는 '센트로 데 크레아티비다드 이 캄비오'(Centro de Creatividad y Cambio, 창조와 변화 센터)의 관리자들이다. 그들의 활동은 그리스도인은 물론 비신자들의 그룹에까지 미치기 때문에 교회의 교역이 아닌 것처럼 보일 수도 있다. 이 센터는 새로운 사회를 건설하기 위한 기반 조직이다. 그 구성원들은 보건, 교육, 청소년 문제에 관심을 집중시키고 변화를 위한 전략을 주장하기 위하여 팸플릿과 소책자를 발행한다. '로즈'(Roses) 회는 페루 여성들의 어려움에 특별한 관심을 기울인다. 그들은 전통적인 교회 체제 안에서 일하는 것은 여성들의 해방을 쟁취하는 데 최상의 방법이 아니라고 느꼈다. 그래서 그들은 요청이 있을 때는 교회도 섬기면서, 스스로 가게도 열었다.

아침에 로즈 도미니크와 한 시간 동안 이야기를 나누었다. 페루 상황에 대한 그녀의 예리하고 동정적인 이해는 내가 그저 어렴풋하게 알고 있었던 것들을 분명하게 해주었다. 해방신학을 주창하는 지도자들이 교회 안에서 여성들의 억압받는 상황을 다루는 문제에는 별로 찬성하지 않거나 이해하려 하지 않는다는 그녀의 지적은 감동적이었다. 그녀는 이렇게 덧붙였다: "이 가톨릭 국가에서 교회의 남성우위적인 사고방식을 바꾸기가 너무 어려워요. 해방신학자들도 바로 그 남성 목회자들이지요. 그들은 여성들에 대한 우리의 관심을 해방을 위한 자신들의 투쟁의 일부분으로 여기려 들지 않습니다."

그녀는 내가 보기는 했지만 정확하게 파악하기 어려웠던 어떤 것에 대하여 이야기하고 있었다. 사회경제적 해방을 위한 압도적인 필요와 끝없는 빈곤, 이런 현실 속에서 남성들이 지배적인 교회에서 볼 때 여성들의 문제란 주의를 산만하게 하는 것 쯤으로 보일 수 있다. 그런 느낌을 이런저런 많은 것들에서 받았다. 교단이나 교파를 초월하여 산 지 여러 해, 이제 나는 진짜 유일한 종교적 힘을 지니고 있는 교회의 강력하고 지배적인 영향력을 느낄 수 있었다. 심지어 교회 안에서 가장 진보적이고 해방적이라고 하는 사람들조차도 여전히 남성중심적 사고와 생활 방식에 안주해 있다. 대부분 무의식적으로.

2월 27일, 토요일

지난 몇 주간, 내가 팜플로나 알타에 있는 동안 목회와 교역에 대하여 충분하게 배웠는가를 생각하며 보냈다. 나는 함께 살고 있는 이들을 사랑한다. 그들과 성만찬 나누기를 즐긴다. 아픈 이들에게 성만찬을 베풀 때마다 감동을 받는다. 주마다 강연자들과 모임을 갖기를 좋아한다. 그러나 진정으로 목회를 베푸는 이들과 하나가 되지는 못했다. 주변에서 일어난 일들을 대부분 나한테는 알려주지 않는다. 어찌어찌 해서 그것을 알게라도 되면, 그것이 나를 적극적인 사역으로 이끄는 게 아니라 오히려 성가신 일이 되고 만다. 나는 청년회 모임에 참석하고 교회 안의 작은 공동체들을 방문하고 세례예식과 결혼예식 준비를 돕고—전반적으로—목회를 적극 나누고 싶었다. 지금 내 느낌에는 내가 모두 갈 바를 알 지 못한 채 이리저리 방황하는 광장 한가운데 서 있는 느낌이다. 지난주에 이런 내 기분을 톰과 의논하였다. 그러나 그것이 나를 신바람나게 그 일들에 끼어들게 하기엔 역부족인 것처럼 보인다.

전체 상황을 이해하는 데는 별 어려움이 없다. 사람들마다 바쁘고 그저 잠깐 들려가는 사람들이 많아서 그들을 제대로 알기는 어렵다. 가능한 한 페루를 떠나기 전 팜플로나 알타 이외 지역을 많이 알고 가는 게 낫겠다는 결론을 내렸다. 새로운 지역도 찾아보고. 내 앞날에 대하여 책임있는 결정을 내리려면 이곳에서 얻을 수 있는 것보다 더 많은 경험이 필요하다.

그래서 오후에 찰스와 톰에게 미라플로레스로 돌아가서 그곳에서 사람들을 심방하는 것이 더 낫겠다고 털어놓았다. 소피아, 호니, 파블리토, 그리고 마리아와 헤어지기가 쉽지는 않았다. 그들과 함께 산 것이 이곳에서 가장 중요한 체험이었음은 의심할 나위가 없다. 그들의 우정과 애정은 내가 늘 감사해야 할 선물들이었다. 우리는 함께 아이스크림을 먹었다. 호니와 파블리토가 내 가방들을 버스에 싣는 걸 도와주었다. 버스 발판에 서서 그들에게 손을 흔들며 돌아볼 때는 진짜 마음이 아팠다. 나는 그들이 행복하고 성숙한 어른들이 되었을 때 다시 만날 수 있기를 기도드렸다. "안녕, 다시 만날 때까지. 모두에게 감사드립니다"(Adiós, hasta la vista, gracias por todo).

2월 28일, 주일

오늘 아침 열한 시에 리마의 영성지도자들 가운데 한 분인 독일 사람 슈미쯔를 찾아갔다. 그가 주로 맡은 일은 리마 남쪽에 있는 신생지역이다. 지난날에 내 마음속에 떠올랐던 몇 가지 생각들을 이야기하고 그의 대답을 듣고 싶었다. 나는 리마의 한 빈민지구에서—나 혼자 또는 몇 명이 한 데 어울려 살면서—사람들에게 풍부한 영성적 선물을 알려 주고 싶다는 내 희망을 피력하였다. 소피아, 파블로, 그리고 그 자녀들과 함께 생활했던 짧은 기간 동안, 나는 가난한 이들과 함께 계시는 하나님을 어렴풋이나마 깨달을 수 있었다. 그들뿐만 아니라 진정 어두움 가운데서 빛을 찾는 수많은 가난하지 않은 이들에게도 하나님이 함께 계신다는 것을 알아볼 수 있도록 하는 게 얼마나 기쁜 일인가! 가난한 이들 가운데서 그들의 선물을 발견하고 그것을 그들이 볼 수 있게 하기 위한 기도생활이 나에게 소명으로 서서히 나타나고 있다.

슈미쯔는 내 생각에 따뜻하게, 마치 자기 일처럼 눈을 반짝거리며, 대답하였다. 그러나 그는 무엇인가 더 필요하다고 느꼈다. "가난한 이들의 영성적 성장과 형성을 위해서는 필요한 것들이 있습니다. 당신이 원하는 일들을 하기엔 그들이 너무 가정에 묶여 있습니다. 그러나 이런 기회가 그들의 이웃에서 일어난다면 그들은 기쁘게 응할 것입니다." 슈미쯔는 자신의 생각과 내 생각이 다르지 않다고 힘주어 말하였다. 그는 단지 그 사람들의 필요에 대한 자신의 이해를 토대로 그 구상을 '완전하게' 했으면 하였다.

이 대화에서 단순한 환상 이상의 그 무엇이 점점 더 분명해지고 있음을 느꼈다. 슈미쯔는 내 생각을 다른 이들과 좀 더 의논하고 나서 리마의 교회 지도자들에게 정식으로 말해 보는 게 어떻겠느냐고 하였다. 그러면서 아직은 허락을 할 수 없고, 실천에 옮기기 전에 교회 지도자들의 조언을 들어 보아야 할 것이라고 분명하게 말해 주었다. 그러나 그것은 이 순간 나한테 그리 문제가 되지 않는다. 나는 그런 것을 이미 초월하였다. 이 순간 나는 너무 기뻤다. 페루의 영성지도자가 내 마음을 진심으로 공감해 주었으니······.

6.
3월 – 비전의 윤곽

3월 1일, 월요일

마리스타의 영성지도자 레베카가 오늘 아침 리마의 큰 정신병원인 라르꼬 에레라로 나를 데리고 갔다. 레베카는 루리간초 감옥에서 일한 적이 있다. 또 이 병원으로 보내진 정신질환 죄수 병동을 면회할 수도 있었다.

우리는 아침 내내 두 명의 환자 죄수인 마누엘과 루이스와 지냈다. 그 둘은 모두 범죄나 정신병의 징조를 보이지 않았다. 지적이고 맑은 정신을 가진 이들이었다. 그들은 우리를 병동으로 데리고 가서 동료들에게 소개해 주었다. 우리가 알고 싶어하는 모든 것을 설명해 주었다. 우리는 또 그 부서의 심리학자와 이야기도 나누었다. 그는 우리를 친절히 맞아 주었다. 그 환자들의 어려운 상황도 설명해 주었다. 그들은 대부분 한 번도 재판을 받아 본 적이 없었다. 얼마나 더 갇혀 있어야 할지도 몰랐다. 이곳도 역시 감옥, 그래서 이 작은 병동을 지키는 데도 무장한 간수들(guardia republicana)이 있어야 했다. 그들과도 잠시 이야기를 나누었다.

시른여넓 명의 환자를 수용한 그곳은 아주 형편없었다. 환자들은 할 일이 하나도 없었다. 이 사람들이 무관심한 상태로 여러 해 동안 그곳에 있어야 했다. 그 정도로 페루의 사법제도가 관료적이고 복잡하였다. 그러나 이곳 분위기는 매우 인간적이었다. 간수들과 의사들과 환자들은 서로 친절하고 자유롭게 이야기를 나누었다. 놀랄 정도로 서로에게 관대하였다. 어쨌든 친절과 관대함 때문에 이들은 그래도 괴로운 마음을 조금이나마 덜 수 있었다. 간수 가운데 한 사람은 루이스에게 입구까지 우리를 배웅하도록 허락하였다. 그 간수는 우리와 함께 걸으며 이야기를 나누었다.

이곳에는 가난, 불의, 비참, 외로움이 한 데 어우러져 있었다. 그러나 이 모든 것 가운데서 이전에 그 어느 정신병원에서도 보지 못한 인간사랑을 보았다. 우리가 입구까지 걸어갈 때 루이스가 담뱃갑의 은박지를 가위로 자르고 있는 것을 보았다. 우리가 작별인사를 하려 하자, 그는 걸으면서 만든 예쁜 은꽃을 건네주었다. 이것은 내 방문에 대한 풍자와 역설이었다. 나는 그를 감싸 안았다. 모든 것이 아주 좋았다.

3월 2일, 화요일

아침에 빌 맥카시와 함께 바르톨로메 데 라스 까사스 센터를 방문하였다. 리마의 리카르도 벤틴 가에 있는 이 3층 건물이 해방신학 운동의 중심지다. 나는 그곳에 대하여 아주 많이 들어 왔다. 따라서 많은 이들이 활발히 움직이는 큰 건물을 기대했었다. 그러나 리마 근교에 있는 아주 단순한 건물이었다. 이 센터를 세운 구스타프 구티에레츠는 자리에 없었다. 직원 가운데 한 명인 알베르토 마기나가 우리를 친절하게 맞아 주었다. 우리가 알고 싶어하는 것을 모두 이야기해 주었다.

그 센터는 사회신학적 연구에 심혈을 기울이면서 목회자들을 키워내고 그들의 계속교육에 헌신하기로 한 소수의 사회학자와 신학자들로 이루어진 독립적인 연구소다. 그들이 하는 일은 네 가지 주요 영역으로 나누어진다. 곧 (1) 민중들의 종교성, (2) 가난한 이들의 매일 생활, (3) 가난한 이들이 역사의 주체가 되게 하는 일, (4) 교회와 사회. 이 네 가지 이름 아래서 다른 주제들이 연구된다.

〈민중들의 종교성〉이라는 제목 아래 있는 주제들 가운데 하나는 '가난한 이들의 도덕심'이다. 그런 주제는 예비 워크숍에서 직원들이 준비한다. 여기서는 가능한 한 모든 강의가 연구되고 방법론적 문제들도 다루어진다. 그리고 나서 일년 동안 워크숍이 개설된다. 참석자는 약 40명. 이들은 대부분 가난한 이들과 함께 살고 일하면서, 자신들의 견해와 경험을 성찰 자료로 제공할 수 있는 일반 남녀 노동자들이다. 일년 뒤에는 워크숍 결과가 요약된다. 그리고 더 큰 목회자들의 모임에서 이용된다. 센터의 사업 가운데 어떤 것은 까르멘 로라가 편집한, 널리 읽혀지는 월간지 〈파기나스〉(Páginas)나 페드로 데 구츠테네레가 지휘한 센트로 데 에스뚜디오스 이 푸블리가 씨오네스(CEP)의 출판물에서 그 방법을 찾는다.

이 센터의 연구에서 놀라운 것은 그것이 사람들의 일상생활과 밀접하게 연결되어 있다는 점이다. 정치적·사회적·경제적 사건, 그리고 교회의 사건들을 비판적으로 반성하고, 복음과 교회의 가르침에 비추어 평가함으로써 신학을 훈련시킨다. 그곳에는 고대의 신학적 자료와 교회와 정부의 과거와 현재 사건들에 관한 문서들을 보관하고 있는 커다란 도서관이 있다. 그날그날의 구체적인 문제들이 끊임없이 조사되고 연구되고 있는 게 틀림없다.

해방신학을 그토록 독창적이고 도전적이고 급진적으로 만든 것은 그 개념보다 활동방법이다. 진정한 해방신학자는 단지 해방만을 생각하는 사람이 아니다. 가난하고 억압받는 이들과 연대를 맺으며 살면서 그 사상을 발전시켜 온 사람이다. 바르톨로메 데 라스 까사스 센터에서 가장 인상적인 면은 그곳에 와서 일하는 이들이 자유를 위하여 싸우는 이들의 일상생활에 밀접하게 참여함으로써 그 방면의 지식을 쌓게 된 남녀들이라는 점. 그래서 이 센터에서는 가장 오래된 진리 한 가지를 보여 주고 있다. 곧 신학은 근본적으로 사고 방식이 아니라 생활 방식이라는 점이다. 해방신학자들은 새로운 생활 방식으로 생각하는 것이 아니라 새로운 사고 방식으로 생활한다.

3월 3일, 수요일

아침에 〈노띠시아스 알리아다스〉(Noticias Aliadas, 라틴 아메리카 신문)의 새 사장인 데이비드 몰리뉴와 기쁜 토론을 벌였다. 데이비드에게 페루 국민들이 믿음, 감사, 관심, 희망, 사랑을 드러내는 방법에 얼마나 감동했는지를 이야기하였다. 또 그들이 거의 깨닫지 못하고 있지만, 그들에게 얼마나 영성적으로 풍요로운 언어들이 내재되어 있는지를 깨닫게 해주는 게 내 특별한 임무일지도 모른다고 말하였다. 데이비드는 동의하면서도 이렇게 덧붙였다: "가난한 이들과 함께 사는 것은 선(善)을 더욱 분명하게 바라보도록 할 뿐만 아니라 죄악까지도 더욱 더 분명하게 들여다 보게 하지요." 그는 자신이 페루의 어느 교회에서 경험한 이야기를 들려주었다. 가난한 이들의 세상에서는 빛과 어둠, 선과 악, 파괴력과 창조력 사이의 구별이 부유한 이들의 세상에서보다 훨씬 더 뚜렷하게 드러난다고 예를 들어 말해 주었다.

중상층 생활은 선과 악 사이에 큰 회색 공간을 만들도록 유혹받기가 쉽다. 부는 우리의 날카로운 도덕심을 무디게 만든다. 죄악과 미덕에 대해서도 혼동을 일으키게 한다. 부유한 이들과 가난한 이들 사이의 차이는 부유한 이들이 가난한 이들보다 죄가 더 많다는 것이 아니다. 자신들의 죄악을 미덕으로 볼 위험을 더 많이 가지고 있다는 것이다. 가난한 이가 죄를 지으면 그들은 그것을 죄악이라고 부르며 거룩한 것을 보면 그렇다고 인정한다. 부유한 이들에게는 이 직관적인 명료성이 없다. 그래서 쉽사리 도덕심도 무뎌진다. 데이비드가 깨우쳐 준 것은, 가난한 이들과 함께 사는 것이 악을 피하게 해 주는 것이 아니라, 악을 날카롭고 분명하게 보도록 해준다는 것이다. 곧 자동적으로 선으로 이끄는 것이 아니라 더 밝고 설득력 있는 빛 속에서 선을 보도록 도와준다는 것이다. 일단 내가 이렇게 명료하게 죄악과 미덕을 볼 수 있다면, 더욱 더 분명하게 기쁨과 슬픔, 증오와 용서, 원한과 감사도 꿰뚫어 볼 수 있을 것이다.

3월 4일, 목요일

메리놀 공동체에서 멀지 않은 곳에 팍스 로마나의 라틴 아메리카 지부가 있다. 이 거대한 가톨릭 학생 조직은 미국에는 거의 알려지지 않았다. 라틴 아메리카에서는 최근 교회의 발전에서 가장 창조적이고 영향력 있는 세력 가운데 하나다. 많은 해방신학 운동의 지도자들, 라틴 아메리카 평신도들, 영성지도자들은 자신들의 영성수련과 영감을 팍스 로마나에서 얻는다. 구스타프 구티에레츠는 여러 해 동안 팍스 로마나 페루 지부(UNEC)의 영성지도자였다. 마누엘 피케라스와 하비에르 이기니스, 롤란도 아메스 같은 평신도 지도자들은 과거에도 그랬지만 현재에도 이 가톨릭 학생 운동과 밀접한 관계를 맺고 있다.

오늘은 직원들과 점심식사를 같이 하였다. 브라질, 에콰도르, 도미니크공화국, 칠레, 스페인, 페루에서 온 대표들이 있었다. 그들은 가톨릭 학생 운동을 총체적으로 들여다 보지 않고는 해방신학의 의미와 영향을 이해하지 못할 것이라고 말하였다. 점심식사 뒤, 바스크사람 사사에 대하여 이야기해 주고 간행물도 보여 주었다. 다가오는 몬트레알 회의에 대해서 자신의 생각도 말하였다. 그 회의에서는 가난한 이들에 대한 문제가 다루어질 전망이라고 말하였다.

팍스 로마나 영성의 핵심은 '라 레비지온 데 비다'(La Revisión de Vida), 곧 복음에 비추어 일상생활을 평가하는 과정이다. 그것은 구성원들이 날마다 구체적인 사건 속에서 그리스도인의 약속을 어떻게 실천할 것인지를 탐색하도록 하는 중요한 훈련이다. '오늘 내 생활을 하나님 나라를 위한 일에 보냈는가?' 하는 질문은 이 운동의 적극적인 구성원들—그들은 스스로를 군인(militantes)이라고 부른다—을 끊임없이 발전시키고 새로운 방향을 찾도록 해준다. 2차 바티칸 회의 이후 팍스 로마나가 라틴 아메리카에서 그처럼 중대한 역할을 맡을 수 있었던 것은 바로 이 영성적 융통성이다.

3월 5일, 금요일

선교사가 되는 건 상당히 쉽지 않다. 다른 문화에서 살아야 한다. 다른 언어를 사용해야 한다. 익숙했던 삶의 패턴과 큰 차이가 나는 것을 극복해야 한다. 다른 기후에도 익숙해져야 한다. 많은 선교사들이 긴장과 좌절과 혼동과 걱정과 소외와 외로움으로 가득 찬 삶을 살아간다. 이것은 결코 놀라운 일이 아니다.

왜 사람들이 선교사가 될까? 왜 그들은 편하고 익숙한 곳을 떠나

낯설고 잘 모르는 곳에서 살려고 할까? 이 질문에 대한 답변은 결코 단순하지가 않다. 그리스도를 무조건적으로 섬기고 싶은 열망, 가난한 이들을 돕고픈 충동, 타문화권에 대한 지적인 관심, 모험의 매력, 가족들로부터 거리를 둘 필요, 모국의 곤경에 대한 비판적 통찰, 자기를 확인하고 싶은 탐구심—이 모든 것을 포함해서 다른 많은 동기들이 선교사를 만드는 데 기여할 수 있다. 길고 힘든 선교사 양성 과정이 이 동기들을 다시 가다듬고 정화할 기회를 준다. 예수 그리스도와 그분의 나라를 위하여 일하고픈 진실한 열망은, 비록 아무도 완전히 이타적으로 되기를 기대할 수 없다 하더라도, 미래 선교사의 몸과 마음에 중심을 이루어야 한다. 대부분은 현장에서 길고 어려운 일을 한 뒤에야 비로소 우리의 숨겨진 욕구를 알게 된다. 선교사 양성 과정과 훈련이 모든 것을 다 해줄 순 없다. 이 문제는 충분히 동기가 부여된 선교사들뿐만 아니라 삶 속에서 자신들의 진정한 소명을 찾으려 애쓰면서 거듭거듭 정화되기를 바라는 선교사들에게도 해당된다.

선교사의 가장 해로운 동기 두 가지는 죄의식과 구원의 열망인 것 같다. 두 가지는 모두 극단을 형성한다. 삶을 극도로 고통스럽게 만든다. 정신적이든 재정적이든 자신의 부유함에 대하여 죄의식을 느낀 나머지, 가난한 나라에 가면 반드시 어려움에 빠진다. 죄의식과 관련된 문제는 일을 통하여 해결되지 않는다. 가난한 이들을 위하여 열심히 일하는 것은 어느 정도 죄의식을 무의식 속으로 밀어넣을지도 모르지만, 진정으로 그것을 없앨 수는 없다. 죄의식은 섬김의 행위를 통하여 닿을 수 있는 것보다 훨씬 더 깊은 뿌리를 가지고 있다. 한편 다른 사람을 죄악과 가난과 착취로부터 구원하려는 열망은 더욱 더 해로운 것이 될 수 있다. 더 어려운 것을 추구할수록 자신의 한계와 만나기 쉽기 때문이다. 열심히 일하는 많은 이들이 선교 사역을 하는 동안 상황이 점점 더 악화되는 것을 보아 왔다. 만일 그들의 사역이 성공했다손치더라도 곧 자부심을 잃고 말 것이다. 죄의식과 구원하고자 하는 열망 때문에 선교사들이 너무나 파괴적이고 우울하게 될 수 있다. 그러나 이 두 가지로부터 완전히 벗어날 수는 없다고 생각한다. 우리는 죄의식을 느끼고 변화를 가져오기를 바란다. 이 체험들은 늘 우리의 일상생활에서 한 부분을 차지할 것이다.

그러나 감사하는 마음 없이 생활하고 일하는 것은 큰 도전이다. 주님은 우리 죄를 대신 지셨고 우리를 구원하셨다. 그분 안에서 하나님의 일이 성취되어 왔다. 우리 일상생활 한가운데서 하나님을 볼 수 있게 하는 것이 선교 임무다. 우리 죄가 없어지고 오직 하나님만이 구원하실 수 있다는 것을 깨달았을 때, 자유롭게 하나님을 섬기고 진정 겸손한 삶을 살 수 있다. 죄의식을 고집하는 것은 하나님의 은총에 저항하는 것이다. 스스로 구세주가 되고자 하는 것이다. 하나님과 겨루려는 것이다. 이 두 가지는 모두 우상이다. 선교 사역을 어렵게 하여, 결국 모든 것을 불가능하게 만든다.

겸손은 참 그리스도인을 가름짓는 미덕이다. 그것은 땅(humus)과, 사람들과, 매일의 삶과, 이 땅에서 일어나는 모든 일에 가까이 머무는 것을 뜻한다. 이 땅에 계신 하나님께 우리 눈을 열고 감사하는 생활을 하는 것이 미덕이다. 가난한 사람들! 그들은 우리가 참 겸손과 감사를 깨닫도록 도와주는 일차적인 사람들이다. 그들은 선교사를 진정 행복한 사람으로 만들 수 있다.

3월 6일, 토요일

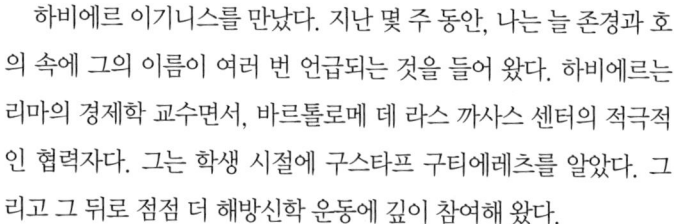

하비에르 이기니스를 만났다. 지난 몇 주 동안, 나는 늘 존경과 호의 속에 그의 이름이 여러 번 언급되는 것을 들어 왔다. 하비에르는 리마의 경제학 교수면서, 바르톨로메 데 라스 까사스 센터의 적극적인 협력자다. 그는 학생 시절에 구스타프 구티에레즈를 알았다. 그리고 그 뒤로 점점 더 해방신학 운동에 깊이 참여해 왔다.

하비에르가 내게 말해 준 가장 재미있는 것 가운데 한 가지는, 해방신학은 민중운동(movimiento popular)과 밀접한 관계가 있고 민중운동에 따르는 사고와 활동 방식이라는 것이었다. 그는 내가 살아 온 개인주의적 학문세계—경쟁과 형성과 소멸의 원리에 따라 특징지어지는—와 서서히 끈기있게 공동으로 일하는 바르톨로메 데 라스 까사스 센터 사람들의 방식을 비교하였다. "우리는 새로운 신학을 만들어 내는 데는 관심이 없습니다. 전통적인 교회 체제에 맞서려고 하지도 않습니다. 또 신속하고 급진적인 변화를 바라지도 않습니다. 우리는 신중하게 인내심을 가지고 민중운동을 경청하려고 합니다. 그래서 진보로 이끄는 요소들을 천천히 확인하려고 합니다. 우리는 예로부터 이어져 오는 생활, 사고, 찬양, 예배 등의 과정에 교회 관계자로서 일하고자 합니다. 그 다음에 진정 하나님 백성들의 운동에 속하는 것을 만들고 모양도 갖추고자 합니다."

하비에르는 자신이 교회에 속해 있음을 분명히 인식하고 있었다. 교회는 서서히 점진적으로 일한다. 그러나 교회 안에서 갑작스러운 폭발은 급격한 변화를 가능하게 만든다. 그러한 폭발이 준비될 수는 없다. 그렇다고 하더라도, 그것은 인정되고 이해되고 평가되어야 한다. 교회의 더 큰 운동의 일부분이 되어야 한다. "우리는 수천 가지 생각과 통찰과 비전을 가지고 있습니다. 우리는 그것들에 대하여 이야기를 나누고 다른 것으로 바꾸고 그것들을 시험해 봅니다. 때로 그것은 아주 중요해 보이기도 하지만, 대부분은 여러 해 동안 처박아 둡니다. 이 생각과 통찰과 비전들 가운데 몇 가지만이 나중에 다시 나타나고 실질적인 것으로 밝혀집니다. 그러나 정말로 그 운동에 속하는 것을 다루고 있는지를 우리가 알기까지는 오랜 시간이 걸릴 수도 있습니다."

하비에르는—명백하게 말하지는 않았지만— '신학을 실천하는 행동화 신학'(a theology of doing theology)을 보여 주었다. 그는 '신학적 영웅주의'를 신랄하게 비판하였다. 그는 머리에 떠오르는 그럴듯한 생각들을 간단간단하게 발표하는 것을 믿지 않았다. 그는 섬김을 받아야 할 사람들에게 복종하여 겸손하고 성실하게 일해야 할 필요성을 강조하였다. "많은 가난한 이들의 영성은 트리엔트 공의회에 매우 가깝습니다. 이것을 이해하지 못하면 그들의 해방을 위한 우리의 관심은 참된 그리스도교적 섬김이 될 수 없습니다."

하비에르는 그 사람들과 함께 살고자 하는 내 희망에 호의적이기는 했다. 그러나 학문의 길을 계속하라고 강하게 권면하였다. 그는 가장 필요한 것은 더 많은 목회자가 아니라 목회 현장에서 진행되는 것을 밝히고 평가하고 체계화하고 상호교환할 수 있도록 도울 수 있는 사람이라고 하였다. "우리에게는 그들이 생활하는 것을 뚜렷한 개념으로 정리할 수 있고, 그것을 더 큰 교회 전통과 연결시킬 수 있는 사람이 필요합니다." 그는 또 낭만적 감상주의에 대해서도 주의를 환기시켰다. "민중운동에 참여함이 없이 그 사람들과 함께 생활하는 것도 가능하지요. 그리고 그 운동을 이곳에서만큼 대학에서도 많이 발견할지도 모릅니다."

하비에르는 페루로 오겠다는 내 희망을 막지는 않았다. 그러나 이곳에서 신학을 실천하는 방식이 더디게 움직이는 교회에 대한 성실성을 요구할 것이라는 것을 알려 주려고 하였다.

3월 7일, 주일

로즈 티모시와 로즈 도미니크가 그들이 살고 있는, 리마 북부지구의 까하 데 아구아로 나를 초청하였다. 나는 오전 여덟 시에 도착해서 곧바로 목양실로 갔다. 거기서 까하 데 아구아의 영성지도자이며 전체 북부지구의 지도자인 마띠아스 지엔베나르를 만났다. 마띠아스는 룩셈부르크에서 온 교구 영성지도자로 리마에서 17년간 일해왔다. 그는 많은 사람들로부터 존경과 칭송을 받고 있었다. 페루에 도착한 이래로 창조적이고 인내심 있는 지도자로 알려져 있었다.

마띠아스는 스페인어를 엉터리로 지껄이는 낯선 사람이 주일아침 여덟 시에 자기 집으로 걸어 들어오리라고는 전혀 상상도 못하였으리라. 처음에는 수상해 하는 것 같았다. 어떻게 해야 할지를 몰라 하였다. 그는 나에게 커피를 대접하며 많은 질문을 던졌다. 얼마 뒤, 그는 안심을 하고 페루에서 소명을 모색하는 데 대하여 관심을 보였다. 그는 지금 나와 있을 시간이 조금밖에 없지만, 다시 나를 초청해서 며칠간 함께 있으면서 페루로 오는 문제에 대하여 더 나은 견해를 제시해 줄 수도 있다고 말하였다. 그리고 지금까지 한 내 경험이 매우 한정된 것이라고 보았다. 책임있는 결정을 내리기 위해서는 더 폭넓은 시야를 가져야 한다고 하였다.

나는 내게 조언을 많이 해줄 수 있는 사람을 만났다는 것을 알았다. 그도 나처럼 유럽에서 온 영성지도자다. 페루에서 많은 경험이 있기 때문에 그와 더 많은 시간을 보내고 싶은 마음 또한 간절하다.

3월 8일, 월요일 | **페루, 쿠스코**

지난주 동안 메리놀 공동체 영성지도자인 마이클 브릭스와 폴 카바노프가 머물고 있었다. 그들은 티티카카 호 주변의 높은 고원지대인 알티플라노에서 일한다. 그런데 이번에 고지생활에서 오는 신체적 이상을 치료하기 위하여 리마로 왔다.

그들과 이야기를 나누면서 리마보다는 지방을 보고픈 마음이 생겼다. 그들은 나한테 리마 시만 아는 것은 페루뿐만 아니라 페루의 목회와 교역에 대해서도 한쪽으로 치우친 인상을 갖게 할 것이라고 힘주어 말하였다. 선교지로 돌아가기 전, 마이크와 폴은 안데스 남쪽 지역의 모든 목회자들을 위하여 쿠스코에서 열리는 2주간의 과정에 참가하기로 하였다. 그들은 나에게도 함께 가자고 제안하였다.

그래서 오늘 아침 리마에서 쿠스코로 비행기를 타고 와서 안데스 목회연구소(the Instituto de Pastoral Andina)에 여장을 풀었다. 과정은 내일부터 시작한다. 그래서 오늘은 온종일 쿠스코를 둘러보았다. 쿠스코는 아름다운 초록 계곡의 값비싼 진주 같다. 울창한 나무들, 신선한 목장, 초록으로 뒤덮인 산야……. 팜플로나 알타의 건조하고 먼지 낀 언덕과 좋은 대조를 보여 주었다. 맑고 푸른 하늘의 태양은 그 작은 도시 위로 햇빛을 비추었다. 쿠스코의 중앙 광장은 독특한 아름다움이 있다. 꼼빠냐교회의 웅장한 모습은 상점, 음식점, 주점, 서점, 쾌적한 화랑들과 함께 나란히 서 있었다.

폴과 함께 몇 시간 동안 시가지를 돌아다녔다. 이 께추아 족의 시내에서 바쁜 하루를 즐겼다. 사람들의 검은 얼굴, 인디언의 아름다운 수공예품 상가, 거대한 돌이 정확하게 맞물린 고대 잉카의 벽돌, 그리고 잉카 제국의 많은 유물들이 쿠스코가 오늘 페루의 많은 영광과 고민을 설명해 주고 있음을 보여 주었다.

오후 늦게 우리는 이 도시를 둘러싸고 있는 인디언 유적지로 갔다. 거기서 삭사와만의 고대 잉카 성채와 껜꼬의 조각된 돌, 그리고 땀보마차이의 의식용 목욕통을 보았다. 찬란한 초록의 산 가운데 있는 이 신성하고 거룩한 관경을 보고 있노라니, 인류 역사의 신비와 비참함을 묵상하며 며칠을 그곳에서 지내고 싶어졌다. 쿠스코 중심가에 있는 장엄한 교회들이 이 고대 인디언 사원과 성채의 돌들로 지어졌다는 것을 알았다. 스페인 정복자들의 주된 관심은 이교도의 세상을 파괴하고 그리스도교의 승리를 의기양양하게 보여주는 것이었다. 그들은 마지못해 인디언을 인간으로 인정하였다. 인디언의 풍부한 정신적 유산을 배우는 데는 수세기가 걸렸을 것이다. 단지 최근에 와서야 선교는 정신적 정복과는 다른 그 무엇을 뜻한다는 인식이 생겼다.

쿠스코에서는 모든 걸 다 볼 수 있다. 잉카 신들의 근엄한 얼굴, 칼의 도움을 받아 선포된 그리스도교 신앙의 영광과 수치, 인디언 유산과 새 종교가 한 데 어우러져 깊은 영성을 지니게 된 이들의 생생한 믿음, 결코 완전한 자유를 되찾지 못한 이들의 가난과 압제.

3월 9일, 화요일

리마에서 정치학 교수로 있는 롤란도 아메스가 이 과정의 첫번째 3일 동안 강의를 맡고 있다. 강의는 '페루의 교회와 정치 상황'(Coyuntura Política-Eclesiástica)에 관한 것이다.

훌륭한 강의에서 그는 내가 지난 두 달 동안 모았던 여러 가지 정보, 통찰, 소문, 신변잡기를 함께 내보였다. 롤란도는 1976년에서 1978년까지를 나라 전체에 영향을 준 새로운 혁명의식이 발전된 시기로 규정하였다. 이 새로운 의식은 새로운 방식으로 복음을 선포할 수 있는 풍토를 만들어 주었다. 페루 교회의 목회 활동에도 깊은 영향을 끼쳤다. 그러나 그 시기는 이제 지나갔다. 교회는 오늘 다른 정치 풍토에서 계속 일해야 한다. 민중운동이 희미해지면서 가난한 이들도 점점 덜 투쟁적으로 되어갔다. 진보진영의 노선을 점점 덜 분명해져 갔다.

롤란도는 하비에르가 지난 토요일에 말했던 것을 구체적으로 확인해 주었다. 곧 페루의 정치적 변동과 긴밀한 관계를 유지하는 것이 모든 목회자들에게 결정적이라는 것. 1971년의 문제들과 1982년의 문제들은 매우 흡사해 보일지도 모른다. 가난, 영양실조, 교육시설의 부족, 빈약한 의료혜택이 여전히 문제시된다. 좀 더 발전된 그리스도교 신앙이 절실하게 요구되고 있다. 그러면 왜 정치는 점점 더 복잡해지는가? 롤란도에 따르면, 문제들이 그게 그것 같아 보여도 정신적 음조(tone)는 아주 다를 수 있다는 것이다. 이 음조를 이해하는 것이 참으로 헌신하고자 하는 그리스도교 교역에 꼭 필요하다. 페루 같은 나라의 정치운동을 무시하는 것은 그 사람들의 희망이나 절망을 규정짓는 현실을 무시하는 것과 같다.

지난 몇 년 동안, 페루는 국제자본주의에 점점 더 많이 의존하게 되었다. 그리하여 다국적 기업의 요구에 부응하는 원료들의 수출증대에 총력을 기울였다. 자연 자국기업에 대한 지원이 소홀해졌다. 페루 노동자들과 회사에는 일거리와 자금이 줄어들었다. 다국적 기업은 국민계획(교육이나 농업이나 산업계획)에 자본을 투자해서 이

익을 얻을 생각은 별로 하지 않는다. 그래서 이런 경제상태는 국민에게 그리 희망적이지 못하다.

그러면 우리는 이 정치현실 가운데서 어떻게 참된 희망의 공동체를 만들 수 있을까? 이것이 이 나라에서 목회적 관심의 핵심이다.

3월 10일, 수요일

롤란도 아메스 교수가 지난 30년 동안 페루 교회의 주요 발전들을 확인할 수 있게 도와주었다. 그것은 라틴 아메리카 여러 나라의 교회 안에서 일어난 떠들썩한 사건들을 반영해 준다.

그것은 주로 세 가지 단계로 구별할 수 있다. 무엇보다도 먼저, 교회는 라틴 아메리카에서 지배계층―또는 독재자(oligarchy)―과 거리를 두었다. 50년대까지, 라틴 아메리카 교회는 지배계층과 아주 긴밀한 관계를 유지했었다. 농장(haciendas)에서 일하는 이들이 똑같이 주인으로 간주했던 지주와 사제는 교회와 독재자 사이의 관계를 생생하게 보여 주었다. 그러나 1958년에, 공식적으로 교회문서에 독재자에 의한 지배(orden oligárquico)는 불의라고 규정되었다. 가난하고 억압받는 이들의 처지에 따른 지배에 관심을 보이기 시작한 교회 안 운동의 첫 신호탄이었다.

두 번째 단계에서, 교회는 가난한 이들에 대한 전반적인 동정에서 그들의 권리를 적극 옹호하는 쪽으로 돌아섰다. 바티칸 공의회는 이 발전을 가능케 하는 분위기를 조성하였다. 뿐만 아니라, 1968년에 메델린에서 열린 라틴 아메리카 영성지도자 회의는 그것을 구체적으로 드러냈다. 메델린 회의에서 교회는 '가난한 이들을 위한 우선적 선택'(preferential option for the poor)을 공식화하였다. 그래서 교회를 규정짓되, 해방을 위하여 싸우는 억압받는 이들을 지원하는 교회로 자리매김하였다. 메델린 선언은 그곳에 참석한 대부분의 영성지도자들 생각을 훨씬 더 뛰어넘었다. 교회가 직접적이고 공개적으로 라틴 아메리카의 가난하고 억압받고 착취당하는 이들을 옹호한 그 결정은 새로운 교회의 탄생을 뜻하였다. 불의를 만연케 하는 질서를 '죄'라고 규정함으로써, 적어도 교회는 원천적으로 새로운 사회질서를 위한 투쟁에 가담하였다.

이 급격한 변화는 70년대 라틴 아메리카 교회를 순교자들의 피로 물든 교회로 만들었다. 아르헨티나, 브라질, 칠레, 엘살바도르, 과테말라, 그리고 다른 많은 나라에서 이 새로운 교회에 참가하였다. 그한 결과, 수천 명의 그리스도인이 목숨을 잃었다. 페루에서는 직접 박해가 일어나지는 않았지만, 가난한 이들을 위한 선택은 교회와 페루 지배층 사이에 많은 갈등을 불러일으켰다.

세 번째 단계는 지금 막 시작된 것이다. 곧 교회 안의 반동세력이 전열을 갖추고 있다는 것. 70년대에는 새로운 노선에 대하여 교회 안의 반발이 잠재해 있었다. 그러나 80년대 초 새롭고 잘 조직된 보수세력이 나타나 교회를 두 진영으로 갈라놓았다. 1979년에 발표된, 푸에블라의 라틴 아메리카 영성지도자 회의를 위한 예비문서들 가운데 하나가 이 세 번째 장을 열었다. 그 문서에서는 교회의 임무를 라틴 아메리카 사회가 농업사회에서 산업사회로 들어서는 불가피한 변천을 이끄는 것이라고 기술하였다. 그것은 19세기 프랑스의 유사한 변천과정에서 나온 세속주의를 막아야 할 필요가 있다고 힘주어 말하였다. 라틴 아메리카 영성지도자들이야말로 변화하는 이 시대에 신앙을 지켜야 할 이들이라고 점 찍었다.

오늘, 페루 교회 안의 보수세력은 잘 정비되어 있다. 목회자들은 더 이상 한 노선을 따를 수 없다. 교회 지도자들이 발표한 문서는 이렇게 서로 대립되는 두 노선 사이에 절충안이 되었다. 몇 년 전에 페루의 영성지도자들은 메델린 회의의 정신으로 강력한 예언적 성명을 낼 수 있었다. 반면, 최근 페루 영성지도자 회의의 간행물은 모호하고 불안정한 태도를 보여 주고 있다.

롤란도는 새로운 교회에서 믿음을 발견하는 많은 이들을 위하여 투쟁을 계속하고 용기를 낸다는 것이 얼마나 어려운지 말해 주었다. 그러나 그는 새로운 보수주의란 가난한 이들에 대한 새로운 약속을 시험하고 정련하기 위하여 거치는 하나의 과정이라고 확신한다.

3월 12일, 금요일

페루의 한 구제기관의 부원장인 조오지 앤 포터가 나를 저녁식사에 초청하였다. 그녀는 또 암빠라에스(칼카 주)에서 일하는 영성지도자 롤란도 라모스도 초청하였다. 롤란도를 한 번도 만난 적은 없었다. 들어본 적도 없었다. 그러나 우리는 곧 친해졌다. 그는 내가 꿈꾸어 왔던 이상적인 영성지도자였다. 그는 깊은 관상과 가난한 이들 가운데서 섬기는 생활을 잘 결합시켰다. 그는 우리 가운데 계시는 하나님에 대한 믿음과, 가난한 이들의 해방에 대한 희망과, 만나는 모든 이들에 대한 사랑을 펼쳤다. 하나님의 사람처럼 느껴졌다.

롤란도가 맡고 있는 교구는 쿠스코에서 네 시간 거리다. 그는 말을 타거나 걸어서 갈 수 있는 작은 마을들로 이루어진 큰 지역을 맡고 있다. 그는 가난한 이들과 똑같이 생활한다. 그리고 그들의 생존 경쟁에 전적으로 함께 한다. 그는 이 어려운 생활을 기쁘게 해나간다. 하나님의 백성 가운데서 주님을 보고 만질 수 있는 특권을 감사할 수 있기 때문이다.

롤란도를 사귀게 되어 퍽이나 기쁘다. 이 특별한 내 마음은, 목회자들을 위하여 지금 진행하고 있는 2주간의 과정에서 만나는 사람들과 교제하며 내가 겪는 어려움과도 관계가 있다고 생각된다. 나는 이 과정에 참가한 사람들이 무뚝뚝하며 거칠기까지 하다는 것을 발견하였다. 그들은 자신들에게 투쟁(lucha)이 없으면 시체라고 생각해 왔다. 그래서 개인적인 상호 교류를 위한 틈은 거의 허락지 않는다. 그들은 선량하고 정직하지만 사귀기가 힘들다. 그들은 자신들의 교회에서뿐만 아니라 이 과정에서도 열심히 공부한다. 그들은 진지하고 사회문제에 관심이 퍽 많은 남녀들이다.

롤란도를 만나서 그의 따뜻함과 친절과 영성적 자유를 경험했을 때, 내 자신이 이 과정에 얼마나 압박감을 느끼고 있었는지를 문득 깨달았다. 롤란도는 나에게 자기 교회로 와서 원하는 대로 머물라고 하였다. 그곳에서 나는 개별적으로 충분히 인간적인 관계를 유지하면서도, 동시에 가난한 이들의 투쟁에 전적으로 참여할 수도 있다는 것을 체험하게 될 것이다. 그것은 내가 그를 얼마나 직접적으로 친밀하게 느끼고 있는가를 설명해 준다.

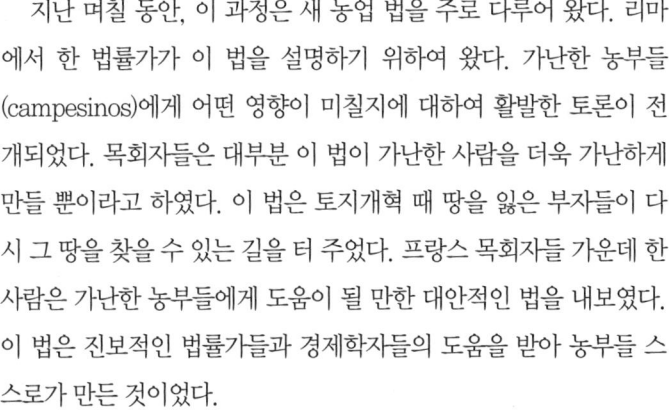

3월 13일, 토요일

지난 며칠 동안, 이 과정은 새 농업 법을 주로 다루어 왔다. 리마에서 한 법률가가 이 법을 설명하기 위하여 왔다. 가난한 농부들(campesinos)에게 어떤 영향이 미칠지에 대하여 활발한 토론이 전개되었다. 목회자들은 대부분 이 법이 가난한 사람을 더욱 가난하게 만들 뿐이라고 하였다. 이 법은 토지개혁 때 땅을 잃은 부자들이 다시 그 땅을 찾을 수 있는 길을 터 주었다. 프랑스 목회자들 가운데 한 사람은 가난한 농부들에게 도움이 될 만한 대안적인 법을 내보였다. 이 법은 진보적인 법률가들과 경제학자들의 도움을 받아 농부들 스스로가 만든 것이었다.

이 법률 논쟁과 토론을 돌이켜보면서, 해방을 지향하는 교회의 새로운 스타일을 알게 되었다. 이 모임이 영성지도자나 복음전파에 자신을 바친 평신도들의 모임이라는 것을 교회 밖에 있는 이들이 납득하기는 쉽지 않을 것이다. 대화 방식이나 열띤 토론이나 사상적 언어를 보면, 이 모임이 교회 모임이라기보다는 오히려 정당 모임처럼 보였다. 나는 정식수업 때뿐만 아니라 식사나 다과시간들의 비공식적인 접촉에서도 이런 분위기를 느낀다. 그렇지만 이들 남녀들은 주 예수 그리스도의 이름으로 페루의 가난한 이들을 돕기 위하여 프랑스, 스페인, 이태리, 미국 등에서 왔다. 그들은 종교적 헌신을 통하여 가난한 이들의 생활로 나아갔다. 그러므로 새 농업 법에 대한 정밀하면서도 고도로 비판적인 분석은 그들에게는 정치적인 것이 아니었다. 하나님 백성의 해방을 위한 투쟁에 필요한 것이었다.

그럼에도 불구하고, 페루에서는 점점 두 개의 교회가 발전하고 있다. 이제는 서로 대화를 나누기도 힘든 상태에 이르렀다. 한쪽은 주로 하나님에 대해서만 이야기한다. 사람들이 살아가는 현실에는 별로 관심을 두지 않는다. 다른 한쪽은 주로 자유를 위한 사람들의 투쟁에 대해서만 이야기한다. 이 투쟁의 궁극적 목표인 하나님의 신비에는 별로 눈을 돌리지 않는다. 이 두 교회의 사이는 점점 더 멀어지고 있다. 오늘 아침에는 쿠스코교회에 갔다. 내가 제단과 동산 사이를 다니면서 예배를 집례하는 영성지도자의 단조로운 목소리를 들었을 때 갑자기 깊은 고통을 느꼈다. 나는 이 전통적인 교회에서는 더 이상 편안함을 느끼지 못할 것이다. 그러나 언제고 '투쟁'(lucha)만을 일삼는 교회에만 있어야 할 것인가?

3월 14일, 주일

조오지 앤 포터와 그녀의 손님인 덴마크 까리따스회의 부회장인 안네 리제 팀버만이 잉카의 신성한 계곡으로 가는 짧은 여행에 나를 초청하였다.

이 계곡의 장엄한 아름다움에 나는 감동하였다. 비옥한 옥수수 밭과 초록의 산맥으로 둘러싸인 우루밤바는 나에게 놀라움을 안겨 주었다. 길을 따라 몇 명의 인디언들이 나무를 실은 가축을 몰고 가고 있었다. 그들의 얼굴은 힘든 노동으로 주름이 깊게 지고 거무스레하였다. 이 작고 조용한 사람들에게서 마치 신성한 느낌을 받았다.

그들은 수세기 동안 이 땅을 지켜온 것에 대하여 무언으로 이야기해 주었다. 자연의 신비로운 친밀감, 이 비옥한 땅을 주신 하나님에 대한 끊이지 않는 기도, 그리고 폭스바겐 안에 앉아 있는 우리가 결코 포착할 수 없는 지식에 대하여 소리없이 들려주고 있었다. 그 계곡은 신성한 고요로 가득 차 있었다. 길에는 광고나 공장이나 현대식 집도 없었다. 소리치는 상인들도 없었다. 심지어 작은 읍인 피사크의 붐비는 시장마저 이 신성한 고요로 덮여 있는 것 같아 보였다.

우리는 시장에서 골동품 몇 가지를 샀다. 그리고 피사크교회의 예배에 참석하였다. 농부들(campesinos)을 위한 농업학교도 방문하였다. 우리는 여러 가지 이야기를 나누었다. 유쾌한 저녁식사도 나누었다. 오는 길에는 자동차 타이어를 갈아 끼우느라 한 시간 동안 씨름을 하기도 하였다. 그러나 우리의 어떠한 행동도 잉카제국의 이 계곡에 스며 있는 신성한 고요를 깨트릴 수는 없었다. 쿠스코로 돌아왔을 때, 나는 새로운 활기를 되찾았다. 새로운 기쁨을 느꼈다. 이 고요한 치유의 선물에 대하여 인디언들에게 감사를 느꼈다.

3월 15일, 월요일

이번 과정의 후반부가 오늘부터 시작되었다. 페루의 정치와 교회 상황에 대하여 사흘 동안 공부하였다. 새 농업 법과 그 대안에 대해서도 이틀 동안 공부하였다. 지금은 해방의 영성에 강조점을 두고 있다. 구스타프는 오늘 아침 리마에서 비행기를 타고 왔다. 그는 4일 동안의 워크숍에서 우리를 지도할 것이다. 리마에서 열렸던 영성수련에서처럼 구스타프가 함께 한다는 사실이 나에게 생기를 불어넣었다. 많은 이들이 지난 6일 동안의 강도 높은 토론이 끝난 뒤에는, 피로한 기색이 역력하였다. 그러나 구스타프는 새로운 힘이 솟아나게 하였다. 모두를 다시 열광하게 만들었다.

구스타프가 강연에서 내보인 것 가운데 두 가지 개념이 나를 깊이 감동시켰다. 첫번째 것은 복음서의 용어들에 초점을 맞추었다. 개인주의의 여과기를 거쳐서 고상하고 감상적으로 되어 왔다는 것이다. '가난' 이라는 단어는 이제 '겸손' 을 뜻하게 되었다. '부자' 라는 말은 '교만' 을 뜻하게 되었다. '어린이,' '소경,' '죄인' 이라는 말은 그 역사적 의미를 잃은 채, 비역사적이고 비사교적이며 비정치적인 말로 '옮겨져' 왔다. 그리하여 신약에서 천하고 가난하고 억압받는 이들을 가리키던 '어린이' 가 오늘은 단순하고 순진무구하며 자연스러움을 나타내게 되었다. '어린이처럼' 되라는 예수님의 말씀은 개인주의의 여과기를 거쳐 로맨틱해졌다.

이것은 영성적 논쟁의 견해가 어떻게 그 사회적·정치적·경제적 성격을 상실해 왔으며, 지금은 그저 내적 투쟁만 언급하게 되었는지를 가르쳐 준다. 구스타프는 마리아의 찬가(Magnificat) 대부분이 어떻게 개인주의적 방식으로 읽혀지게 되었고, 어떻게 현대 그리스도인 대부분의 마음 속에서 근본적이고 사회적인 의의를 잃어 왔는지 그 예를 보여 주었다. 마리아의 찬가에서, 마리아는 이렇게 선언한다:

> [주 하나님께서는]
> 그 팔로 권능을 행하시고
> 마음이 교만한 사람들을 흩으셨으니
> 제왕들을 왕좌에서 끌어 내리시고
> 비천한 사람들을 높이셨습니다.

이것은 구체적인 역사적·사회-경제적·정치적 의미를 지니고 있다. 이 말들이 단지 긍지와 겸손의 내적 생활에만 관련되어 있다는 해석에만 집착하다 보면, 이 말들의 실질적인 힘이 맥빠져 버린다.

두 번째 것은 애정, 부드러움, 결속이 자유를 위하여 싸우는 이들에 따라 거부되어서는 안 된다는 것이었다. 그리스도인들의 생활에서 중요한 이 개념들은 혁명주의자들에 따라 투쟁을 약화시키고 쓸모없는 것으로 간주될 위험이 있다. 그러나 구스타프는 사람들에 대한 사랑이 참된 그리스도인의 혁명에서 필수적인 것이라는 것을 분명히 밝혔다. 부드러움과 온순함을 소중히 여기지 않는 이들은 결국 해방을 위한 투쟁 속에서 스스로 그 약속을 파기하게 될 것이다.

이러한 관찰이 나한테 아주아주 중요하게 여겨졌다. 특히 이 과정에 참가한 이들에 대하여 처음 내가 지녔던 느낌과 같았다. 해방을 위한 투쟁에서 '신참 투사'는 딱딱하고 거칠고 냉혹하다. 그러나 오랫동안 투쟁을 해온 사람은 매우 신중하고 애정이 깊은 사람이라고 누군가 말하였다. 구스타프 그 자신은 분명히 '늙은 투사'다.

3월 16일, 화요일

오늘 구스타프는 가난한 이들의 폭발이 어떻게 우리 영성과 극적인 관련이 있는지를 보여주었다. 가난한 이들과 관련해서 나온 새롭고 구체적인 목회적 관심은 전통적인 영성 방식에 극적인 도전을 하였다. 그러나 이런 위기를 겪은 이들은, 비록 과거의 것과 단절된 경험이 현실로 남아 있다고 할지라도, 역시 과거와 연결되어 있다는 것을 깨닫게 되었다. 사실 구스타프가 지적한 것처럼, 투쟁에 깊이 몰두하면 역시 '시대에 뒤떨어진'(old-fashioned) 신학교 영성을 단단히 묶은 근본적인 영성적 가치를 재발견하게 된다. 겸손, 충성, 복종, 순수, 그리고 다른 많은 전통적 가치들이 가난한 이들과 함께 일하는 가운데 발견된다.

이러한 전통적 가치를 재발견한 하나의 예로 겸손에 대한 새로운 이해를 들 수 있다. 과거의 영성에서는 갈등의 여지가 별로 없었다. 그러나 진정 가난한 이들의 일상생활과 투쟁에서는 갈등을 피할 수가 없다. 자포자기와 절망과 깊은 고통의 체험은 영성생활 그 자체에 들어갈 수 있다. 심지어는 하나님과 대결하도록 이끌 수도 있다. 그때 하나님은 그분의 존재를 알리지 않은 것처럼 여겨진다. 그래서 해방을 위한 투쟁에 따라 특정지어진 영성은 참 겸손을 요구하는 깊은 어두움을 체험하도록 이끌 수도 있다. 거의 진보가 없을 때도 끊임없이 투쟁하게 하고, 어둠만을 체험하더라도 믿음을 굳게 지키게 하고, 우리 자신이 버림받았다고 느낄 때도 사람들과 함께 머물러 있도록 해주는 것이 겸손이다.

나는 겸손에 대한 새로운 이해를 듣고 감동을 받았다. 분명 그것은 아주 오래된 것이기 때문이다! 그것은 혼돈 가운데 하나님께 맞섰던 예레미야의 겸손과 깊은 관계가 있다. 그리고 어둠 속에서도 신실함을 견지했던 십자가의 요한의 겸손과도 깊은 관계가 있다. 그래서 해방의 새로운 영성은 우리에게 주어진 목회 활동의 필수적인 부분으로서 신비로운 생활을 열어 준다.

3월 17일, 수요일

점심식사가 끝나고, 마침 구스타프 구티에레츠와 함께 시간을 보낼 기회가 생겼다. 그래서 페루에 장기간 머물고 싶다는 나의 계획을 어떻게 생각하느냐고 물었다. 그의 조언은 아주 구체적인 것이었다. 얼마 동안 페루에 와서 리마에 있는 교회에서 생활하며 목회 활동을 하고, 리마에서 목회 활동을 하는 이들과 가능한 많이 사귀고, 바르톨로메 데 라스 까사스 센터에서 열리는 신학적 성찰 모임에 참가하는 것이 좋을 것이라고 하였다. 그의 제안은 여러 가지 점에서 사비에르 이기니스와 롤란도 아메스의 견해와 비슷하였다.

내가 느끼기에는, 이런 식으로 결정을 내리는 게 상당히 어려워 보인다. 외로운 방관자로 있는 것에 대한 내 감정과 느낌의 변화는, 지금은 구스타프의 초청을 받아들이기엔 적절한 때가 아님을 나타낸다.

지금 당장 결정을 내릴 필요가 없어서 다행이다. 또 내적으로 그 결정이 무르익을 때까지 기다릴 수 있는 시간이 있다는 것도 다행스럽다. 아마도 서서히 통찰하게 될 것이다. 하나님께서 이곳에 머물도록 부르셨다고, 그리고 사람들이 나를 필요로 하여 불렀다고 경험할 때만 이곳에서 편안함을 느끼게 될 것이다. 지금은 그 부르심이 분명하지 않다. 나의 탐구를 하나님 앞에 좀 더 직접적으로 드러내 놓고 빛을 비추어 주시라고 좀 더 열심히 기도드려야겠다.

3월 18일, 목요일

어제는 이른바 산타 페 문서(Santa Fe Document)를 읽었다. 그것은 로널드 레이건 대통령이 당선되기를 기대하며 라틴 아메리카에 대한 미국의 새로운 정책을 세우기 위하여 공화당의 라틴 아메리카 전문가들이 1980년에 한 분석이다. 제2장에 있는 세 번째 제안은 아래와 같다: "미국의 대외 정책은 '해방신학'을 신봉하는 목회자들에 따라 라틴 아메리카에서 이용되고 있는 해방신학에 맞는 것으로 시작되어야 한다."

제안은 다음과 같은 설명에 따라 분명해진다:

> "라틴 아메리카에서 교회의 역할은 정치적 자유의 개념에 극히 중요하다. 유감스럽게도 마르크스-레닌주의 세력은 그리스도교적이라기보다는 공산주의에 더 가까운 사상을 가지고 신앙 공동체에 침투함으로써 교회를 사유재산과 자본주의 체제에 대항하는 정치적 무기로 이용해 왔다"(프랑스 출판물 Dial: diffusion de l'information sur l'Amérique Latine, 1982년 1월 28일자).

이 말들이 해방신학에 대한 그들의 이해가 부족하다는 사실을 보여준다. 그러나 어쨌든 세계에서 가장 막강한 세력을 위하여 지침을 세우는 이들이 신학을 위협적인 것으로 생각한다는 것을 보여 주고 있다. 세계 강대국 사이에서 주도권을 차지하는 것이 주요 관심사인 사람들에 따라 신학이 그렇게 심각하게 받아들여진다는 것은, 내가 지금까지 들어 온 신학에 대한 가장 큰 불평 가운데 하나이다.

페루에는 작은 체구를 지닌 사람이 한 명 있다. 그는 아무런 힘도 없는 사람이다. 그는 가난한 이들과 함께 산다. 그는 책도 썼다. 그 책에서 그는 포로에게 자유를 전하기 위하여 하나님께서 인간이 되셨다는 근본적인 그리스도교의 진리를 재선언하였다. 10년이 지난 뒤, 그 책과 그 책이 시작한 운동은 지구상의 가장 강력한 세력이 볼 때 위험한 것으로 간주되고 있다. 이 작은 체구의 구스타프, 반면 덩치가 큰 로널드 레이건, 생각할수록 해방신학(A Theology of Liberation)이라는 작은 돌멩이를 들고 골리앗 앞에 선 다윗을 보는 것 같다.

3월 19일, 금요일

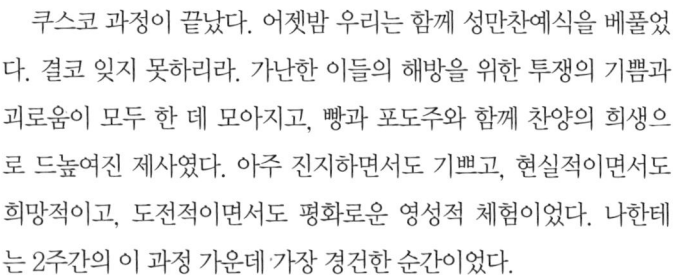

쿠스코 과정이 끝났다. 어젯밤 우리는 함께 성만찬예식을 베풀었다. 결코 잊지 못하리라. 가난한 이들의 해방을 위한 투쟁의 기쁨과 괴로움이 모두 한 데 모아지고, 빵과 포도주와 함께 찬양의 희생으로 드높여진 제사였다. 아주 진지하면서도 기쁘고, 현실적이면서도 희망적이고, 도전적이면서도 평화로운 영성적 체험이었다. 나한테는 2주간의 이 과정 가운데 가장 경건한 순간이었다.

마지막 강연 때 구스타프는 재미있는 견해를 내보였다. 라틴 아메리카의 그리스도인들은 현대라는 장을 거치지 않고 신앙에 대한 전통적 이해에서 혁명적인 이해로 넘어갔다고 그는 말하였다. 이것을 보여 준 사람들 가운데 하나가 엘살바도르의 위대한 영성지도자 오스카 로메로였다. 이 전통적인 목회자는 자신의 전통적인 과거를 부정하거나 비판하는 일 없이, 고통받는 이들과 직접적인 접촉을 통하여 참 혁명가가 되었다. 사실 역사 속에서 하나님의 존재에 대한 이전의 그의 인식은, 엘살바도르에서 착취와 억압에 반대하는 용기의 밑바탕이자 원천이었다. 로메로의 진실은 해방운동에 참가한 대부분의 라틴 아메리카 그리스도인들의 진실이다. 교회의 가르침에 대한 그들의 전통적인 이해는 자신들의 회개에 결코 방해가 되지 않았다. 오히려 그것은 변화의 밑바탕이었다.

여기서 우리는 라틴 아메리카의 상황과 서유럽과 미국의 상황 사이의 중대한 차이를 본다. 라틴 아메리카는 세속화 단계를 통과하지 않았다. 유럽의 많은 해방운동은 반종교적이고 반교회적이며 목회자들에 반대하는 성격을 지녔다. 그러나 오늘 라틴 아메리카에서는 그렇지 않다. 라틴 아메리카에서 해방운동에 참가한 이들은 대부분 교회의 인도와 후원을 고대하는, 믿음 깊은 그리스도인들이다. 해방을 위한 운동에 대하여 좀더 알고자 라틴 아메리카에 온 많은 유럽사람들은, 그들이 만나 이야기를 나누는 혁명주의자들 속에서 그리스도교가 놀랍도록 깊이 개입되어 있음을 우연히 알고 때로 감동을 받는다. 유럽사람들은 종종 교회가 새로운 세계를 위한 투쟁에서 신뢰성과 타당성을 잃어 왔다고 느낀다. 그러나 여기서 그들은 교회가 투쟁에서 영감의 주요한 원천 가운데 하나임을 발견한다.

이 종강예배는 나에게 이러한 사실들을 분명히 깨닫게 하였다. 성경봉독, 탄원과 감사의 기도, 봉헌, 빵과 포도주의 나눔, 찬양 속에는 지난 두 주일 동안 들었던 모든 것이 통합되어 있었다. 단지 모든 참가자들이 다 그리스도인이었기 때문에 성만찬예식이 이 과정에 덧붙여진 것은 아니었다. 성만찬예식은 이 전체 과정에 대한 가장 강력하고도 근본적인 표현이었다. 그것은 세상에 나가 하나님의 백성을 위하여 싸움을 계속하라는 강력한 부르심이었다.

3월 20일, 토요일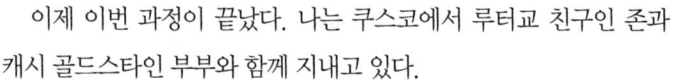

이제 이번 과정이 끝났다. 나는 쿠스코에서 루터교 친구인 존과 캐시 골드스타인 부부와 함께 지내고 있다.

친구들과 함께 아늑한 집에서 충분히 잠자고 대화를 나누고 편지를 쓴다. 생후 다섯 주 된 그들의 아들 피터 이삭과 함께 놀기도 한다. 쿠스코 시내를 돌아다니기도 한다. 이런 자유시간이 있다는 게 정말 기분 좋다. 목회연구소의 딱딱한 분위기와 골드스타인 가정의 편안하고 다정한 가족적인 분위기. 엄청난 차이가 느껴졌다. 그것은 80명이 앉은 긴 식탁에서 하는 짧은 식사와 부엌 식탁에서 한가로이 하는 식사의 차이였다. 새로운 사람이 올 때마다 자신을 소개하는 것과 알고 있는 이들과 친근한 곳에 있는 차이였다. 또 언제나 교회와 사회에 대하여 이야기하는 것 사이의 차이였다. 독신주의자의 열렬한 열정과 새로 태어난 아기에 대한 부모의 지속적인 관심 사이의 차이였다. 이 모든 차이들은 얼마 동안 내 친구들과 함께 태평하게 지내는 것을 매우 기쁘게 만든다.

3월 22일, 월요일

지난 며칠 동안, 엘살바도르에서 네 명의 네덜란드사람들이 살해

됐다는 소식을 듣고 마음이 혼란스럽다. 쿠스 코스터, 한스 루드빅, 얀 코르넬리우스 키퍼, 요한 빌렘센은 선거 전 주에 정치 상황을 취재하기 위하여 파견된 네덜란드 텔레비전 방송국의 멤버들이다. 라디오 방송은 엘살바도르 정부의 공식 해명을 내보내고 있다. 그에 따르면, 이 네 명의 네덜란드사람들은 정부군과 게릴라들의 집중사격에 희생되었다고 한다. 또 라디오 방송은 다른 네덜란드 기자가 이 해명을 반박하면서 그들이 한 정부군 부대에게 살해되었다고 주장하고 있다고 전하였다.

페루 신문 〈엘 디아리오〉(El Diario)는 그 살해에 대하여 자세히 보도하였다. 그에 따르면, 네 명의 네덜란드인들은 일을 마치고 취재 장비와 필름을 실은 차를 타고 요아팡고 공항으로 가는 길이었다고 한다. 그런데 찰라테난고로 돌기 전, 산타로사의 우회로 근처에서 군(軍) 트럭이 길을 가로막았다. 보병 제4여단의 군인 한 무리가 네 명의 네덜란드사람들을 총 개머리판으로 치면서 트럭에 태웠다. 동행했던 안내인들이나 근처 숲에 있던 목격자들을 완전히 무시한 채, 그들은 네덜란드사람들을 차에서 내리게 하더니 사살하였다. 그 군인들은 네 구의 시체를 싣고 빠이스날 부대(cuartel)에 도착해서 상급자에게 보고하였다. 모든 카메라와 엘살바도르 국민들이 날마다 당하고 있는 고통이 생생하게 담긴 필름은 곧바로 제거되었다.

이 살해 사건에 대한 분석에서 〈엘 디아리오〉는 이런 견해를 밝혔다: "엘살바도르의 무장 군인들에게 정보를 제공한 아르헨티나 대령들은 9년 전에 시작한 사냥을 끝냈기 때문에 이제 드디어 쉴 수 있게 되었다." 볼리비아에서 인권법률가협회 회장인 아니발 아길아 페냐리에따의 도움으로 엘 디아리오 지는 지난 10년 동안 네덜란드 텔레비전 취재팀이 실시하였던 라틴 아메리카 여행을 재현할 수 있었다. 쿠스 코스터는 1973년 아우구스또 피노쳇 장군의 쿠데타 때 칠레에 있었다. 거기서 그는 엘살바도르 아옌데 대통령이 죽은 라 모네다 궁을 공격하는 것을 찍었다. 1973년부터 1975년까지 코스터는 페루에서 동료들과 함께 농부들(campesinos)의 생활상을 찍었다. 나중에 그 팀은 아르헨티나로 가서 3만 명의 '행방불명자들'과 5월 광장의 어머니들에 관한 다큐멘터리를 제작하였다. 엘 디아리오에 따르면, 그들의 충격적인 필름이 유럽 텔레비전에 나왔을 때, 아르헨티나 군부는 그들을 죽여야겠다고 맘 먹고 기회를 찾기 시작했다고 한다. 1980년 볼리비아에서 주석 광산을 군대가 점령하고 있는 동안, 이 취재팀은 인권에 대한 폭력을 다큐멘터리로 만들고 있었다. 또 볼리비아에서 가르시아 메사와 아르세 고메스가 쿠데타를 자행했던 때에는 그 이면에 숨어 있던 아르헨티나의 역할을 폭로하였다. 그러나 아르세 고메스가 그들을 체포하라는 명령을 내렸을 때, 그들은 이미 볼리비아를 떠나고 없었다.

〈엘 디아리오〉에 따르면, 몇 주 전 엘살바도르 군대의 지휘부가 이들에 대한 테러계획을 세우기 위하여 아르헨티나를 여행했다고 한다. 거기서 엘살바도르에 있는 이 네덜란드 기자들을 제거하는 방법이 논의 되었을 것으로 추측된다. 그 계획은 이 취재팀에게 엘살바도르의 국내를 여행하도록 허가하여, 겉으로는 자유롭게 다닐 수 있도록 하는 것이었다. 그리고 나서 죽은 게릴라의 몸에서 그들의 이름이 발견된 것처럼 꾸며서 그들을 체포하는 것이었다. 〈엘 디아리오〉지는 이렇게 결론을 내린다: "이런 불충분한 증거로는 처형을 오래 끌 수 없었다. 그들은 2년 전 영성지도자 오스카 아르눌포 로메로가 암살당한 달인 3월 17일에 죽음을 당한 것이다."

네덜란드는 이 비극을 통하여 중앙 아메리카의 가난하고 억압받는 이들과 함께 고통을 겪게 되었다. 나는 이 고통스러운 동정심을 통하여 엘살바도르사람들이 한 걸음 더 평화에 가까이 나아갈 수 있기를 기도드린다.

3월 23일, 화요일

쿠스코에서 보내는 마지막 날이다. 존과 캐시와 함께, 이곳의 찬란한 잉카제국 유적지와 시내 몇몇 교회와 박물관을 구경하였다. 잉카제국 건축물의 장엄한 아름다움에 대하여 이전보다 더욱 더 큰 감동을 받았다. 거대한 신전, 감시대, 의식용 목욕통들은, '거짓말하지 말라. 도적질하지 말라. 게으르지 말라'는 법칙을 따르던 이들의 작품이었다. 그들은 태양신이나 다른 여러 신들에 대한 헌신에 따라 영감을 받아 작품을 완성하였다. 그러나 나는 이곳에서 발견한 문화에 대해서, 그리고 스페인 정복자들이 종교에 대하여 이리도 무감각했던가에 대해서 전보다 더 어리둥절해졌다.

그것은 구스타프 구티에레츠의 해방신학이 진정 얼마나 혁신적인 것인가를 깨닫게 하였다. 그것은 그들과 함께 시작되고 이 땅에 사는 인디언들의 깊은 영성을 인정하려고 한 신학이기 때문이다. 우리가 오늘 본 것과 얼마나 다른가? 거기서 우리가 목격한 무엇인가? 인디언들의 신앙에 대하여 1세기에 걸친 무시, 그리고 잉카 신들을 생각나게 할 수 있는 모든 것에 대한 폭력적인 파괴. 용서와 사랑과 평화이신 하나님의 이름으로 왔다고 외친 이들이 이토록 잔인한 행위를, 하나님을 모독하는 죄악을 자행할 수 있단 말인가!

하루 종일 삭사와만의 옛터에 앉아 시간을 보낼 수 있다면 얼마나 좋을까? 이 신전의 돌로 지어진 수많은 교회. 그 교회들이 저만치 내려다보이는 쿠스코 시. 이 옛터를 보고 있자니, 하나님의 이름으로 그리스도인들이 한 짓을 용서해 달라고 태양과 달과 별, 무지개와 불과 땅, 그리고 물의 신에게 부탁하고픈 마음이다.

해방의 새로운 영성은 우리 조상들의 죄에 대한 창조적 형태의 보상일지도 모른다. 그리고 이 죄는 때때로 내가 고백하려고 하는 것보다도 더 내 마음 가까이 있음을 잊지 말아야 한다. 아직도 어떤 형태의 정신적 식민주의가 유유히 남아 유혹의 눈길을 보내고 있다.

3월 24일, 수요일 | 페루, 리마

오늘 리마로 돌아왔다. 영성지도자 오스카 로메로의 순교 2주년을 기념하는 시간에 맞추어 도착하였다. 그가 죽은 뒤 1만 명의 엘살바도르사람들도 살해되었다. 그들은 우리 시대의 이름 없는 순교자들이다. 그들은 자유와 인간의 존엄성과 새로운 사회를 증거했기 때문에 죽임을 당한 남녀들이다.

우리는 자주 순교자를, 의식적으로 공언한 그들의 믿음을 지키기 위하여 죽은 사람들로 생각한다. 그러나 예수님의 말씀은 하나님의 백성을 위하여 죽은 참 순교자를 가리킨다:

"너희가 여기 내 형제자매 가운데, 지극히 보잘 것 없는 사람 하나에게 한 것이 곧 내게 한 것이다"(마태복음 25장 40절).

이상하게 들릴지 모르지만, 생명을 잃은 사람 가운데 가난하고 이름 없는 사람뿐만 아니라 저명한 남녀 교회지도자들도 있다는 사실을 기쁘게 생각한다. 로메로 같은 분의 죽음은 수천의 이름 없는 농부들, 전도사들, 청년 지도자들, 교사들, 영성지도자들, 게릴라들의 순교를 높인다. 라틴 아메리카의 모든 그리스도교 공동체를 위하여 그들이 필요한 존재였음을 상기시킨다. 가난한 이들이나 억압받는 이들과 죽음으로써 하나가 된 로메로는 삶에서뿐만 아니라 죽음에서도 참된 영성지도자로 남아 있다.

우리는 씨우다드 데 디오스 교회에서 로메로의 죽음을 기념하였다. 기쁠 때뿐만 아니라 고통스러울 때도 그리스도인들이 함께 나눌 수 있다는 데 감명을 받았다. 그것을 통하여 우리 삶 깊은 곳에 진실로 주님이 함께 하심을 공감할 수 있다는 게 가슴 뭉클하였다. 참 그리스도인은 늘 생명을 긍정한다. 하나님은 생명의 하나님이시기 때문이다. 생명은 죽음이나 파괴보다 더 강하기 때문이다. 그분 안에서 우리는 절망할 이유를 발견하지 못한다. 늘 희망으로 가득 차 있다. 슬픔에 빠져 있을 때조차도 희망은 있다.

리마의 남부지구에 살고 있던 여러 영성지도자들이 헤르만 슈미트가 집례한 예배에 참석하였다. 친밀한 사람들 속으로 다시 돌아오니 기뻤다. 많은 교인들이 나한테 다가와서 다시 보니 기쁘다고 말하였다. 나는 아주 짧은 기간 동안 알았던 사람들을 통하여 위로를 받았다. 슬픔과 기쁨, 즐거움과 서글픔 속에서, 이 신비스러운 경험을 통하여 그리스도의 죽음과 부활이 하나임을 새롭게 이해하게 되었다.

3월 25일, 목요일

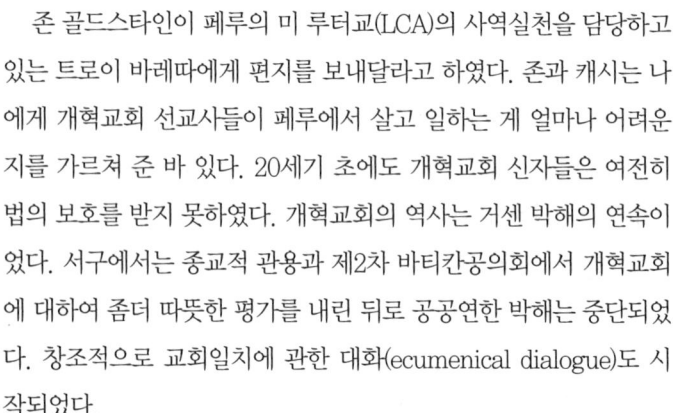

존 골드스타인이 페루의 미 루터교(LCA)의 사역실천을 담당하고 있는 트로이 바레따에게 편지를 보내달라고 하였다. 존과 캐시는 나에게 개혁교회 선교사들이 페루에서 살고 일하는 게 얼마나 어려운지를 가르쳐 준 바 있다. 20세기 초에도 개혁교회 신자들은 여전히 법의 보호를 받지 못하였다. 개혁교회의 역사는 거센 박해의 연속이었다. 서구에서는 종교적 관용과 제2차 바티칸공의회에서 개혁교회에 대하여 좀더 따뜻한 평가를 내린 뒤로 공공연한 박해는 중단되었다. 창조적으로 교회일치에 관한 대화(ecumenical dialogue)도 시작되었다.

페루에서 개혁교회는 가톨릭만큼 권리를 가지고 있다. 실제로 비교적 크고 잘 정립된 개혁교회 공동체도 있다. 그러나 가톨릭이 페루 문화의 많은 부분을 차지하기 때문에, 가장 정통적인 형태일지라도, 개혁교회는 가톨릭 유산을 빼앗아 가는 사람들로 보일 수도 있다는 논리에 나는 충격을 받았다. 바로 4백 년 전에 스페인사람들이 페루에서 인디언 문화를 파괴하고 무력으로 자신들의 종교를 강요한 그 방식에 비추어 볼 때, 개혁교회를 페루 문화에 대한 위협으로 간주하는 것은 상당히 앞뒤가 뒤바뀐 것처럼 보인다. 더욱이 역사적으로 가톨릭 선교사들은 그 지역 사람들에게 외래 문화를 전하고 복음을 전파하기를 결코 주저하지 않았다. 한국, 중국, 일본, 그리고 다른 잘 통합된 문화권에 대한 선교 역사는, 문화적 통합이 과거 가톨릭 복음 전도자들의 주요 관심사가 아니었다는 것을 분명히 보여 준다.

존과 캐시와 함께 한 토론, 트로이와 안네와 가진 토론, 그리고 라틴 아메리카에 있는 주요 교단(루터교, 감리교, 성공회)에서 온 많은 개혁교회 선교사들과 나눈 토론은, 선교 지역에서 새로운 교회일치 운동이 시급하다는 것을 절감케 하였다. 개혁교회와 가톨릭이 형제의식을 가지고 더욱 겸손해질 필요가 있다는 것을 확신케 하였다. 지금은 양쪽 모두에 창조적인 협력을 위하여 잘 준비되고 열려 있는 이들이 많이 있는 것 같다.

3월 26일, 금요일

오늘은 나에게 매우 중요한 날이었음이 입증되었다. 쿠스코에 가기 전에 계획했던 대로 까하 데 아구아에서 목회자로 있는 룩셈부르크의 영성지도자 마띠아스 지엔베날레을 다시 만났다. 그와 이야기를 나누면서 나의 퍼즐이 많이 짜 맞추어지기 시작했음을 느꼈다.

나는 사람들과 함께 살면서 그들과 함께 그리고 그들을 위하여 기도하고 싶다고 말하였다. 그리고 영성수련과 묵상의 날을 마련하여 점점 그들이 영성적 선물을 분명하게 알도록 돕고 싶다고 내 꿈을 설명하였다. 나는 그에게 페루에서 내가 있을 곳이 있는지, 또 이 모든 것을 네델란드와 미국에서 살아온 내 과거와 어떻게 연결시킬 수 있는지, 그리고 내 미래가 어떨 것인지를 물었다. 또한 페루에서 목회자들의 힘에 대하여 내가 무엇을 느꼈는지, 후원 공동체가 왜 필요한지, 다른 이들과 어느 정도 조직된 영성생활을 하려면 어떻게 해야 하는지에 대해서도 이야기를 나누었다.

마띠아스는 아주 구체적인 제안을 하였다. 그는 내가 정말로 부르심을 받고 있다는 확신을 갖게 하였다. 그는 내가 꿈꾸고 있는 것을 시험해 볼 장소로 자신이 섬기고 있는 지역을 제의하였다. 거기에는 후원과 격려와 건설적인 비판을 해줄 훌륭한 목회 팀이 있다. 친절한 가정같은 분위기에서 날마다 기도생활을 한다. '함께'라는 강한 팀워크도 있다. 더욱이 까하 데 아구아는 시내와 가깝다. 바르톨로메 데 라스 까사스 센터 사람들과 가까이에서 일하기가 쉽다. 시내의 다른 목회 활동을 접하기도 쉽다. 마띠아스는 미국의 학문세계와 접촉을 끊어서는 안 된다고 주장하였다. 또한 페루 교회와 확고한 연결을 가지고 페루 교회를 위하여 기꺼이 일해야 한다고 힘주어 말하였다. 한편, 내가 전에 살던 세계와도 글과 강의를 통하여 끊임없이 교류를 하는 게 좋다고 강조하였다. 그런 의미에서 미국의 신학대학원에 머물면서 지속적으로 접촉을 시도하라고 격려하였다. 그곳에서 시간제로 가르치는 것은 나 자신과 페루 교회와 미국의 학생들 모두를 위하여 좋을지도 모른다. 마침내 우리는 리마의 교회지도자들에게 알리는 일, 추천사, 시간계획, 기타 여러 가지 문제를 놓고 이야기하였다.

조용한 아침. 미국으로 돌아가기 3일 전에야 흥미있고 분명하고 확신에 가까운 소명이 모습을 갖추기 시작하였다. 마띠아스가 제안한 많은 것들이 어느 정도 뚜렷해졌다. 이 모든 것을 생각하면 할수록 일이 제대로 되어 가고 있다는 느낌이 강하게 들었다.

이제 미국에 있는 친구들과 네덜란드에 있는 영성지도자들에게 조언을 듣기 위하여 돌아가야 한다. 그리고 나서야 확고한 신념을 가지고 결정을 내릴 수 있을 것이다. 내 자신만의 뜻이 아니기를 바라며……

3월 27일, 토요일

마띠아스와 토론을 하다보니 친밀감이 생겼다. 페루 체류가 끝나가고 있다. 이곳 목회에 대한 내 인상도 틀이 잡혀 가기 시작하고 있다. 미래 계획도 일관성 있는 모습을 서서히 갖추어 가고 있다. 리마 시가지를 걸으면서 이 도시가 앞으로 나한테 중요한 곳이 되리라는 강한 느낌을 받았다. 이 도시의 어느 거룩한 곳에서 기도하면서, 내 앞날을 하나님께서 이끌어 주시라고 청하고 싶은 마음이 들었다. 그래서 기적의 주님 교회로 갔다. 이곳에서 맞은 첫 주일, 지금도 생생하다. 이 교회의 중앙 제단에 있는 성화상을 바라보았다. 남녀노소 많은 이들이 기도하고 있었다. 나는 그들과 함께 이곳에 있다는 사실에 감사하였다. 나는 십자가를 바라보며 깊은 신심을 느꼈다. 이곳 페루에서 내가 받아들여지고 있다는 느낌! 이 나라가 내 나라, 내 가정, 내 교회가 될 수 있다. 이들이 내 목회 안에서 내 동료 그리스도인들, 내 친구들, 내 협력자들이 될 수 있다. 미래가 암담하여 어찌할 바를 모를 때 내 발걸음은 이 교회로 여러 번 향하고 있었다. 그때마다 기적의 주님께 사람들에게 복을 달라고, 나에게 힘과 용기를 주시라고, 기쁨과 평화의 영으로 채워 주시라고 간구했었다.

또 리마의 성 로사 집도 방문하였다. 거기서 그녀가 얼마나 거칠고 금욕적인 삶을 살았는지를 관찰하였다. 페드로 우라르테의 십자가가 모셔진 라 메르세드 교회도 방문하였다. 리마 거리와 교회는 온통 사람들로 붐비고 있었다. 나는 이 도시가 나를 환대하는 것처럼 느끼며 무리들 틈에 끼어 걸었다. 이제는 내가 낯선 사람이 아닌 것처럼 생각되었다. 나아가 이곳에 더 오래 머물도록 초대받은 손님같이 느껴졌다. 내 기도는 길을 걷고 교회를 드나드는 수천 행렬의 중얼거림 속에 섞였다. 소속감과 일치감을 느꼈다. 아마 모르겠다. 소명감일지도. 그 소명을 찾기 위하여 이곳 페루에 와야만 했다.

3월 28일, 주일

예배 때 히브리서를 읽었다:

> "예수님께서는 인간으로 세상에 계실 때에, 자기를 죽음에서 구원하실 수 있는 분께, 큰 부르짖음과 많은 눈물로써 기도와 탄원을 올리셨습니다. 하나님께서는 예수님의 경외심을 보시고서, 그 간구를 들어주셨습니다. 그분은 아드님이시지만, 고난을 당하심으로써 복종을 배우셨습니다. 그리고 완전하게 되신 뒤에, 자기에게 복종하는 모든 사람에게 영원한 구원의 근원이 되셨습니다"(히브리서 5장 7-9절).

예수님께서는 고난을 겪으심으로써 순종하는 법을 배우셨다. 이것은 예수님께서 고통과 고투를 통하여 하나님의 말씀을 더욱 완전하게 듣게 되었음을 뜻한다. 고난 가운데서, 고난을 통하여, 하나님을 알게 되셨다. 하나님의 부르심에 응답하실 수 있었다. 가난한 이들을 위한 선택의 의미를 한 마디로 요약할 때, 이보다 더 적합한 말은 없을 것이다. 가난한 이들의 고통 속에 들어가는 것이 순종, 곧 하나님의 말씀을 듣는 방법이다. 고난을 받아들이고 사랑을 나누는 것은 우리의 이기적인 방어물을 깨뜨리고 하나님의 이끄심을 받아들이게 한다.

볼리비아와 페루에서 생활한 뒤에야 비로소 이 신학적 실체를 보고 듣고 맛보았다는 생각이 든다. 나한테 신학은 이제 더 이상 추상적 개념이 아니다. 소피아와 파블로와 그 자녀들과 보낸 시간은 참 순종의 모습을 들여다볼 수 있는 기회였다. 그들과 함께 생활하고 일하고 노는 것이 내가 지금까지 경험하지 못한 하나님 인식에 더 가까이 가도록 하였다.

그러나 나는 정말로 주님을 알고 싶어 하는가? 정말로 난 그분의 음성을 듣고 싶어 하는가? 정말로 난 내 십자가를 지고 그분을 따르고 싶어 하는가? 정말로 난 내 자신을 무조건적으로 바치고 싶어 하는가?

내일, 편안한 비행기를 타고, 집으로 돌아가기를 고대한다. 친구들에게 환대를 받고 싶다. 다시 내 책과 화초들이 있는 아늑한 내 아파트에 돌아갈 것이다. 나는 더운 물로 샤워하는 걸 좋아한다. 끓이지 않고도 물을 마실 수 있는 수도, 세탁기, 램프들을 좋아한다. 나는 그곳이 깨끗해서 좋다. 그러나 그곳이 하나님을 찾을 수 있는 곳일까? 다시 뉴욕 주의 트라피스트 수도원에 돌아가서 관상 생활의 고상한 고요를 맛보고 싶다. 성가대의 은은한 찬양도 듣고 싶다. 수도원 교회에서 모든 수사들과 함께 성만찬예식도 베풀고 싶다. 다시 제네시 계곡의 넓은 들판을 걷고 레치워드 공원 숲을 차를 타고 지나가고 싶다. 그러나 주님께서 거기에 계실까? 아니면 이 먼지투성이고 건조하며 구름 낀 리마 시에 계실까? 사람들과 개들의 무질서한 혼란 속에 계실까? 배고픈 아이들이 노는 곳과 늙은 노파가 구걸하는 곳과 구두닦이 소년이 지갑을 훔치는 곳에 계실까?

나는 분명히 그분이 계시는 곳에 있어야 한다. 나를 어디로 부르시든지 그분께 순종하고 그분의 음성을 듣고 그분을 따라야 한다. 그것을 내가 좋아하지 않더라도. 그것이 깨끗하고 편안한 길이 아니더라도. 예수님은 베드로에게 이렇게 말씀하셨다:

> "네가 젊어서는 스스로 띠를 띠고 네가 가고 싶은 곳을 다녔으나, 네가 늙어서는 남들이 너의 팔을 벌릴 것이고, 너를 묶어서 네가 바라지 않는 곳으로 끌고 갈 것이다"(요한복음 21장 18절).

나는 지금 가난하고 어지럽고 불결하며 굶주리고 교육받지 않은 사람들에 따라 이끌려질 만큼 늙었는가?

3월 29일, 월요일

리마 공항. 한밤중. 내가 타고 갈 비행기는 새벽 한 시 출발. 마이애미와 워싱턴 D.C.를 거쳐 오후 2시 5분에 뉴욕 로체스터에 도착할 것이다. 별일 없다면 예배 시간에 맞추어 오후 3시 30분 경에는 제네시 수도원에 도착하게 될 것이다. 페루의 시끄러운 공항에서 뉴욕의 조용한 수도원에 이르기까지 펼쳐지는 이 거대한 계단을 이해하기가 어렵다. 내 마음은 쉽게 이곳을 떠날 수가 없다. 아직은 비행기처럼……

고맙고도 또 고마울 따름이다. 조오지 앤 포터와 그녀의 친구 스테파니가 작별인사를 하러 메리놀에 왔었다. 나한테는 정말 많은 것을 의미하였다. 메리놀의 평신도 선교사들이 한 데 모였다. 존, 체릴 하산, 래리 리치, 베티 앤 도넬리, 그리고 필 폴라스키.

우리가 그곳을 떠나기 직전, 리마에는 전깃불이 나갔다. 캄캄한 어둠 속에서 우리는 음식점으로 갔다. 테이블 한가운데 촛불을 켜 놓고 둘러앉았다. 마치 친구들이 일부러 전깃불을 나가게라도 한 것처럼 생각되었다.

마지막으로 함께 한 이 자연스런 모임. 이것이 6개월 전에 시작한 내 여행의 의미 깊은 결론이었다. 이 좋은 친구들이 나에게 말해 주는 것 같았다. 페루는 진정 고향같은 곳이라고. 좋은 친구를 사귈 수 있는 곳이라고. 하나님 나라를 위하여 하나되어 일할 수 있는 곳이라고. 촛불을 가운데 둔 이 작은 모임. 페루에 있는 동안 다른 어떤 모임에서 느낀 것보다 더 강한 연대감을 느꼈다. 이곳에 머무는 동안 내 마음속을 차지하고 있던 물음에 이 친구들이 답을 주고 있는 것 같았다. 내가 소속감을 느낄 수 있는 공동체가 페루에 있을까? 이 뜻밖의 겉꾸미지 않고 자발적인 모임 속에서 공동체나 가정같은 편안함이나 소속감에 대하여 나한테 말하는 이가 아무도 없었다. 그렇지만, 이 자리에 있는 모든 이들이 나만이 알아들을 수 있는 언어로 그것을 이야기하고 있는 것 같았다. 그 언어 속에서 참된 초청을 들을 수 있었다. 다시 돌아오라는.

지금도 한밤중이다. 부에노스아이레스에서 산티아고를 경유하여 오는 비행기가 방금 도착하였다. 나는 곧 이 비행기를 타고 북쪽으로 향할 것이다. 그러나 무언가 가슴을 때리는 게 있다. 저 북쪽으로 가는 것이 진정 집으로 가는 것일까……

나가는 말
감사합니다!

이번 여행의 제목은 내가 발견하고 배우고 들은 것을 어쩌면 그렇게도 잘 요약해 주는지……. 가는 곳마다 내가 연거푸 들을 수 있었던 말은 "감사합니다!"(Gracias!)였다. 그것은 긴 민요의 후렴처럼 들렸다:

"감사합니다!"
"하나님께 감사드립니다!"
"대단히 감사합니다!"

나는 가난하고 굶주린 아이들을 수천 명이나 보았다. 돈도 없고 직업도 없고 집도 없는 젊은 남녀들을 많이 만났다. 아픈 이들이나 노인들과도 많은 시간을 보냈다. 내가 그 동안 살아오면서 보았던 그 어떤 것보다 더 심한 비참과 고통도 보았다. 그러나 이 모든 것 가운데서 "감사합니다!"(Gracias!)라는 말을 들을 때면, 나는 새로운 세상으로 들어올려지는 느낌이 들었다.

내가 심방했던 많은 가정에서는 아무것도 확실한 것이 없었다. 예측할 수도 없었다. 안전한 것도 없었다. 내일 먹을 양식과 할 일과 평화가 있을지도 모르고 없을지도 모른다. 그러나 어떤 것이 주어지든 간에—돈, 음식, 일, 악수, 미소, 칭찬, 포옹—그것은 기뻐하면서 "감사합니다"(Gracias)라고 말할 이유가 된다. 내겐 당연한 권리라고 여겨지던 것이 볼리비아와 페루의 내 친구들에게는 선물이었다. 내게는 당연한 것이 그들에게는 기쁨이었다. 내가 당연하게 여기는 것에 대해서 그들은 감사기도를 드렸다. 내게는 눈에 띄지 않고 지나쳐 버린 것이 그들에게는 감사할 일이었다.

그래서 나도 서서히 그것을 배웠다. 바쁘게 꽉 짜여진 생활 속에서 잃었던 것을 여기서 배웠다. 모든 것은 사랑의 하나님께서 주신 것이다. 모든 것은 은총이다. 빛과 물, 집과 음식, 일과 여가시간, 아이들과 부모들과 조부모들, 출생과 죽음, 이 모든 것이 우리에게 주어진 은총이다. 왜? 그것은 우리가 "감사합니다"(Gracias)라고 말할 수 있기 때문이다. 곧 우리가 하나님께 감사하고 서로에게 감사하며 모든 사람에게 감사할 수 있기 때문이다.

다른 무엇보다도 나는 감사하는 법을 배웠다. 이제는 익숙해진 인사, "우리 모두 감사드립시다!"(Let us say Gracias!)라는 말은 식사 전 몇 가지 기도를 하는 것과는 아주 다른 그 무엇을 뜻하게 되었다. 그것은 지금 삶 전체를 주님과 그분의 백성들 앞에 감사하며 바치는 것을 뜻한다.

'하나님께서는 내가 라틴 아메리카에서 일하도록 정말 부르고 계시는가?' 하는 물음에 대한 답을 찾으려 애쓰고 있을 때, 사람들의 입에서 흘러나오는 '감사'(Gracias)라는 말 속에 그 답이 깃들어 있음을 점점 깨닫게 되었다. 북 아메리카사람들이 라틴 아메리카사람들에게 선교를 펼친 지도 오랜 시간이 흘렀다. 그리고 지금 우리는 우리의 첫번째 소명이 라틴 아메리카사람들의 선물을 받고 감사를 표현하는 것임을 깨닫게 되었다. 보물은 라틴 아메리카사람들의 영혼 속에 감추어져 있다. 이 영성적 보물은 힘과 자기 통제의 착각 속에 살고 있는 우리를 위한 선물이다. 그런 인식이 필요하다. 그것은 감사의 보물이다. 그 보물을 통하여 우리는 우리의 개인적·집단적 독선의 벽을 뚫을 수 있다. 우리 것이라고 간주되는 것을 지키려 헛되이 애쓰는 통에 정작 우리 자신과 우리 지구가 파괴되는 것은 놓쳐 버릴 수도 있다. 바로 이것을 막을 수 있는 게 감사의 보물이다. 라틴 아메리카에서 내가 소명을 느꼈다면, 그것은 그들이 우리에게 제공하고 주어야 할 선물들을 받아서 우리의 회개와 치유를 위하여 이 선물을 북쪽으로 가지고 와야 한다는 소명이다. 페루에 있는 메리놀 공동체가 말해 주는 것도, 하나님께서 우리가 배웠으면 하시는 운동은 남쪽에서 북쪽으로 움직이는 '역 선교'(reverse mission)다. 수많은 순교자들이 고난 받으시는 그리스도를 눈에 보이게 드러냈던 라틴 아메리카, 이제 그곳에서는 전에 부르짖던 것보다 더 많은 목소리가 들려오고 있다. 그 모든 게 사랑의 선물이다. 우리는 그 모든 걸 사랑의 선물로 받았다. 바로 그 선물을 통하여 우리는 끊임없이 감사생활을 하도록 부름받는다. 바로 이 사실을 마음과 정성을 다해 알아야 한다. 그런 의미에서, 자, 들려오지 않는가, 우리를 새롭게 부르고 있는 저 목소리가……